高职经管类精品教材

组织行为学
ZUZHI XINGWEI XUE

主编 曹红玲 肖金花

中国科学技术大学出版社

内容简介

本书包括组织行为学概述、个体行为分析、动机与激励、冲突与谈判、群体行为分析、团队、领导行为分析、组织结构与组织结构设计、组织文化、组织变革与创新等内容。

本书可作为高等院校相关专业教材，也可供相关从业者使用。

图书在版编目(CIP)数据

组织行为学/曹红玲,肖金花主编. —合肥:中国科学技术大学出版社,2012.1
ISBN 978-7-312-02949-3

Ⅰ. 组… Ⅱ. ①曹… ②肖… Ⅲ. 组织行为学 Ⅳ. C936

中国版本图书馆 CIP 数据核字(2011)第 268524 号

出版	中国科学技术大学出版社
	安徽省合肥市金寨路 96 号,230026
	网址:http://press.ustc.edu.cn
印刷	合肥现代印务有限公司
发行	中国科学技术大学出版社
经销	全国新华书店
开本	710 mm×960 mm　1/16
印张	13.75
字数	269 千
版次	2012 年 1 月第 1 版
印次	2012 年 1 月第 1 次印刷
定价	24.00 元

前　　言

目前我国提倡以人为本的组织管理理念,重视团队精神、群体动力和知识管理,企业竞争日趋激烈,行业结构日益分化,员工多元化现象突出,人们越来越认识到企业的发展归根结底是人才的竞争。在现代企业运行和发展中,擅长管理人力资源的组织往往会脱颖而出,成为行业翘楚。汉高祖刘邦在总结他能取得天下的原因时说:"夫运筹帷幄之中,决胜于千里之外,吾不如子房;镇国家,抚百姓,给馈饷,不绝粮道,吾不如萧何;连百万之军,战必胜,攻必取,吾不如韩信。此三者,皆人杰也,吾能用之,此吾所以取天下也。"这说明领导者不一定要什么都比人强,但他必须具备过人的用人本领。一人勇乃匹夫之勇,众人勇才可安天下。组织行为学就是一门管理人力资源的科学,其主要内涵包括:相信一种管理理念——以人为本;研究一套系统——人—人系统;传播一套方法——如何激励员工。组织行为学的学习有助于我们得到使众人勇的方法,有助于提高组织运营的效率。

我们编写本书的目的就是适应社会需要,培养更多的应用型、复合型、掌握一定专业技能的高级人才,从而为实现高等职业教育的目标服务。为了达到此目的,本书将组织行为学课程的特点和高等职业教育的目标结合在一起,合理安排本书内容和体系架构。

组织行为学具有极强的理论性,其根本任务是探索组织行为学的内在运行机制和发展规律,在教学过程中需要解决高职学生对抽象理论的理解和掌握问题,为此,本书对基本理论部分的要求是"清晰、准确、简洁",以够用为原则;组织行为学又具有极强的应用性,为了适应培养应用型人才的高等职业教育的要求,本书在详细论述并分析工作组织中个体、群体行为模式及其相互影响的基础上,穿插了生动有趣、短小精悍的案例,增加各种原理的可操作性,引导和启发学生了解自我,让学生在轻松的氛围中掌握知识,完善自我,认识外部环境。

  本书编写分工如下:曹红玲编写第1章至第5章,肖金花编写第6章至第8章及第10章,胡苗结编写第9章。本书汇集了作者近年来在教学工作中对该学科有关问题的研究成果,在编写过程中,也参阅了大量的中外文献资料,借鉴、吸收了国内外许多学者的研究成果,谨向他们致以诚挚的谢意!本书的出版得到了安徽警官职业学院和中国科学技术大学出版社的大力支持,向他们表示衷心的感谢!

编 者
2011年7月24日

目 录

前言 ……………………………………………………………………（ i ）

第1章　组织行为学概述 ……………………………………………（ 1 ）
1.1　组织行为学的概念和特点 …………………………………（ 1 ）
1.2　组织行为学与相关学科 ……………………………………（ 6 ）
1.3　组织行为学的研究目的与研究方法 ………………………（ 8 ）

第2章　个体行为分析 ………………………………………………（ 18 ）
2.1　认知 …………………………………………………………（ 18 ）
2.2　态度 …………………………………………………………（ 26 ）
2.3　人格 …………………………………………………………（ 31 ）

第3章　动机与激励 …………………………………………………（ 48 ）
3.1　动机的理论与模型 …………………………………………（ 48 ）
3.2　激励理论概述 ………………………………………………（ 53 ）
3.3　常用的激励方法 ……………………………………………（ 56 ）

第4章　冲突与谈判 …………………………………………………（ 62 ）
4.1　冲突的概述 …………………………………………………（ 62 ）
4.2　冲突的过程和解决方法 ……………………………………（ 65 ）
4.3　谈判的策略与过程 …………………………………………（ 73 ）

第5章　群体行为分析 ………………………………………………（ 82 ）
5.1　群体行为概述 ………………………………………………（ 82 ）
5.2　群体行为分析 ………………………………………………（ 88 ）
5.3　群体间行为分析 ……………………………………………（ 96 ）

第 6 章　团队 ·· (102)
6.1　团队概述 ·· (102)
6.2　建设高绩效团队 ·· (108)
6.3　学习型团队管理模式 ···································· (116)

第 7 章　领导行为分析 ·· (124)
7.1　领导行为概述 ·· (124)
7.2　领导有效性理论 ··· (127)

第 8 章　组织结构与组织结构设计 ·························· (149)
8.1　组织结构与组织设计概述 ······························ (149)
8.2　影响组织结构设计的因素 ······························ (156)
8.3　组织设计方案 ·· (161)

第 9 章　组织文化 ·· (169)
9.1　组织文化的内涵与构成 ·································· (169)
9.2　组织文化的类型与作用 ·································· (174)
9.3　组织文化的创建与维护 ·································· (179)

第 10 章　组织变革与创新 ····································· (194)
10.1　组织变革的类型与实施 ································· (194)
10.2　组织变革的动力与阻力 ································· (200)
10.3　组织创新及其影响因素 ································· (207)

参考文献 ··· (214)

第1章 组织行为学概述

学习目标

知识目标

熟悉组织行为学的概念与研究内容,认识研究组织行为学的目的,了解组织行为学与相关学科的关系。

能力目标

具有运用组织行为学的研究方法来分析和预测人们行为的能力。

1.1 组织行为学的概念和特点

开诚布公的管理

约翰·戴维斯是瑞曼波数据服务公司的副总裁。该公司向信用合作社销售数据处理系统。约翰所在的部门承担系统的更换和培训工作。用户购买了它们的系统后,它们负责把用户的数据库系统转换为新系统,并对用户进行培训。

1989年瑞曼波数据服务公司未买下约翰的部门之前,它隶属于一家名叫明尼阿波力斯的大型公司,该公司以对员工严格保守机密著称。约翰常常要等到一项新工作摆到他的桌面上,并规定了最后期限后,才去了解该工作。实际上,他根本就不知道该部门是如何运作的。

来到瑞曼波数据服务公司后,约翰成了副总裁,因而可以得到他需要的所有信息。但过去工作经历中的挫折一直困扰着他。他开始思考,如果员工们知道的信息都跟他一样多——如目前的工作状况,部门如何运行以及每个人对整个企业作了多大贡献——结果将会怎样?他引进了开诚布公的管理,让这些信息遍布部门的每个角落。

约翰开发了一套详尽的成本核算系统:他让员工记下自己在每项工作中花费的时间、使用材料的价格、差旅费及招待费等等,然后利用计算机记录每个员工的工作时间,每天的营业额、工资和花销数目。他解释道,现在每个人都对自己的效益承担责任。约翰每个月向自己的12名员工报告当月公司在各项工作中的盈利和损失数额。此外,每个人还会得到一份资料,记载着本月他使公司盈利或损失的数目。

这套新系统最初引起了一些人的不安和焦虑。他们害怕别人看到自己没有为公司挣得一分钱。但这种恐惧感逐渐被消除了。伴随着这种新的信息提供方式,员工们总能为他们的群体想出各种获得利润的办法,他们降低工作成本,提高自身技能,也因此赢得了自身利益。

该方案实施的头一年,约翰发现员工们的独创思想为公司节省了37000美元。另外,他相信这种方法使他的部门具有一个令人兴奋且富有挑战性的工作环境。

1.1.1 组织行为学的概念

上述案例中,约翰在对自身先前工作中的挫折加以思考的基础上,引入一套新的系统,不仅创造了一个令人兴奋且富有挑战性的工作环境,提高了公司的利润,也阐释了组织行为学的真谛。组织行为学就是采用系统分析的方法,研究一定组织中人的心理和行为的规律,从而提高管理人员预测、引导和控制人的行为的能力和组织绩效,以实现组织既定目标的科学。

美国学者威廉·迪尔认为:"组织行为学是一门应用社会学,研究工作组织中的个人、团体和组织行为问题。"

另一位美国学者安德鲁·J·杜步林(A. J. Dubrin)在他的著作《组织行为学原理》中写道:"组织行为学是系统研究组织环境中所有成员的行为,以成员个人、群体、整个组织及其外部环境相互作用形成的行为作为研究对象的一门科学。"

加拿大学者乔·凯利(Jee Kelly)认为:"组织行为学的定义是对组织性质进行系统的研究:组织是怎样产生、成长和发展的,它怎样对各个成员、对组成这些组织的群体、对其他组织以及更大些的机构发生作用。"

就以上定义,需从以下几点进行着重领会:

(1) 组织行为学研究的对象是组织内成员的行为的规律性以及由组织成员的行为影响的组织行为的规律性。只有从属于某一个组织的人的心理和行为才可能成为组织行为学的研究对象。

(2) 组织行为学研究人的行为的规律性是把人放在组织中进行研究的,与组织无关的行为不属于组织行为学的研究对象。

(3) 组织行为学综合运用心理学、社会学、人类学、政治学等一切与人的行为有关的学科知识和研究成果,来研究组织内成员的行为规律。这些学科为组织行为学的产生和发展提供了理论依据。

(4) 研究组织行为学的目的,是要在掌握组织中人的行为规律的基础上,增强人们准确地预测组织成员的行为发展趋势的能力,并采取相应的措施来引导人的行为,控制人的行为,变消极行为为积极行为,使积极行为保持下去,从而提高组织的工作绩效,实现组织的预期目标。

总而言之,组织行为学关心的是人们在组织中做什么,如何做,以及他们的行为是如何影响了组织的效率,同时,组织内部的其他因素又是如何影响了组织成员的行为。

1.1.2 组织的概念

1. 组织的定义

组织指的是为了实现特定的目标而有意识地组合起来的社会群体,如企业、俱乐部、学校、教堂、医院、监狱、政府机构等等,各自承担着为人类生存和生活提供各种所需的服务和资源的任务,是现代社会的基本构成部分。在本书中,组织通常指的是企业。

2. 组织的四大要素

现代组织必备四大要素是财、物、信息、人。组织的各项活动往往是在一定的时间与空间内,四大要素进行配合的过程。

财,又称资金。由于利润一般以货币为衡量指标,而获取利润又是企业的主要目标,所以财是企业中占据重要地位的要素,是推动各项重要活动的重要动力。

物,又称物资。主要指土地、厂房、商场、机器、设备、原材料等等。在一般情况下,物和财根据市场供需情况可以互换。

信息,又称资讯。在当今社会,随着科学技术的迅猛发展,信息在企业中所起的作用越来越大。

人,又称人力资源。在组织中,人是最主要的因素。其他三种要素可以相互替代、转换,也可能降低一些人的作用,但不可能完全取代人的作用;相反,在许多情况下,人可以替代、转换成其他要素。严格来说,所有的财、物、信息都是人创造出来的。

1.1.3 组织行为学的特点

在研究内容上,组织行为学表现出多学科交叉和综合的特征,其所研究的对象既涉及心理学领域中的个体心理和行为,亦涉及社会学中的群体和组织,同时兼有政治学、人类学等学科的研究内容,而且其研究内容和目的乃至研究结果的应用又都与管理学脱不开联系。而在研究方法上，组织行为学综合运用了管理学、心理学、社会学、人类学、政治学、生物学、伦理学等学科的知识、研究方法和手段。可以说，是上述多学科综合形成了组织行为学这一学科，同时，成为独立学科之后的组织行为学又具有自身的特点，这些特点让组织行为学明显区别于其他学科。

1. 层次性

由于组织结构和组织行为的复杂性，所以对组织行为进行分析和研究时，除了将组织视为一个整体研究组织行为外，还必须依据组织的结构分别进行研究。因此，总的来说，对组织行为学的研究具有很明显的层次性，具体来说，可以分为四个层次：

第一个层次是构成组织的个体，即作为独立的个体而存在的组织成员。作为组织最基本的构成要素，个体对组织的运行和组织目标的实现发挥着重要的影响力，也是组织行为最直接的影响者，所以研究个体行为就构成了组织行为学研究中的最基本的一个层次。对个体的研究主要包括两个方面，即个体的心理和行为，主要是通过对个体的个性特征、心理、动机、激励因素等方面的研究，以发现影响个体行为的各种因素，从而掌握个体行为的规律性，并以此为基础激发个体的工作积极性，从而有效发挥个体对组织发展的促进作用。

第二个层次是组织内部存在的各种群体。为了实现组织目标，组织成员会以分工为基础被划分成不同的群体，同时，组织成员在不断的交往过程中，也会逐渐自发地在组织内部分化成各种小群体，而这些群体的内部结构、行为及规范等因素又会对群体内部成员的行为施加有力的影响，并最终以群体行为的方式表现出来，因此，组织行为学研究的第二个层次就是对组织内群体行为的研究。包括群体类型、群体产生的原因、群体内部及群体间的互动、群体的内聚力、群体的冲突、群体的发展、群体中角色问题、非正式群体的管理等方面，以便更有效地引导和控制群体行为，达到有效管理群体，使组织目标顺利实现的目的。

第三个层次是站在将组织视为一个整体的角度，对组织行为的研究。组织运转是否正常、组织行为是否有效、组织目标能否顺利实现等方面的问题不仅取决于组织中的个体和群体，也取决于组织自身的因素，如组织结构的设计是否合理、组织的变革是否适应外部环境、组织的沟通是否畅通和有效、组织的信息交流是否及时、组织的文化是否适宜等因素都会影响组织行为的有效性，所以对组织自身的研究也是组织行为研究的重要内容。

第四个层次是将研究视角从组织内转向组织外，即对组织的外部环境的研究。组织的外部环境包括组织赖以存在的社会环境，包括物质环境、自然资源、政策环境以及社会上其他的各类组织、群体和个人等。由于任何个人、群体和组织都处在一定的社会环境中，并不断地与社会环境发生互动，他们的行为均要受到外部环境的影响,因此,为了真正掌握个体、群体及组织的行为规律,就必须研究组织与环境的相互关系。

组织行为学研究的上述四个层次并不是截然分开的,在一定程度上是交叉融合的,如研究个体行为就不能不考虑其所处的社会背景、组织类型、与群体发生的联系等。而研究群体同样离不开个体行为和组织行为等方面的研究,因此,上述四个层次是一种相互补充、相互借鉴的关系。只有把这四个层次结合起来,才能全面把握组织行为的规律性。

2. 实用性

组织行为学研究个体心理和行为等方面的规律,目的不仅仅是发现社会规律本身,而是进一步应用于管理中,以充分调动组织成员的积极性以达到最佳的工作绩效,实现管理目标。因此,组织行为学是一门实用性的学科。

3. 时代性和情境性

由于组织行为学研究的对象是生活在一定社会和时代中的人群和产生于一定社会条件下的各类组织及组织行为,因此,组织行为学的研究具有很强的时代性和情境性。一方面,产生于不同社会类型和时代背景中的组织以及生活于其中的组织成员各自有着不同的个性特征,这些个性在一定程度上影响着个体行为、群体行为和组织行为,因此,组织行为学这门学科就必然要打上时代和社会类型的烙印。如组织行为学产生之初得益于工业心理学的发展,其产生的时代背景是工业化革命的进行,那时的组织行为学研究强调的是如何追求组织运作的高效率和组织目标的实现。而现代社会人本主义盛行,因此,组织行为学的研究相应地带上了人本主义色彩,其研究目标在追求组织目标和利益的同时也更加注重员工的福利和满意度。

另外,由于组织的类型多样,因此,不同类型的组织运行尽管有一些共同性,但更多的是有一种差异性,如营利性的企业与非营利的社会团体,无论是从人员配置还是岗位设置及权限划分上都是不同的,因此,组织行为学的研究也会因具体的研究对象而有所不同。其研究理论和成果的应用就相应地更强调情境性,即不同类型的组织适应不同类型的组织行为理论,或组织行为学的理论对不同的组织有所偏重。

1.2 组织行为学与相关学科

1.2.1 组织行为学与相关学科

组织行为学是一门交叉性、综合性的学科,是在许多学科的分支上建立起来的。对它有主要贡献的传统学科包括心理学、社会学、人类学、政治学以及新兴的文化生态学等学科。下面我们将逐一介绍各学科与组织行为学的主要关联。

1. 心理学

心理学对于组织行为学的贡献之一是心理学对个体心理和社会心理的研究。由于心理学是研究人类心理现象规律的科学,而所谓心理现象规律包括心理活动的规律和心理特征的规律两部分,一般认为,心理活动是内隐的,行为则是心理活动的外化。因此,研究组织中的人的外显行为的规律,必须以心理活动和心理特征方面的理论和研究成果作为依据。心理学研究又可分为个体心理学研究和社会心理学研究,个体心理学侧重于个人的心理活动和特征的分析,这是一切心理学研究的基础,所以也可以称为理论心理学。社会心理学是把个人作为社会人的一分子,来研究社会行为背后的心理过程的学科。作为社会的一分子,任何一个人都无法脱离社会而存在。所有人的心理和行为必然与社会、他人相联系,群体行为、组织行为等亦是社会心理学的研究范围。组织行为学研究个体行为、群体行为与组织行为,一方面要以个体心理学为基础,另一方面又与社会心理学有共通和重合的部分。

心理学对组织行为学的贡献之二是心理学的研究方法对于组织行为学研究的借鉴意义,如组织行为学中的心理测量和投射法等研究方法即是从心理学中借鉴而来的,以心理学的研究成果和理论为依据。

2. 社会学

社会学是一门综合性很强的学科,它把社会视作一个由自然资源、人口、文化、经济、政治等各要素相互作用和联系而成的一个整体,综合研究各要素之间相互关系及发展变化规律。马克思主义社会学认为,社会是以物质资料生产为基础而形成的相互联系的人群的集合体,因此,从本质上来说,社会是一切生产关系的总和。同时,群体和组织作为社会机构的基本构成部分,一直以来都是社会学研究的重要领域之一。

社会学对组织行为学的贡献之一是对组织中正式结构与非正式结构的研究,以及在此基础上形成的正式群体与非正式群体的研究。

社会学对组织行为学的贡献之二是对社会关系的研究。其结论和成果对我们考察组织行为学中组织内部成员的互动关系有着重要的启示意义。社会关系按照关系形成的基础可以划分为三种类型,即血缘关系、业缘关系和地缘关系。其中业缘关系即围绕着职业而形成的人与人之间的关系。因此,有关业缘关系的社会学研究对组织行为学的研究具有重要的借鉴意义。

社会学对组织行为学的贡献之三是社会学以整体性和系统性的观点来看待社会中的组织和群体,承认社会对个人、群体和组织的影响作用。因此,社会学对于组织与环境、组织变迁、组织结构等方面的研究对于组织行为学研究组织行为具有重要的启示意义。

社会学对组织行为学的贡献之四在于社会对文化的研究,这对于经济全球化导致员工队伍多元化、组织文化的变迁和发展以及不同文化背景下组织的存在和发展都起着重要的指引作用。尤其是在员工队伍多元化日益明显的今天,组织内部成员文化背景不同,彼此之间的交流和沟通、融合在很大程度上影响了组织的绩效和组织目标的实现。而社会学对文化、文化差异、文化整合及文化变迁的研究对于我们理解文化多元化下组织的行为及发展趋势有着重要的导向作用。

除此以外,社会学对社会互动的研究也对组织行为学研究个体行为、群体行为及组织行为提供了参考。社会关系是在社会互动中建立起来的,并与社会互动相互影响,因此,研究组织成员间的互动及互动对个体行为、群体行为、组织行为的影响既是社会学的研究领域,也是组织行为学研究的重要课题。

3. 人类学

人类学是研究人类自身及人类在适应和改造自然的过程中创造的产物——文化的学科,无论从人本主义的角度出发,还是从不同地理区域的族群生活方式的理解考虑,人类学都处在探索人类与国民未来发展的基础理念中心。他的一些理念与原则可以构成一种潜在的知识储备;这门知识可以提供关于国民认同的知识原则,增强人们的自信力,提供不同民族之间的友好交往之道。今日人类学也包括应用的项目,但他首先提供的是认识人、群体、文化、社会的理论和方法。

对体质人类学的研究,关注的是人的生物性与文化性,研究人类文化的生物学基础,关注人类如何获得现在的形态和行为。研究体质人类学让我们能够更好地理解人类自身,更自觉地理解别人和自己,更冷静地面对人类的相异性以及不同种类的人的局限性,更加理智地处理人与环境的关系,更自觉地制定符合人类自身长远利益的社会政策。

人类学中与经济交叉的部分被称为经济人类学研究,属于人类学的一个分支,主要的研究对象是人们的经济生活。描述人们生产、分配和消费的方式以及这些系统是如何组织并运作的,同时也研究这些系统是如何反作用于人类自身的。

生态人类学研究人类与环境之间的关系。而人类学研究的环境不仅仅包括自然环境,也包括人造环境(如社会文化环境,社会政策环境等等)。而人类学对环境的研究对于我们研究组织行为、组织变迁及组织与环境的交互关系有着重要的启示意义。

4. 政治学

政治学是研究政治环境与个体行为、群体行为、组织行为的相互影响和作用的一门学科。具体的研究主题包括:冲突、权力分配以及个人为自身利益如何控制权力等。而这些都无时无刻不影响着身处其中的个体与组织。因此，对组织行为学的研究产生着重要的影响。

5. 管理学

管理学指的是在社会活动中，一定的人或组织依据所拥有的权力，通过实施既定措施，对人力、物力、财力以及其他资源进行协调或处理，以达到预期目标的活动过程。从研究范围上而言组织行为学从属于管理学，只是范围更小，偏重于研究管理中"人的因素"对管理和组织的影响。

上述各学科与组织行为的关系如图1.1所示。

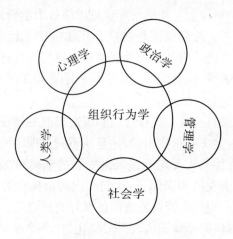

图 1.1　组织行为学与其他学科关系图

1.3　组织行为学的研究目的与研究方法

1.3.1　组织行为学的研究目的

现代化社会的特征之一就是人们的生活越来越依赖于各式各样的组织，同时人们也越来越多地参与到各种类型的组织中去，因此，组织生活已经成了人们社会生活中不可分割的部分，因此，对组织行为学的研究也在这种新形势下，从关注组织目标的实现和组织绩效的提高，转而开始注重对组织成员满意度的追求。所以，总的来说，组织行为学的研究目的有两个：一是传统的，追求组织目标的实现和组织绩效的提高；二是现代的，追求组织内成员满意度的提高。两者之间是互为依存和互相促进的关系。一方面没有组织目标的实现和组织绩效的提高，员工的福利待遇、工作条件的改进等都将失去物质保证，员工的满意度自然也就无从谈起。另一方面，没有员工满意度，自然也就无法调动起员工的工作积极性，组织目标的实现和组织绩效的提高也就成了一句空话。

1.3.2 组织行为学的研究内容

组织行为学的研究内容主要包括以下四个方面：

1. 个体行为

包括个体的个性和特征与个体外显行为的互相影响；个体感知现实世界的方式；个体的学习和态度问题；个体的需求、激励与工作压力等。

2. 群体行为

主要研究群体的发展阶段；群体动力分析；群体行为的结构与解释；群体间行为分析；群体内冲突和群体间冲突；群体中互动及沟通状况等问题。

3. 组织行为

即把组织视为一个整体，研究组织与环境的相互影响；组织文化的创建与维护；组织变革与创新等。

4. 领导行为

领导者作为群体和组织中的领袖和首脑，在组织目标的实现和组织绩效的提高方面发挥着重要的作用，同时也对组织内个体行为、群体行为、组织行为有着重要的影响。组织行为学对领导行为的研究主要关注的是领导者的内涵、特质及领导特性、领导行为理论的建构。

1.3.3 组织行为学的研究方法

车间里的调查官数目激增

越来越多的公司开始使用非正式的问题解决者，我们称之为调查官，来减少工作车间里的紧张和防止员工的起诉。

调查官（大部分不是律师）倾听员工对工作的各种抱怨（如管理混乱、工人与主管之间的冲突、工作车间里的暴力等等），然后试图在他们还能控制的时候及时帮助员工解决这些问题。他们不同于员工的同事，也不是劳资关系的协调人员。他们是中立的，不是管理层的代表。他们与员工们进行交谈，参与各种协调会议，并受到员工的信任。

企业从哪里找到这些调查官？最通行的办法是从公司内部物色。"看看员工们都找谁获得建议，就找这个人。"前国际货币资金组织（International Monetary Fund）的顾问调查官英杰尼·赫伯特（Engene T. Herbert）这样说。

1. 实验法

实验法就是有目的地严格控制或创造一定的条件，人为地引起某种心理现象或行为，进而对它进行分析研究以发现个体行为、群体行为背后的规律性。

因此，这种方法涉及在改变一个或多个变量的条件下，观察这种改变对另一个或另一些变量的影响。在控制条件下改变的变量被称为自变量，受自变量影响而改变的变量被称为因变量。

实验法有两种形式：实验室实验法和现场实验法。

实验室实验法指的是在专门的实验室内借助于各种仪器和设备来进行的。由于在设备完善的实验室里研究心理现象，从呈现刺激到记录被试者的反应、数据处理和统计处理，都采用电子计算机、录音、录像等现代化手段，实行自动控制，因此对心理现象产生的原因、大脑生理变化以及被试者行为表现的记录和分析都是比较精确的。现场实验法是由研究者有目的地创造或控制一些条件，由被调查者在实际工作中，或在比较自然的条件下进行的，它既可以用于研究个体一些简单的心理活动，又可用于研究比较复杂的心理活动，同时也可以设计用来研究个体行为和群体行为背后的规律性。如霍桑试验中的照明试验，就是现场实验法的一个典型例子。照明实验设计通过改变霍桑工厂的照明情况，来观察照明条件与工厂工人的工作绩效之间的关系，从而研究照明情况与生产率之间的相关关系。

2. 观察法

观察法是在没有任何控制的情况下，对组织成员的言谈举止、交往及工作情况进行有计划、有目的、有系统的观察，进而了解和分析其行为背后的规律性的一种方法。上述案例"车间里的调查官数目激增"就是观察法的运用。

观察法的缺点是这种研究方法的使用受到一定的限制，如一些较为隐蔽或私密的行为就不容易被观察到，同时，观察持续的时间也常常较为短暂，难以对被观察者的言行和工作情况等有一个较为真实的评价，容易"断章取义"；且由于被观察者通常只是被动地参与到观察中，从而无法对观察结果做出评价。而且，观察所得资料往往较为零散，多为生活或工作中某一片段的描述，因此，理解和分析上较为困难，主观性问题难以避免。同时使用观察法也容易产生伦理上或道德上的问题。

观察法的优点是实行较为简便，只要有一些基本的记录工具，就可以对被观察者进行观察。同时，被观察的行为不被或很少被控制，从而能够以较为正常和自然的方式呈现出来，使观察者能够了解到被观察者的真实情况和真实表现。因此，一般情况下，观察法总是被组织行为的研究者有意或无意地应用。如公司老板在工作时间巡视车间就可以说是观察法的一种非正式运用。

依据不同的标准，观察法可以分为不同的类型，而不同类型的观察法则各自有着其适用性。

(1) 根据观察的情境,可以将观察法分为自然条件下的观察和人为环境下的观察。前者是在自然情境下等待某一行为的出现,如想了解员工对增加工作时间的态度,可以在有加班需求时,再注意观察员工的行为或相关评论;后者是根据观察的需要,创造或设计一种情景进行观察,如为了观察员工对加班的反应,可以在设计好的时间里宣布加班要求,从而对员工的反应进行即时观察,这种观察与现场实验法有些类似。

(2) 公开观察与隐秘观察。公开观察是指观察者的身份是公开的,而且被观察者意识到自己行为被观察,如组织中负有监督职责的管理者,相对于其他组织成员而言,其身份就是一名观察者,而且其他组织成员知道自己正被管理者观察;隐蔽观察是指观察者的身份是不公开的,而且观察者没有意识到有人在观察自己,比如组织中的某位员工被暗中任命为监督者,或组织中的监督者以另一种非监督者身份出现。

(3) 结构性观察和非结构性观察。结构性观察是指观察者事先列好观察提纲,按照观察提纲上的先后顺序对被观察的行为进行观察;而非结构性观察则是按照自然的发生顺序进行观察。

(4) 参与式观察和非参与式观察。参与式观察指的是观察者融入调查环境中,以组织或群体参与者的身份进行观察。且通常以两种身份出现,一是作为观察者的参与者,二是作为参与者的观察者,前者指的是作为群体或组织的一分子,其他组织成员或群体成员知道其参与进来的原因是为了观察,也就是观察者的身份是公开的。例如为了了解某一个企业的运作情况,某一观察者进入这一企业并在其中担任某一职务,而其他组织成员知道其身份是观察者;后者则是观察者以组织成员或群体成员的身份参与进来,其观察者的身份则是不为人知的。例如某公司新聘用一名人事经理是众所周知的事实,但大家不知道的是这名新聘任的人事经理其实是公司请来研究工作绩效低下的问题。非参与式观察则指的是观察者仅以观察者的身份对观察对象进行观察,并不参与到被观察者之中去。

3. 访谈法

访谈法是指由研究者与被研究者进行面对面的有目的的谈话,以了解被研究者在态度、倾向、人格特征等方面特征和问题的方法。

访谈法可分为结构式和非结构式访谈两种。所谓结构式访谈,是指由访谈者按照确定的研究目的和研究内容,事先拟定好访谈问题,并逐一向被试询问,被试按照问题要求逐一回答,从而有目的、有计划地收集所需要资料的一种访谈方法。其优点是针对性较强,调查的问题比较明确,且调查过程的标准化、可控性非常强,缺点是由于所提问题的规范化程度比较高,可能会降低被调查者合作的积极性或使被调查者采取敷衍的态度;所谓非结构式访谈,是指访谈者事先只确定访谈的大概主题或方向，不拟定具体的访谈问题，只是在访谈主题的范围内相对自由地交谈。这样做的优点是谈话的气氛比较轻松自然，容易使被调查者敞开心扉，坦诚地说出自己的真实想法，也能够探查到被访者真实的兴趣所在。缺点是访谈过程缺乏标准化，且需要访谈者有很强的话题控制能力，强调访谈者对谈话技巧的掌握，同时，所得资料也较为零散和不系统，整理和分析较为困难。

根据访谈法涉及的人数，访谈法又可以分为一对一的访谈、一对多的访谈、多对一的访谈和多对多的访谈。在一对一的访谈中，尤其要注意的是要营造一种双方地位平等，且彼此真诚相待的氛围，以便被访谈者能够畅所欲言；在一对多的访谈中，应该注意的是要避免群体压力、群体规范对访谈对象的影响；在多对多的访谈中要注意的是访谈主题的统一，以及访谈过程中，发言者次序的安排。而在多对一的访谈中，由于被访者在数量上处于弱势地位，因此应该尽量营造一种轻松自然的氛围，以免给被访谈者造成心理压力。

无论访谈采用哪种方式进行，一般情况下，都分三个阶段进行。第一个阶段是进入阶段，双方刚开始接触，先取得彼此的相互信任是最重要的任务；第二个阶段是正式访谈阶段，这一阶段的重点是在事先确定的访谈主题或访谈问题的指导下，双方开始进入正题，此时访谈者尤其要注意的是对访谈氛围的控制，如采用结构式访谈应该注意当被访谈者出现厌倦或对访谈话题产生抵触的反应时，应该及时地采用暂时离开访谈主题或迂回提问等方式来缓和被访者的情绪。第三个阶段是访谈结束阶段，在这一阶段，访谈主体内容已经结束，但访谈者要注意的是先要对访谈内容进行大概的浏览，以免遗漏，同时要及时对被访者的支持和合作给予真诚的感谢。

4. 问卷法

问卷法是根据研究目的的要求，围绕着研究内容，由研究者设计一份问题表格，通过被调查者对问题的回答，来研究和分析被调查者的心理、特征、行为、倾向等。根据调查表填答方式的不同，问卷法又可以分为自填式问卷法和结构式访问法两种。自填式问卷法由被调查者自行填答，而结构式访问法则与访谈法中结构式访谈相同，是由研究者逐一提问，被调查者一一回答来填答问卷的。这两种方法尽管填答过程不同，但是最终都要进行资料的汇总与统计分析。

问卷法的重点和难点是调查表的设计，基本要求是调查表所问的问题要符合调查目的和调查内容的要求。同时问题要明确且无歧义及诱导性，这样才有可能得到被调查者真实的心理、行为等方面的资料。同时，运用问卷法进行调查，其成功的另一要件是被调查者的合作和支持。因为研究结论的正确及准确是建立在真实的资料基础上的，而要想得到真实的资料，就要求被调查者回答问题时一定要明确，同时要实事求是，而在实际调查过程中，这一点是很难保证的。

问卷法的用途非常广泛,既可以用来调查被调查者的心理因素,也可以调查行为、态度及倾向上的问题。在组织行为学中,可以运用问卷法来进行员工对工作条件的满意度、工作绩效的影响因素等方面的研究。

5. 测量法

测量法是指按照一定的法则,用数字或符号将被试某方面的属性或特征表示出来的一种研究方法。

在组织行为学中,测量法的运用非常广泛,从员工聘任到职业指导,从绩效评估到生产效益分析都普遍运用。具体的测量方法有:

按照测量所使用的辅助工具及设备的类型,测量方法可分为量表测量法、仪器测量法、纸笔测量法等;按照测量内容和目的可分为智力测量法、职业兴趣测量法、人格测量法、特殊能力测量法等;按照测量所用具体方法可分为问卷测量法、投射测量法、情境模拟测量法等。无论是上述哪种方法,其操作程序都基本相似,都是通过一定的手段,将被试的思想、态度、情绪、愿望、行为倾向等通过一定的技术和方法转变为可理解的数字、文字或符号的过程。如在组织行为学中常用的投射法是建立在心理学理论和研究成果的基础之上的一种测量方法。

投射法源于临床心理学和精神病治疗,后被广泛应用于社会心理学、社会学、教育学和人类学的文化比较研究中,后在组织行为学中也得到了广泛的运用。所谓的投射法是指通过一些媒介,这些媒介多为意义不明确的各种图形、墨迹或数字,让受测者在不受限制的情境下,在不知不觉中将内在态度、品质和行为方式投射出来,投射测试主要用于对人格、动机等方面的测量。

投射法的主要操作步骤是:

(1) 给被试者以刺激物(如墨渍图片、玩偶、图画),此物无固定意义与结构,能引起多种反应(墨渍可想像为不同的东西,图画可表现出许多故事)。

(2) 了解被试者的反应,着重于他对刺激物总的感觉,让其讲出或用行为表示出来(他认为墨渍像何物,或按图画编个故事)。

(3) 对反应计分。如对墨渍的反应按其所利用墨渍的部位(整体、局部、空白等),反应时的主要依据(外形、色彩、人的动作、阴影)以及反应内容(人、动物、器具、景物、抽象概念、艺术等)进行计分。

(4) 解释被试者的态度、人格结构、人际交往方式(如社会取向、内倾—外倾、智能特征和水平等)。

值得注意的是,投射法对被试者反应进行的解释不是建立在事实上的一种直接推断,而是基于心理学与社会心理学的理论作出的一种假设性的推断。同时也在一定程度上依赖于研究者的理解和解释。

本章小结

(1) 组织行为学指的是综合运用各种研究手段,通过研究组织成员的行为和组织的运作规律来把握组织行为的规律性,从而提高对组织成员的行为和组织行为的理解和控制力量,以便更好地引导组织成员的行为,以更有效率的方式实现组织目标。

(2) 组织指的是为了实现特定的目标而有意识地组合起来的社会群体。

(3) 组织行为学的相关学科有心理学、社会学、人类学、政治学等。

(4) 组织行为学的主要目的是提高组织的绩效和成员的满意度。

(5) 组织行为学的研究方法很多,主要有观察法、实验法、问卷法、访谈法、测量法等。

复习思考题

1. 什么是组织行为学?组织行为学具有怎样的特点?
2. 对组织行为学的产生和发展有贡献的学科有哪些?
3. 组织行为学的研究目的是什么?有哪些主要的研究方法?

案例实训

请用组织行为学的相关知识分析美的的组织发展。

美的企业的组织发展

广东美的集团股份有限公司正式成立于1992年8月,注册资本6 831万元。公司主要从事家用电器的制造和销售,兼营房地产开发、科技开发与咨询、商业贸易、进出口业务等。

化整为零,实行事业部制

在企业的成长过程中,规模和效率是一对永恒的敌人。不能平衡肢体庞大和反应灵活之间矛盾的企业,总会在某个时刻,遭遇成长的天花板。

对于美的来说,1997年就是撞到天花板的一年。此前的美的采用的是从上到下的垂直管理模式,所有产品的总经理都是既抓销售又抓生产,所有的产品由总部统一生产、统一销售。在公司发展早期,这样的中央集中控制模式,在行业内十分通用。但是,随着规模的扩大,体制性缺陷日益明显。为此,美的高层管理团队经过反复调研和论证,最终决定实行事业部制,把企业"由大化小"。

美的领导人何享健一锤定音,美的开始了全面的组织变革:以产品为中心,将空调、风扇、厨具、电机、压缩机划分成五个事业部。各个事业部拥有自己的产品和独立的市场,享有很大的经营自主权,实行独立经营、独立核算。它们既是受公司控制的利润中心,又是产品责任单位或市场责任单位,对销研产以及行政、人事等管理负有统一领导的职能。此外,各事业部内部的销售部门基本上都设立了市场、计划、服务、财务、经营管理等五大模块,将以上功能放到销售部门,形成了以市场为导向的组织架构。而像原来"生产经营部"这样类似"内部计划经济"的机构也渐渐消失了。

美的在经历了事业部制改造后,整个组织重新焕发出活力,迎来了从1998年开始的井喷式的增长,从30亿元到100亿元的跃升,只用了4年的时间。

反省与自知,优化组织架构

2001年到2002年,销售冲破了100亿元后,美的集团内部已经"涌现"出了七八个事业部,其中一些事业部创造的销售收入甚至超越了1996年美的整个集团的总收入。从1996年的业绩下滑,甚至有可能被科龙收购的低谷中走出来,迅速跨入100亿俱乐部的美的,内部情绪高涨,制定未来经营计划也一度开始"放卫星"。

而同时,上一次组织变革带来的增长也开始出现边际效应降低的迹象。事业部制最大程度地释放出单个产品的活力,但单飞后每个业务单元也很快遭遇了类似30亿的天堑,又陷入低效和业绩停滞。

这时候的美的发起了深化事业部的第二次改革,在提升经营水平和强化组织竞争力方面提出了四个调整方向,对美的整个组织架构进行再次优化。由于一些事业部发展过快,美的将产品类型比较接近的事业部集中到一起,比如小家电系列产品,相应地设立二级管理平台来处理事业部层面的经营管理问题,再次增加组织的弹性,以便更快更专业地应对市场需求。建立事业部制以来,美的组织结构始终在调整,而每次调整都是围绕权力的放与收进行的,权力收放的另一面则是责任和利益的转换与变局。

减政放权,建构分权制度

随着1997年事业部制变革的完成,美的也开始煞费苦心地建构分权制度。如果说事业部制为美的搭起的是庞大坚硬的骨架,那么细致入微的分权体系就是为了组织的每一寸肌肤都能够自由地呼吸。

何享健深信:对一个组织来说,群策群力的效果永远高于领导者的亲力亲为。更重要的是,正是这种观念让他舍得也懂得如何把权力释放出去。

最能够完美阐释美的张弛有度的权力结构的,莫过于美的厚达70多页的《分权手册》,上面不但明确规定了美的集团和事业部之前的定位和权限划分,还事无巨细地阐明了整个美的经营管理流程中的所有重要决策权的归属,为美的的分权提供了制度化的保障。

集团总部只有财务、预算、投资以及职业经理人的任免(中高层的管理者)的管理权力,下面的事业部高度自治,可以自行管理研发、生产、销售整个价值链上的所有环节,同时事业部还有人事权,让事业部的总经理可以自行组阁。

权力的背面是责任,事业部也承担着巨大的经营责任,万一业绩不佳,整个内阁也要一起引咎辞职。

为了保证《分权手册》的及时有效性,他们每半年就要分析调整一次,这也是美的对待"制度条款"的惯例。调整的原则是:去粗取精,调整或删除一些不合理的项目,进一步推动分权的简化和向下。像美的微波炉事业部的总经理,过去可能每年要审批200多项内容,而随着事业部业务渐渐迈入正轨,他需要直接审批的项目只有七八十条了。

16字方针,制定权利边界

充分授权的最高境界是:组织内的每个人很清楚自己应该做什么,每个人都自然地获得了方向感和驱动力。但在外界竞争环境快速变化的情况下,只有把决策权放在最早也是最直接接触信息的地方,才能带来真正高效的执行力。

根据这个出发点,美的制定了"集权有道、分权有序、授权有章、用权有度"的16字方针,把整个组织的决策大脑从中央控制的中心移到每个组织的细胞中。美的在竞争激烈的家电市场中一直都有凌厉的表现,以执行力强见长,也是得益于这样分布式的决策模式。

在美的,从何享健开始,作为管理者每个人都清楚地为自己的权力划下边界,用影响而不是控制来保障分权的成功。但能够把这样一套精微的分权制度成功地运用到组织中,除了何享健本人的身体力行以外,还需要一个系统化的学习过程。

为了让组织每个细胞都发挥出最大的能动性,美的还有一套同样精微的激励考核机制配合。集团年初的时候和事业部的总经理签责任状,确定当年应该完成的业绩指标,年终,则根据这样的指标来考核。

在美的,大到从何享健当初给冒险点将的事业部总经理几千万的审批权以及后来逐步放开的数亿资金额度;小到一个培训经理和他的副总监在一个培训计划方案设计上的权力划分。这其中的艺术就是,让下属用10%的失误率,换来个人能力的100%提升。

但关键是,管理者如何能够确保下属的90%正确?从何享健本人到整个的职业经理人团队,都一直在放权这门学问上反复学习和历练。

何享健对于分权的看法是,企业分权离不开四个必要的条件:一是要有一支高素质的经理人队伍,能够独当一面;二是企业文化氛围的认同;三是企业原有的制度比较健全、规范;四是监督机制非常强势。他说:"具备了这些条件,就不用怕分权。能走得到哪里去呢?总会有限度的。"

重大决策,总部集中控制

如果一个企业希望有效地实施放权,就要先找到放任与信任之间的险要地带。美的用一个系统化的制度来保障对分权的推动力和引导力,这样决策权不会偏离正确的方向。美的的战略决策也分三个层面:集团负责最高层的集团战略,比如,美的未来五至十年内的业务发展方向,是专注于做家电,还是去发展其他的产业。二级平台负责企业战略,在产业层面如何竞争,比如说,制冷集团会考虑如何在未来提高冰洗产品的竞争力。三级单位则负责竞争战略,例如具体产品的竞争策略、市场、定价等等。

所有的投资权都由总部集中控制,由战略管理部门负责。这个部门会综合审批美的的各种投资项目,考虑项目的适当性和回报能力。之后,他们会把整个分析报告提交给决策层定夺。

对于美的而言,感觉敏锐,视野清晰,思维冷静,是一切决策的必要前提,也是一切组织设计的出发点。

第 2 章 个体行为分析

学 习 目 标

知识目标

通过本章的学习,了解个体行为的主要内容。

能力目标

培养学习能力和创造力。能够对人的知觉进行客观地评估。

2.1 认 知

电梯的收费运营——上上下下的启示

在一座小城新建了一群十层高的居民住宅楼,在里面安装了电梯。开始时,物业公司以两角钱一次的低价实行收费运行,结果奇怪的是小区居民似乎是觉得"两角钱太贵",电梯无人乘坐,漂亮舒适的电梯成了摆设。过了一段时间,也许是认为"电梯闲着怕生锈"的缘故,物业公司做出了惊人的决定:免费开放三个月。接下来的三个月,电梯当然是没有闲着,即使是一些只住在三楼的住户也习惯于使用电梯上下了。三个月到了,物业公司又做出了新的决定:电梯白天免费,只在夜间收费。由于夜间乘坐的人很少,所以居民们的反应很平静,乘坐电梯的人基本上没有变化,然而另一方面物业公司却已经获得象征意义上的收入了。又过了三个月,物业公司开始了正式收费,奇怪的是居民中没有人提出任何异议。于是小区电梯顺利地开始了收费运营,在接下来的数月时间里,所有的电梯都获得了预期的收益,并且很快收回了最初六个月免费期的运营成本。

本案例中,两角钱一次的收费并没有变化,是什么导致居民前后迥异的反应呢?导致个体心理与行为差异的一个重要因素是人们不同的认知心理过程。一切较高级、复杂的心理过程,都以感觉与知觉作为基础,即在感觉与知觉所获得的材料的基础上才能产生。不同的人知觉过程不一样,所以人们的决策和行为是以他对现实的知觉为基础的,而不是以现实为基础的。这是组织行为研究中非常重要的课题。

2.1.1 知觉

大家经常看到,对同样一个人、一件事、一个问题,不同人的观点可能差别很大。为什么会形成这种差别呢？一种可能是价值观或个性心理不同,不同价值观或个性心理的人标准不一样,对同一事实的看法可能截然相反,难以调和,此所谓"道不同不相与谋"。另一种可能是价值观标准相同,但对同一对象,大家捕捉到的信息不一样,从而得出不同的结论,"盲人摸象"就是这种情况。人们拥有的信息来源于对客观事物的认知过程和心理过程,而认知过程是从人脑对客观现实的反映——感觉与知觉开始的。

1. 感觉与知觉

感觉是直接作用于人们感觉器官的客观事物的个别属性或个别部分在人脑中的反映。在日常生活中,人时刻都接触到外界的许多事物,它们直接作用于人的各种感觉器官,从而在人脑中就产生了各种各样的感觉。例如,人们看到的颜色、听到的声音、闻到的气味,等等。同样,身体的运动与姿态、体内器官的状况,也能作用于有关的感觉器官,而在大脑里产生舒适、疼痛、饥渴等感觉。

知觉是直接作用于感觉器官的客观事物的整体属性或各个部分在人脑中的反映。客观事物的各种属性并不是孤立地作用于个人,而是组合成整体,同时或相继作用于人的感官,于是在大脑中就产生事物的整体映象。例如,当我们拿起苹果品尝时,苹果的颜色、气味、表面光滑度和味道等个别属性,便分别作用于眼、鼻、手、舌等感官,在脑中产生相应的感觉,这些感觉经过人脑的选择、处理和组织,形成一个有机组合,就构成了完整的苹果映象,这就是对苹果的知觉。

感觉和知觉的共同点在于二者都是直接作用于感官的当前事物在人脑中的反映,所产生的主观映象都是具体的感性形象。感觉和知觉有区别,在于感觉反映事物的个别属性(如形状、色泽、气味、温度等),知觉则是对事物各种属性、各个部分及其相互关系的综合的整体的反映过程。感觉和知觉又有联系,感觉是知觉的成分,是知觉的基础;知觉是在感觉之上产生的,它依赖于人脑中储存的一系列感觉信息组合,没有感觉,就不会有知觉。

知觉是客观事物在人脑中的主观映象,因而知觉受人的各种主观意识特点的影响和制约。如一个人的知识水平、兴趣爱好、情绪体验等都直接影响着知觉过程。所以,不同的人对同一对象的知觉的完整性和准确性往往是不相同或不完全相同的,甚至同一个人在不同时间对同样对象的知觉也往往是不相同或不完全相同的。

2. 社会知觉的内容

(1) 社会知觉的概念

社会知觉这一概念是由美国心理学家布鲁纳(J. S. Bruner)于1947年首先提出来的。从知觉对象看,可以把知觉划分为对物的知觉和对人的知觉。它们都服从于知觉的一般规律。但是,它们又表现出各自的特殊性。物是相对静止的,人在感知事物时,知觉的对象是被动的。而对人的感知就不同了。当人知觉人而不是物时,她(他)并不是停留在被感知者的音容笑貌、身体姿态、举止言行等外表上,而要依据这些人的外部特征知觉对象整体的另一部分——内部心理状态,即他(她)的态度、动机、观点、个性特点等,这是对人的知觉与对物的知觉的根本区别。

社会知觉就是对人的知觉,就是对人和社会群体的知觉。

(2) 社会知觉的分类

社会知觉实质上是对人的知觉,而我们在知觉人的过程中,可以从不同的角度和侧面进行,所以就有不同的社会知觉类型,即对人的知觉、人际知觉、自我知觉、角色知觉等。

① 对人的知觉

对人的知觉是指通过对他人的外部特征的知觉,借以了解其动机、感情、意图的认识活动。人的外部特征主要包括容貌、穿戴、仪表、风度、举止、言谈等,在人与人的交往中,尤其是初次接触时,总会给人以鲜明的感知,甚至直接影响人们之间交往的深度、质量。当然,这其中也有知觉者主观因素的作用。比如说,有的人知觉别人首先看重相貌,以相貌取人;有的人知觉别人首先看人品,按人品给人归类;有的人知觉别人看重穿戴,按穿戴划分人。总之,对人的知觉既受知觉对象的外部特征影响,也受知觉者自己主观因素的影响。

② 人际知觉

人际知觉是指对人与人之间关系的知觉。它主要以人的交际行为为知觉对象,对人们交往中的动作、表情、态度、言语、礼节等进行感知。这种感知有明显的情感因素起作用,会使人们相互之间产生或是友好的、或是一般的、或是对立的情感。

③ 自我知觉

自我知觉是指一个人通过对自己行为的观察而对自己心理状态的自我感知,是自己对自己的看法。一个思维健全的正常人在社会实践中,不仅要知觉周围的人和事,也要知觉自我,即自悟。两个过程交错进行。自我知觉与知觉别人互相影响、互相作用。

④ 角色知觉

角色知觉是指对人们所表现的社会角色行为的知觉。每个人在社会中都充当着某些角色,如某人是他父母的儿子,又是他儿子的父亲;是他领导的部属,又是他部属的领导;是他学生的老师,又是他老师的学生等等。这就要求每个人在社会实践活动中,把握住各种角色知觉(其实是把握住主要的角色知觉),掌握住各种角色的行为标准,形成角色意识,使人的行为合乎规范。

3. 影响知觉准确性的因素

现实中,人的知觉往往不准确、不符合实际情况,甚至产生错觉。"风声鹤唳,草木皆兵"就是典型的例子。知觉的偏差会影响人的认识,误导人的行为,给工作造成损失。因此,在组织管理活动中,必须研究影响知觉准确性的因素,减少偏差和失误。

影响知觉准确性的因素大致归为三个方面:知觉者的主观因素、知觉对象的特征、知觉的情境因素。

(1) 知觉者的主观因素

知觉者主观因素的不同会导致知觉的个体差异。这些因素主要有:

① 兴趣和爱好。人在兴趣和爱好方面的个体差异性会影响知觉的选择性。通常人们最感兴趣的事物最容易被知觉到,并把握更多的细节,"见微知著";自己不感兴趣的事物往往被排除掉,"熟视无睹"。此外,兴趣和爱好相近的人,也往往有相近的知觉,容易沟通,从而形成非正式群体。

② 需要和动机。人们需要和动机的不同也在很大程度上决定人们的知觉选择。一般说来,凡是能够满足人的某种需要、合乎其动机的事物,容易成为知觉的对象和注意的中心;反之,则不易被人知觉到。例如:一个干渴难耐的人,将注意力集中于面前的水和饮料,而对眼前的其他事物则视而不见、听而不闻。

③ 知识和经验。个体具有的知识和经验对于知觉的选择性影响也很大。例如,对同一台戏曲节目,外行人和内行人的知觉就有区别,所谓"外行看热闹(故事情节),内行看门道(唱腔、动作)"讲的就是这个道理。

④ 个性特征。个性也是影响知觉选择性的因素。比如,不同气质类型的人在知觉的深度和广度上存在着明显的差异。一般来讲,多血质的人知觉速度快、范围广,但不细致;黏液质的人知觉速度慢、范围窄,但比较深入细致。

此外,个人的价值观、对未来的预期、身体状况、自身条件等因素也会影响知觉的选择性。由主观因素造成的个体知觉差异性,使人的知觉世界各有千秋。虽然知觉反映了客体的本质属性,但在具体的反映形式和结果上,却体现着个人风格,形成了选择性知觉。

(2) 知觉对象的特征

知觉对象的特征是影响知觉的重要因素。

首先,人们在知觉事物时,会根据对象的特征进行组织、整合。这种整合遵循一定的规则:

① 接近律。在时间、空间上接近的对象,有被知觉为同类的倾向。例如,一个车间的两个工人同时要求辞职,人们很容易觉得他们是串通一气的,其实可能仅仅是巧合。

② 相似律。具有相似性的对象易被知觉为一组。

③ 闭锁律。人们易对分散而有一定联系的知觉对象的反映综合起来,形成一个整体。这是知觉整体对象的形式和能力之一。事实上,一组分散的知觉对象包围一个空间,同样容易被人知觉为一个单元。例如,在火车车厢里面对面坐的若干乘客,比背靠背坐的乘客,更容易被知觉为一个单元。

④ 连续律。在空间、时间上有连续性的对象,容易被知觉为一个整体。例如,在电影院售票处,人们往往把排队购票者知觉为一个整体,而对其他散乱的人则没有明晰的知觉。弹奏钢琴的声音因其连续性被人感知为乐曲。

这些规则的意义在于使知觉更为简便有效,通过对知觉对象的组织更迅速地把握它们。因此,这些规则又统称知觉组织的"简明性规则"。知觉的简明性组织倾向,往往使人们对时空或运动特征上有关联而实质毫不相关的对象之间作出因果的判断,产生错觉。比如,厂庆这天天气很好,有人便会觉得这是天助人事,其实只是巧合。一位员工上班路上偶然碰到厂长,就一同来到厂里,有人马上认为他们关系不一般。公司来了新经理,不久销售绩效显著提高,人们很容易得出结论说新经理领导有方,但也许是因为原来推出的新产品进入成长期的缘故,新经理只是个"福将"。

其次,知觉对象的颜色、形状、大小、声音、强度和高低、运动状态、新奇性和重复次数等因素,都会影响知觉的结果。

由颜色引起的知觉差异,已经被我们应用于日常衣着和房间格调的布置上。如黑、红给人以重的感觉,蓝、绿给人以轻的感觉,浅色使人觉得宽大,深色使人觉得狭小等等。

由形状引起的知觉差异很多。如垂直线段和水平线段等长,但看起来好像垂直线段长于水平线段。最著名的是缪勒—莱依尔(Muller Lyer)错觉(如图 2.1):两条等长线段两端附加箭头,一条线段两端的箭头向外,而另一条两端箭头向内,前者显得长些。

在其他因素不变的情况下,形状大、强度高、新奇、熟悉的事物更容易被知觉。例如,在人群中,身材高大的人、穿着奇特的人、熟人一般会先进入眼帘而被知觉到。鞭炮声比掌声、枪声更容易被知觉。

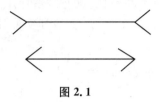

图 2.1

一般情况下,动态的事物、重复次数多的事物容易被知觉。例如,晚上在广场上,那些颜色变化、运动的霓虹灯广告牌就比静止的广告牌给人印象更深刻。而商品广告的多次重复也能起到更好地效果。

(3) 知觉的情境因素

知觉的情境因素通过影响人的感受性而改变知觉的效果,所谓感受性就是人的感觉灵敏度,人对外界刺激物的感觉能力。人的感受性在环境作用下发生的变化,表现为下列现象:

① 适应。由于刺激对感觉器官的持续作用而引起感受性变化的现象叫适应。它可以表现为感受性的提高,也可以表现为降低。例如,白天进入熄灯的电影院,开始觉得一片漆黑,慢慢会辨别出周围物体的轮廓,这是视觉的适应现象;"入芝兰之室,久而不闻其香,入鲍鱼之肆,久而不闻其臭",是嗅觉的适应现象;冬泳刚下水时觉得很冷,几分钟后感觉不那么冷,就是皮肤对温度的适应现象。

② 对比。同一感觉器官接受不同的刺激而使感受性发生变化的现象称为对比。有先后对比和同时对比两种。例如,吃了糖以后接着吃广柑,觉得广柑很酸,这种情况为先后对比。

同时对比,也称为对象与背景的对比,对感受性和知觉的影响很大。同一事物在不同的背景下,可以使人产生不同的知觉。比如,同一个人穿横条纹的衣服会显得胖些,穿竖条纹的衣服会显得瘦些。事物与其背景的反差越大,事物越容易从背景中区别出来,"万绿丛中一点红"会使人感到格外鲜艳;反之,则难于区分。

③ 敏感化。在某些因素影响下,感受性暂时提高的现象称为敏感化。它与适应不同,适应会使感受性提高或降低,而敏感化都是感受性的提高;导致敏感化的原因也与引起适应的原因不同。例如,感觉的相互作用、人的心理活动的变化、兴奋性药物刺激等都能提高敏感性,加深人对某一事物、活动的知觉。

④ 感受性降低。感受性降低与适应引起的感受性变化不同,它是由其他因素引起的。如人的生物因素和心理因素、不良嗜好(如吸烟)的作用以及某些药物的刺激等都会引起感受性降低。

综上所述，人的知觉是知觉主体、知觉对象、外界环境因素相互作用、相互影响的结果，是一个主观反映客观的过程，它一般包括观察感觉、理解选择、组织、解释和反应等环节。由于每个知觉者自身必然具有这样或那样的局限性，知觉对象的特征也会参差不一，知觉环境不断转换，这些因素作用于人的知觉过程，就会使人知觉产生偏差，以致形成错觉。在学习、生活和实际工作中必须引起注意，努力克服。

2.1.2 社会知觉中的若干效应

在社会知觉领域，由于知觉的主体、客体都是人，影响知觉准确性的因素还会更多地涉及人的态度、价值观、道德品质等。主、客体双方的关系、相对地位、思想方法、社会经验和知觉对象行为的真实程度等等，都会影响社会知觉的准确性。这就使社会知觉的问题更为复杂，产生错觉的可能性大为增加。

社会知觉发生偏差或错觉时，有多种反应效果。这里只就若干典型的效应及其应用加以简述。

1. 第一印象效应（首因效应）

第一印象效应是指人们在首次接触时留下的第一个印象会以同样的性质影响再一次发生的知觉。这种效应说明，在看待别人时，一定要避免受第一印象的不良影响。看人不能先入为主，要有发展的眼光，防止对人的错误判断和错误结论。另一方面，凡是领导者、公关人员、供销人员、做群众工作的管理人员等，一定要注意给自己的工作对象留下良好的第一印象，这是今后更好地开展工作的良好基础。

2. 晕轮效应

所谓"晕轮"效应是指在知觉过程中，获得了知觉对象某一行为特征的突出印象，并将其扩大成为整体行为特征的认知活动。好像起风天气到来之前，晚间月亮周围出现的月晕（又称晕轮）把月亮光芒扩大了一样。晕轮效应是认知的一种偏差倾向，实质上是"以点代面"的思想方法，只见一点，不及其余。美国社会心理学家阿希以实验证明了晕轮效应，这种效应往往在知觉道德品质中表现得很明显。

晕轮效应的启示在于，首先，对人、对事要防止以点代面，以偏概全，避免晕轮效应的遮掩性和弥散性，产生"情人眼里出西施"或者是"厌恶和尚恨及袈裟"的不良效应。其次，要注意防止把自己的主张强加于人，避免以己度人的"投射倾向"。要启发别人理解自己的意向，"引而不发"，潜移默化地在知觉别人中感应别人。这些对组织中领导者尤其重要。

3. 近因效应

近因效应是指在知觉过程中，最后给人留下的印象最为深刻，对以后该对象的印象有强烈的影响。它和首因效应正好相反。一般说来，在知觉熟悉的人时，近因效应起较大的作用;在知觉陌生人时,首因效应起较大的作用。

把首因效应与近因效应结合起来会得到有益的启示:首先,要预防两种效应的消极影响,既不能"先入为主",也不能不究以往,只看现在,而应该以联系发展的态度感知事物,把对人、对事的每一次感知,都当作我们认知事物过程中的一个阶段,避免形而上学的片面性。其次,要在一定条件下,发挥两种效应的积极作用。待人接物善始善终,不能使人感觉"无头无尾"、"虎头蛇尾"、"蛇头龙尾"。

4. 对比效应

对比效应是指在知觉过程中,我们对人的评价不是孤立进行的,而是通过对我们最近接触到的其他人进行比较做出的。如果最近接触到的其他人水平较高,对目前的知觉对象评价就低,反之亦然。对比效应在面试和比赛中是常见现象,如果前面几位应试者表现平庸时,后面的一位应试者就比较幸运,而前几位发挥出色,就不利于后一位的评估。所以对一名具体的候选人而言,评估的失真可能是他在应试中的位置带来的结果。所以,选用尽可能客观的指标,在所有的选手表演完后再统一评价,在一定程度上可以降低对比效应的负面影响。

5. 与我相似的效应

人们倾向于喜欢那些与自己相似的人是生活中的一个常见现象。表现在组织活动中,管理者在招聘员工、绩效考评、职位提升中更可能会偏爱那些与自己相似的候选人或下级,诸如有些领导在干部提升中优先任用自己的同乡、部下、校友,有些老师在学术活动中无原则抬高自己的学生等现象,就是这种效应恶性发展的结果。这在本质上是一种封建帮派思想,会带来拉帮结派、排斥异己、近亲繁殖、代际退化、毒化组织文化等问题,降低员工的整体素质。

西方国家建立了一系列制度来限制这些问题,如制订反歧视的法律、设立投诉体系、大学不能留本校毕业生任教等。这些制度的有效运行形成了一种健康的文化传统,使大家自觉避免这些问题。

6. 严格、宽大与平均倾向

在绩效考评中,有的管理者过度严厉,对所有的下级评价都低;有的管理者宽大无边,对所有的下级都评价偏高;也有管理者对所有的下级评价都在平均水平。这种倾向会导致评价机制歪曲,激励失败。因为,它一方面无法有效区分员工绩效的差别,另一方面使得不同考评者的结果没有可比性。要克服这个问题,必须对考评人员进行统一培训,增强沟通,并运用交叉评估。

7. 定型效应(定势效应)

定型效应是指人们常常根据自己的经验和知识,按照自己所设定的知觉标准评估他人,对人群进行分类,形成固定形象。人们在社会生活实践中,不断地感知某类对象,因而对该种对象逐渐地形成了固定化的印象。提起商人,就联想到"奸诈"；提起教师，总是与文质彬彬联系在一起；提起工人，总是以身强力壮、性情豪爽为其形象；一听说对方是农民，就认为是大老粗、"土包子"等等，以至于对不同的年龄、不同的民族、不同的职业、不同的社会角色，我们都有了固定的印象。这就是我们意识中的定型效应。

在组织行为学中，要注意利用定型效应的积极方面，克服定型效应的消极方面。例如：对于工作程序、教学程序、日常事务性工作等，需要培养起人们的定势效应，使工作有序进行；而对于认识上的偏见、交往中的误解、体制上的弊端造成的定型效应，要实事求是地纠正。

社会知觉中存在着多种心理效应，我们不能一一研究，但是择其要者，已经使我们看出端倪：这些效应实质上是由于个体信息的不对称造成了组织信息的失真。由于多种因素的影响，造成知觉偏差是难以避免的。但如果任其发展，可能使组织在对人的评价上出现系统误差，歪曲绩效评估和人力资源政策，导致激励机制的失败。特别在客观评价指标缺乏、主观评价比重较高的领域，极有可能发生"逆选择"、"逆淘汰"、"劣币驱逐良币"的现象（即将次优甚至较差的人选上，而优秀者被淘汰的悲剧）。这些现象的严重后果还在于，它会彻底摧毁作为组织和社会文化底线的公平公正原则，毒化人际关系，加剧不正当竞争，引发组织和社会的伦理困境。

2.2 态　　度

食品退货制度

某顾客准备为女儿的7岁生日购买一只生日蛋糕。在一家大型商场内，食品柜台的营业员热情地接待了他，并帮助他选购了一只满意的生日蛋糕。当天，这名顾客全家三口吃了一顿非常温馨的生日晚餐。可是到了晚上，女儿突然喊肚子痛，顾客连夜将女儿送到医院。经医院诊断，女儿是因食用了变质食品而导致的腹泻。

经过回忆，他们认为，是生日蛋糕造成女儿患病，理由是只有女儿一人吃了生日蛋糕。虽然由于治疗及时没有造成更为严重的后果，但妻子看着躺在病床上的女儿却非常心疼，坚持让这名顾客到商场要求赔偿。顾客为难地说营业员对我服务态度那么好，我怎么好意思要求赔偿呢。可是在妻子的强烈坚持下，这名顾客不得不与妻子携带没有吃完的蛋糕一起来到商场。恰巧接待他们的正是卖蛋糕的那名营业员。

营业员在耐心听取了他们的申诉后,检查了蛋糕的保质日期,发现蛋糕的保质期恰恰就是截止到顾客购买蛋糕的那天。所以,营业员首先向他们表示了同情,然后,向他们做解释,说明该商场有制度,对所出售的食品,只要在保质期之内,一律不给予退换,并请他们谅解。妻子对营业员的解释十分不满,坚持认为他们的女儿就是吃了已经变质的生日蛋糕而患病。丈夫也改变了态度,逐渐变得不耐烦了,于是他们与营业员发生了口角。争议很快就引来了一群围观者,影响了商场的正常经营。最后,食品部经理出来,在询问情况以后,对营业员说:"为不影响正常经营,这件事由我来解决,以后再处理你的事。"之后他把两名顾客请到了他的办公室。过了十分钟,两名顾客非常和气地从办公室走出。显然,他们已经从经理那得到了满意的答复。

上述案例中,丈夫从一开始不好意思要求赔偿,到产生口角,再到后来的非常和气地走出办公室,态度经历了过山车式的变化。在组织行为学中,如何阐释态度呢?

态度是一种复杂的心理现象,它的形成和发展受到个体过去的知识、经验、动机等因素的影响。由于每个人的社会生活环境、知识经验不同,待人处事的态度往往迥然不同。态度差异是个体差异的一个重要方面,对人的行为有很大的影响,因此是组织行为学研究的重要课题。

2.2.1 态度的内涵

1. 态度的概念

态度是指个体对外界事物的一种较为持久和一致的内在心理和行为倾向。人们在认识客观事物时,总是对人或事产生不同的反应,作出各种各样的评价。如赞成或反对、亲近或疏远、喜欢或厌恶、接纳或排斥等等。这种对客观对象所表现出来的积极、肯定或消极、否定的心理倾向,是一种内在的心理准备状态,它一旦变得比较持久稳定,就会成为态度。

2. 态度的特点

(1) 对象性

态度有指向性,态度必须有态度主体(态度持有者)和态度客体(态度对象)。比如某人对所从事工作的态度、领导对群众的态度、员工对经理的态度等。

(2) 相对稳定性

理智者对于重要事物的态度,一旦形成不会轻易改变,成为其人格的一部分。例如廉洁奉公者不为金钱所动的态度等。当然,在一定条件下态度也是可以变化的。

(3) 社会性

态度不是本能行为,不是通过遗传而来的,态度是通过后天学习获得的。

(4) 内隐性

态度是一种内在结构。一个人具有什么样的态度,别人只能从他的外显行为加以推断。

(5) 价值性

态度的核心是价值观。价值观是指态度对象对态度主体所具有的意义。它包含内容判断和重要程度两方面。内容判断反映了一个人关于正确和错误、好与坏、可取和不可取的观念。以重要程度把内容进行排列就组成了一个人的价值观系统,它通常事先存在于人的大脑中,它告诉我们什么是对的,什么是错的,哪些是应该的,哪些是不应该的,它会使事物的客观性和人的理性变得模糊。人们对于某个事物所具有的态度取决于该事物对人们的意义大小,也就是事物所具有的价值大小。

(6) 调整性

态度具有调整性。所谓调整,就是当事人在社会奖惩、亲朋意见、榜样示范作用下改变自己态度的情况。这种功能有助于员工在心理上适应新的或困难的处境,使自己不必亲身经历或付出代价而达到态度的改变。管理上的示范作用就属于此类,对先进的表彰奖励、对落后的批评惩罚,不但会影响到当事人的思想和行为,还会影响到其他接触到相关信息的人的思想和行为。

3. 态度的构成

态度的心理结构由三种成分构成:认知、情感和意向。

(1) 态度的认知成分。指人对某一对象的认识、理解以及肯定与否定的评价。这些评价是一种认知体系,与人的世界观、价值观有密切关系,直接或间接地涉及态度的表达。如:"目标管理可以调动人的积极性"就是一种直接赞成的鲜明观点,而"强调数量容易使人忽视质量"则是间接不赞成的态度。所以态度不等于认知,但含有认知倾向,态度与认知有密切的关系。

(2) 态度的情感成分。即人对某一对象的好恶,带有感情色彩和情绪特征。人的喜爱或讨厌、尊敬或蔑视、耐心或厌烦、热情或冷淡、谦逊或骄横等,都反映出人的态度。态度与情感不能划等号,但态度含有情感倾向,情感情绪可以直接反映出态度。

(3) 态度的意向成分。即人对某一对象的行为准备状态和行为反应倾向。态度不同于行为,但态度含有行为倾向,人的行为反映态度。

态度三种成分之间的关系是复杂的。一般情况下三者是协调一致的。如对工作的重要意义认知清楚,则情感上会热爱工作,表现在行为上是专心一致,认真负责,甚至废寝忘食。但三种成分之间也可能不一致,如往往有人说:"某领导,工作上是称职的,但感情上我不喜欢他","理智地说,某一制度(政策)是正确的,但感情上我难以接受,因而行动就有抵触"。这就表明了三者的不协调。人的态度构成有时是单一的情感成分,有时是情感、认知两种成分,多数情况下是认知、情感和意向三种成分。

2.2.2 态度与行为

1. 态度的改变

心理学家 H·C·凯尔曼认为:人的态度的改变会经历相应的三个阶段:

(1) 服从

服从是指个体为了获得物质与精神的报酬或避免惩罚而采取的表面顺从行为。由于只是在外在的社会力量影响下表现出的外显行为,还没有形成深刻的认知和情感成分。一旦外部的控制条件失去,个体的态度就会发生改变。

(2) 同化

在这个阶段,个体不是像顺从阶段那样被迫地接受某种态度,而是自愿地接受。这时,他已产生了一定的情感成分,愿意接受某种态度是因为希望得到别人的赞许和接纳,想要与别人建立良好的关系。

(3) 内化

内化是指人们从内心深处真正相信并接受他人的观点而彻底转变自己的态度,并自觉地指导自己的行动。在这一阶段,个体把那些新思想、新观点纳入了自己的价值体系,成为自己态度体系的一部分。一个人的态度只有到了内化阶段,才是稳固的,才真正成为个人的内在心理特征。

凯尔曼的理论很好地解释了态度的形成从外到内、由浅入深的过程。当然,并不是所有人对所有事物的态度都要完成这个过程。人们对一些事物的态度的形成可能完成了整个过程,但对另一些事物可能只停留在服从或同化阶段。

2. 态度与工作满意度

在组织中,人们对各种事物会形成不同的态度。例如,员工对自己的工作环境、工资报酬、工作内容等有不同的态度。这些态度中,有的对组织及员工的本身影响不大,而有些态度则有着非常重要的影响。

(1) 工作满意度

工作满意度是员工对自己所从事的工作的一般态度。一个人工作满意度越高,对工作可能就持一种积极的态度;对工作不满意,可能就对工作持一种消极的态度,这种态度会反映在工作行为上,并会对组织的工作绩效产生影响。工作满意度是一个组织员工管理状况的重要测量指标,与员工的流动率、工作积极性和劳动生产率密切相关。

(2) 影响工作满意度的因素

① 工作的挑战性

没有反馈、没有技术含量、不能显示自己能力、太死板、没有自由度的工作是不被人喜欢的。相反,具有挑战性的工作则被人喜欢。但也并不是挑战性越强越好,无论如何努力都无法完成的工作是不招人喜欢的,也就是说具有中度挑战性的工作最使人感到愉快和满意。

② 公平的报酬

追求公平是人的普遍心理,工作中的公平主要体现在报酬和晋升两方面,如果在这两方面不公平,员工就会感到不满意。在这里公平不是指客观上的绝对公平,而是员工主观感受上的公平,所以问题的关键不仅仅是怎样做到客观公平,还要让员工感到公平,因此管理方法和沟通就尤为重要。

③ 良好的工作环境

良好的工作环境和工作条件既能给员工个人提供舒适感,同时也是更好地完成工作的一个前提条件。

④ 融洽的同事关系

人的工作动机不是单一的,而是由多种追求构成的工作动机系统,其中,通过工作满足自己社交需要就是一个重要原因。融洽的同事关系会带来工作满意,这其中与上司的关系是影响最大的。

⑤ 人格与工作的匹配

一个人的人格特点与某项工作越契合,他对这项工作的兴趣就越大,把工作做好的可能性也越大,由此得到的奖励和报酬就越多,从工作中得到的快乐就越多,工作满意度就越高。

(3) 员工表达不满意的方式

① 建议

员工消除不满意的积极的方式是向上司提出建议,如果这个渠道是畅通和有效的,对组织和个人都是有益的。

② 忠诚

忠诚不是一味地无怨无悔,而是消极但是乐观地期待环境的改善。它是基于以前的经历形成的。

③ 忽略

消极地听任事态向更糟糕的方向发展,是一种非暴力不合作行为,如阳奉阴违,出工不出力,敷衍塞责等。

④ 辞职

这种选择通常是在前三种表达不满的方式无效的时候才可能采用的。从管理角度来说，要想避免员工辞职行为的发生，培养员工的忠诚和听取他们的建议就非常必要。

2.3 人　　格

招聘案例分析——通过分析字迹选择人才

初步筛选

我所在的部门需要招聘一名文员，要求是英语专业的女性。经过对几十个人的初筛后，我选定了一些人来面试。经过层层考核，其中几个人实力相当，难以取舍。在最终抉择中，是笔迹分析让我迅速作出了判断。我让每个应聘者写一篇800字以内的中文作文，一方面考察她们的文字表达能力，更重要的是我要通过笔迹分析来判断谁最适合这个岗位。

三种不合适的人选

A小姐：有光鲜的加拿大留学经历，面试中发现她的英语口语和写作都非常出色。但由于本部门文员需要做大量日常琐碎的工作，所以除了英语水平外，日常工作的严谨、上进和办事细腻程度也是考察的重点内容。

我仔细看了她的作文，发现她的字歪斜懒怠，横倒竖斜，没有任何棱角，通篇很不整洁，很多地方有大团涂抹的污迹。整个字体给人的感觉是：懒惰、不思进取、散漫和得过且过。这也可以从她说话极慢的语速和不是很灵活的眼神中得到印证。我知道她不是一个合适的文员人选。

B小姐：英语水平和中文表达能力都极其出色，而且由于她看过很多书，谈吐非常得体。我面试时对她的印象很好，已经把她作为第一考虑人选。但我仔细研究她的笔迹后发现，她的字体非常大、棱角过于突出，经常有些竖笔画划到下一行的现象。通篇有一种不可一世、压倒一切的霸气。

经过分析，我知道这是个很有才气同时又很有野心的女孩，她不会安心于终日做一些琐碎日常的工作，而且由于她自信心极强，她字体里反映出的不可一世，让她也不可能很随和地与部门里的人相处。而且作为经理，会非常难领导这样的下属。有这样字体的女孩子更适合做营销、业务等能带来高度挑战感的工作。所以我选择了放弃她。

C小姐：人长得非常漂亮，口齿伶俐，在面试时，回答问题都反应机灵而敏捷。

她的英语口语非常出色。但我在研究她的笔迹后发现,她的字体非常小而粘连,弱弱娇娇,字没有点骨架,有很强的讨好别人的谄媚之相。研究后我强烈地感觉这是个心胸很小、娇滴滴的、吃不了一点苦而且还有极强虚荣心的人。我联想起她反复问我进了公司后是不是经常有机会出国,我判断这是个极爱出风头的花瓶一类摆在那里看的女孩,所以我不予考虑。

合适的人选

D小姐:表面看她没有任何优势,她是通过英语自学考试拿到的英语本科文凭,无法与其他人光鲜的大学背景相比。虽然通过考试发现她英语口语和写作都还不错,但由于人长得非常不起眼,而且说话很少、声音很轻,刚面试时,她没给我留下什么印象。恰恰是她的字让我立刻注意了她:经过仔细研究,我知道部门文员就是她了。

她的字写得娟秀清爽整齐,笔压很轻,通篇干干净净,字的大小非常均匀,而且字体适度的棱角让字体很有个性,但这种棱角又没有咄咄逼人的压迫之气。

从她的字可以判断出她做事非常认真仔细,自律意识很强且安心做日常琐碎的工作。她有自己独立的见解但又不至于没有团队精神。她的问题是笔压非常轻,从中可以看出自信心不足,但我完全可以在今后的工作中慢慢培养她的自信。

在笔迹分析的帮助下,我选择了D小姐作我的部门文员。半年过去了,事实证实她的性格走向完全与我当初的判断相符:她敬业且高效,严谨且认真,她将我们部门的日常工作处理得非常好。

俗话说"字如其人"。可为什么有的人安静细致,有的人活跃而进取,有的人浮躁而谄媚?是否某些人更适合于从事某种类型的工作?在人格理论中哪些内容能帮助我们解释和预测个体行为?本节中,我们试图回答这些问题。

2.3.1 人格内涵

最频繁使用的人格定义是奥尔波特(Gordon Allport)给出的界定:人格(Personality)是"个体内部身心系统的动力组织,它决定了个体对环境独特的调节方式"。心理学上的人格概念,指的是个体在遗传素质的基础上,通过与后天社会环境相互作用而形成的相对稳定的、独特的心理行为模式。具体可解释为:第一,人格是个体独特的心理行为模式。第二,这种心理行为模式是相对稳定的。第三,这种心理行为模式是在遗传素质的基础上形成起来的。

从管理的角度上说,人格是影响个体行为的心理特征,是个体所有反应方式和与他人交往方式的总和。它常常被称为一个人所拥有的可测量的人格特质。

2.3.2 人格特质

大量研究和实践表明：人格特质和管理活动有着特定的关系，利用成熟的人格检验方法对管理者或应聘人员的人格类型进行诊断，可为人事安置、调整和合理利用人力资源提供建议。

1. 卡特尔的 16 种人格要素

卡特尔是美国著名的心理学家，他经过长期的研究和大量的量化分析，确定出 16 种人格特质要素。每个要素又可分为高分和低分特征两个极端，通过权衡这些人格特征与情境的关系可以预测个体在具体情境中的行为。

卡特尔在这 16 种人格要素的基础上设计出一种自陈式问卷，简称 16PF，通过问卷调查的方式测量出一个人的人格倾向。卡特尔的 16 种人格特质如表 2.1 所示。

表 2.1 卡特尔的 16 种人格特质要素

因素	特质名称	低分者特征	高分者特征
A	乐群性或热情性	缄默孤独	乐群外向
B	智慧性或理智性	迟钝、学识浅薄	聪慧、富有才识
C	情绪稳定性	情绪激动	情绪稳定
E	恃强性或支配性	谦逊、顺从	好强、固执
F	兴奋性或活泼性	严肃、谨慎	轻松、兴奋
G	有恒性或规则自觉性	权宜、敷衍	有恒、负责
H	敢为性或社会果敢性	畏怯、退缩	冒险、敢为
I	敏感性	理智、着重实际	敏感、感情用事
L	怀疑性或警惕性	依赖、随和	怀疑、刚愎
M	幻想性	现实、合乎成规	幻想、狂妄不羁
N	世故性或私密性	坦白直率、天真	精明能干、世故
O	忧虑性	安详沉着、有自信心	忧郁抑郁、烦恼多端
Q1	实验性或变化开放性	保守、服从传统	自由、批评激进
Q2	独立性或自主性	依赖、附和	自立、当机立断
Q3	自律性或完美性	矛盾冲突、不明大体	知己知彼、自律严谨
Q4	紧张性	心平气和	紧张、困扰

2. 麦尔斯—布瑞格斯类型指标

麦尔斯—布瑞格斯类型指标(Myers-Briggs Type Indicator, MBTI)是最为普遍使用的人格框架之一。这一人格测验包括 100 道问题,用以了解个体在一些特定情境中会有什么样的感觉和活动。

根据个人的回答,可以把他们区分为外向的或内向的(E 或 I)、领悟的或直觉的(S 或 N)、思维的或情感的(T 或 F)、感知的或判断的(P 或 J),在此基础上再组合成为 16 种人格类型(注意这与表 2.1 中的 16 种主要特质是不同的)。如表 2.2 所示。

表 2.2　MBTI 心理类型

ISTJ	ISFJ	INFJ	INTJ
ISTP	ISFP	INFP	INTP
ESTP	ESFP	ENFP	ENTP
ESTJ	ESFJ	ENFJ	ENTJ

为了表述得更清楚,我们举几个例子来说明这一问题。INTJ 型人是幻想者,他们有创造性思想,并有极大的内驱力实现自己的想法和目标。他们的特点是怀疑、批判、独立、决断,甚至常常有些顽固。ESTJ 型人是组织者,他们很实际,实事求是,具有从事商业和机械工作的天才头脑,擅长组织和操作活动。ENTP 型人则为抽象思考者,他们敏捷、聪明,擅长处理很多方面的事务,这种人在解决挑战性任务方面资源丰富,但在处理常规工作方面则较为消极。

3. 五维度模型

人格的五维度模型与 MBTI 情况恰恰相反,近年来,一系列具有影响力的研究证明,这五项人格维度是所有人格因素的最基础维度,人们常称其为"大五"(Big Five)理论。它们是:

(1) 外向性(Extraversion),描述一个人善于社交、善于言谈、武断自信方面的人格维度。

(2) 随和性(Agreeableness),描述一个人随和、合作且信任方面的人格维度。

(3) 责任心(Conscientiousness),描述一个人责任感、可靠性、持久性、成就方面的人格维度。

(4) 情绪稳定性(Emotional Stability),描述一个人平和、热情、安全(积极方面)及紧张、焦虑、失望和不安全(消极方面)的人格维度。

(5) 经验开放性(Openness),描述一个人幻想、聪慧及艺术的敏感性方面的人格维度。

在五维度的研究中,除了提供总体的人格框架外,还发现这些人格维度与工作绩效的关系。研究对以下五类人员进行了调查：专业人员（工程师、建筑师、会计师、律师），警察，管理者，推销员，半熟练和熟练工人。工作绩效用三个指标来界定：绩效评估、培训效果（在培训项目中获得的成绩）、人事资料（如薪金水平）。调查结果表明，对于所有人员来说责任心可以预测工作绩效。对于其他人格维度，其预测力取决于绩效标准和职业群两项因素。比如，外向性可以预测管理和销售职位的工作绩效。这一点比较容易理解，因为这些职务需要较多的社会交往活动。同样，研究发现经验开放性（Openness）在预测培训效果方面也十分重要，这一点也是合乎逻辑的。

2.3.3 人格特质与组织行为

研究发现，一些人格因素是组织行为的有效预测指标，它们是：控制点（Locus of Control）、马基雅维里主义（Machiavellianism）、自尊（Self-esteem）、自我监控（Self-monitoring）、冒险倾向（Propensity for Risk-taking）以及A型人格（Type A）。

1. 控制点

一些人认为自己可以控制命运，是命运的主人，被称为内控者（Internal Locus of Control）；另一些人则认为自己受命运的操纵，被外界的力量所左右，认为生活中发生的一切均是运气和机遇的作用，被称为外控者（External Locus of Control）。

比较研究表明，外控分高者相对外控分低者而言，对工作更不满意，对工作环境更为疏远，对工作的投入程度更低，缺勤率也更高。

为什么外控者对工作更不满意？原因可能在于，他们感到对自己很重要的组织结果是自己无法左右的。而面对同样情景，内控者则归因于自己的活动。如果自己所处的情境缺乏吸引力，内控者认为除自己之外没有别人可以责备。另外，不满意的内控者倾向于离开自己感到不满意的工作，而不是继续留下工作。

控制点在缺勤方面的影响则十分有趣。内控者认为自己可以养成适当的习惯，保证身体的健康，从而很少生病，缺勤率也较低。

总体上，内控者在工作上会干得更好。当然，这在不同的工作中也存在差异。内控者操之在我，决策时积极搜寻信息、对获得成功有强烈的动机，并倾向于控制自己的环境。而外控者则更为顺从，更乐于遵循别人的指导。因此，内控者在复杂的工作中表现好，包括大多数管理和专业技能的工作。同时，内控者还适合于要求创造性和独立性的工作。相反，外控者对结构明确、规范清楚、只有严格指示才会成功的工作来说，会做得更好。

2. 马基雅维里主义

马基雅维里主义以尼科洛·马基雅维里的名字命名，此人曾于16世纪著有如何获得和操弄权术的专著——《君王论》。高马基雅维里主义的个体重视实效,与人保持情感的距离,相信结果能替手段辩护。"只要行得通,就采用它。"这是高马基雅维里主义者一贯的思想准则。

大量的研究探讨了马基雅维里主义与行为结果的关系。高马基雅维里主义者比低马基雅维里主义者更愿意操纵别人,赢得利益更多,更难被别人说服,却更多地说服别人。当然这也受到情景因素的调节。研究发现高马基雅维里主义者在以下几个方面成效卓著:①与别人面对面交往,而不间接地相互作用时;②情景中规则限制最少,有即兴发挥的自由时;③情绪投入与获得成功无关时。

高马基雅维里主义者是否是好员工取决于工作的类型,以及在评估绩效时是否考虑其道德内涵。对于需要谈判技能的工作和成功能带来实质效益的工作(如代理销售商),高马基雅维里主义者会十分出色;而对于以下这些情况,如:结果不能为手段辩护的工作,行为有绝对的规范标准以及上一段中所列出的三个条件不存在时,很难预期高马基雅维里主义者会取得良好绩效。

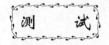

你是个高马基雅维里主义者吗?

指导语:对每一个陈述,勾出最符合你态度的数字。

陈述	不同意			同意	
	较多	较少	中等	较少	较多
1. 指挥别人最好的办法是告诉他们那些他们想听到的话。	1	2	3	4	5
2. 当你想请某人为你做事时,最好告诉他真实的原因,而不是那些可能显得很重要的原因。	1	2	3	4	5
3. 任何完全相信别人的人都会陷入困境之中。	1	2	3	4	5
4. 如果不时常抄近路前进,就很难超过别人。	1	2	3	4	5
5. 下面这种观点很正确:所有的人都有邪恶之念,而且只要有机会就会显露出来。	1	2	3	4	5
6. 只有当一种行为符合道义时,人们才应该去做。	1	2	3	4	5

7. 大多数人本质是善良随和的。	1	2	3	4	5
8. 没有理由欺骗任何人。	1	2	3	4	5
9. 大多数人对于自己财产的损失比丧父之痛记得更清楚。	1	2	3	4	5
10. 一般来说,如果不受到强迫,人们不会努力工作。	1	2	3	4	5

记分键:

将1,3,4,5,9,10题的得分累加起来。对于余下的4题,以反向方式计分,即5分计为1分,4分计为2分,以此类推。总和所有题目的得分即为你的马基雅维里主义分数。分数越高,这种特点越明显。在美国,成年人的马基雅维里主义分数的常模为25。

3. 自尊

人们喜爱或不喜爱自己的程度各有不同,这一特质称为自尊。有关自尊的研究为组织行为提供了一些很有趣的证据。比如,自尊与成功预期成直接正相关。自尊心强的人相信自己拥有工作成功所必需的大多数能力,与自尊心弱的人相比,自尊心强的人不太喜欢选择那些传统性的工作。

有关自尊最普遍的发现是,自尊心弱的人对外界影响更为敏感,他们需要从别人那里得到积极的评估。因此,他们更乐于赞同他人的观点,更倾向于按照自己尊敬的人的信念和行为从事。从管理的角度来看,自尊心弱的人更注重取悦他人,他们很少站在不受欢迎的立场上。

显然自尊与工作满意度之间也存在着相关性,大量研究证实自尊心强的人比自尊心弱的人对他们的工作更为满意。

提高自我认识:你的自尊水平如何?

指导语:请坦率回答下列问题,对于每一个陈述,写出最符合你的情况的数字。

1. 绝大多数情况如此   2—常常如此   3—有时如此   4—偶尔如此   5—几乎从不如此

1. 你是否常觉得自己无力做好每一件事?
2. 你在班级中或同龄群体中讲话时,是否常感到害怕和焦虑?
3. 在社交场合下,你能否很好地展示自己?
4. 你是否常觉得自己可以把所有事情做好?

5. 与陌生人交谈时,你是否感到很自然?
6. 你是否总觉得很难为情?
7. 你是否总觉得自己是个成功者?
8. 你是否总受害羞的干扰?
9. 你是否总觉得自己不如你所认识的其他人?
10. 你是否总觉得你这个人无足轻重?
11. 你是否总对未来的工作抱有信心?
12. 在陌生人之中,你是否常常很肯定自己?
13. 你是否有这样的信心,总有一天人们会尊重和仰慕你?
14. 你是否常常对自己的能力很有信心?
15. 你是否总对与别人相处的友好关系表示担忧?
16. 你是否总觉得不喜欢自己?
17. 你是否有时不知自己所做的事到底有何价值,因而十分失望?
18. 你是否总会担心其他人不喜欢你?
19. 你在班里或同龄群体中讲话时,是否常常对自己的表现感到满意?
20. 当你在班级的讨论中发言时,是否很肯定自己?

记分键:

将 1,2,6,8,9,10,15,16,17,18 题的分数累加起来。对于余下的 10 题,以反向方式计分,即 5 分计为 1 分,4 分计为 2 分,以此类推。所有题目的得分总和即为你的自尊分数。分数越高,自尊水平越高。

4. 自我监控

近来自我监控这一人格特质受到人们越来越多的重视,它指的是根据外部情境因素而调整自己行为的个体能力。高自我监控者在根据外部环境因素调整自己行为方面表现出相当高的适应性,他们对环境线索十分敏感,能根据不同情境采取不同行为,并能够使公开的角色与私人的自我之间表现出极大差异;而低自我监控者则不能以这种方式伪装自己,倾向于在各种情境下都表现出自己真实的性情和态度,因而在他们是谁以及他们做什么之间存在着高度的行为一致性。对自我监控的初步研究证据认为,高自我监控者比低自我监控者倾向于更关注他人的活动,行为更符合习俗。我们还推断高自我监控者会在管理岗位上更为成功,因为它要求个体扮演多重甚至相互冲突的角色;高自我监控者能够在不同的观众面前呈现不同的"面孔"。

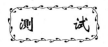

提高自我认识:你是个高自我监控者吗?

指导语:对于下列每一个陈述,你认为哪个数字最符合你的情况?

    5. 完全符合
    4. 大部分符合
    3. 有一些符合,但也有例外
    2. 有一些不符合,但也有例外
    1. 大部分不符合
    0. 完全不符合

1. 在社交情境下,只要我觉得有必要,我有能力改变我的行为。 5 4 3 2 1 0
2. 我能从对方的眼神中读到他的真情实感。 5 4 3 2 1 0
3. 在人际交往中,我有能力控制交往方式,这取决于我希望给对方留下什么印象。 5 4 3 2 1 0
4. 在交谈时,我对对方面部表情中极微小的变化十分敏感。 5 4 3 2 1 0
5. 在理解别人的情感和动机方面,我的直觉能力非常强。 5 4 3 2 1 0
6. 当人们觉得一个笑话很庸俗无聊时,即使他们真的笑了,我也能辨别出来。 5 4 3 2 1 0
7. 当我发觉自己所扮演的形象并不见效时,我可以立即改变和调整它。 5 4 3 2 1 0
8. 我敢肯定,通过阅读听众的眼神,我能知道一些不一致的东西。 5 4 3 2 1 0
9. 我在改变自己的行为以适应不同的人和环境方面存在困难。 5 4 3 2 1 0
10. 我发现自己能够调整行为以适应任何环境的要求。 5 4 3 2 1 0

11. 如果有人欺骗我,我可以从他的　　5　　4　　3　　2　　1　　0
　　面部表情中立刻觉察到。

12. 尽管事情可能对我有利,我还是　　5　　4　　3　　2　　1　　0
　　很难伪装自己。

13. 只要我知道环境要求的是什么,　　5　　4　　3　　2　　1　　0
　　我会很容易相应调整我的活动。

记分键:

将9,12题反向计分,即5分计为1分,4分计为2分,以此类推。然后将所有题目的分数总和起来。如果你的分数高于53分,则是一个高自我监控者。

5. 冒险性

人们的冒险意愿各不相同,这种接受或回避风险的倾向性对管理者作决策所用的时间以及作决策之前需要的信息量都有影响。比如,一项研究让79名管理者进行模拟人事练习,要求他们作出聘用决策。高冒险性的管理者比低冒险性的管理者决策更为迅速,在作出选择时使用的信息量也更少。有趣的是,两组的决策准确性是相当的。

尽管人们一般认为组织中的管理者属于冒险回避型,但在这一维度上仍然存在着个体差异。因此,认识这些差异并且根据工作的具体要求考虑冒险倾向性是很有意义的。比如,对于一名股票经纪人来说,高冒险倾向性可能会导致更高业绩,因为这类工作需要迅速决策;相反,这种人格特质则可能成为一名从事审计工作的财会人员的主要障碍,最好安排低冒险倾向的人从事这种工作。

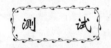

提高自我认识:你的冒险倾向如何?

指导语:阅读下列每一段陈述,指出你给别人提出建议之前要求的最低成功可能性是多少,请设身处地地思考每一段的问题。

1. B先生今年45岁,是一位财会人员,医生最近告诉他有极为严重的心脏病。这种状况使得B先生不得不改变他的许多生活习惯,如减轻工作量,彻底改变饮食结构,放弃自己喜爱的娱乐活动。医生告诉他目前有一种心脏手术可以尝试,如果手术成功的话,可以完全恢复心脏功能;无法保证这种手术成功,而一旦失败则有致命危险。

假设B先生手术的成功率有以下几种,你认为至少应在哪种可能性下才建议他实施手术?

——你认为B先生在任何可能性下都不应施行手术。

——手术成功的可能性为90%。
——手术成功的可能性为70%。
——手术成功的可能性为50%。
——手术成功的可能性为30%。
——手术成功的可能性为10%。

2. D先生是X大学足球队的队长,他们正与自己的传统对手Y大学进行本赛季最后阶段的比赛。从目前积分来看,X大学比分落后。两队还有最后一次比赛机会,D先生作为队长必须作出决定:是在这场最后的比赛中踢成平局呢(这是比较容易的),还是要组织一场更复杂、更冒险的比赛。如果在比赛中胜了,就可以获得最终胜利;如果输了,则彻底失败。

假设X大学获胜的可能性有以下几种,你认为至少应在哪种可能性下才建议D先生选择冒险性的比赛?

——你认为D先生在任何可能性下都不应选择冒险性的比赛。
——成功的可能性为90%。
——成功的可能性为70%。
——成功的可能性为50%。
——成功的可能性为30%。
——成功的可能性为10%。

3. K女士是名成功的商人,并参与了大量有利于社区建设的社会公益活动。她所属的政治团体将她提名为下届参议员的候选人。K女士所属的团体是这一社区的少数团体,当然过去也曾有人赢得了竞选。K女士很希望获得一定的政治地位,但这需要她投入大量的资金,因为她的政治团体匮乏竞选经费。同时,在白热化的竞选中,她还需要承受来自竞争对手的各种攻击。

假设K女士在社区中竞选成功的可能性有以下几种,你认为至少应在哪种可能性下才会建议她竞选政府职位?

——你认为K女士不管在什么可能性下都不应竞选政府职位。
——成功的可能性为90%。
——成功的可能性为70%。
——成功的可能性为50%。
——成功的可能性为30%。
——成功的可能性为10%。

4. L女士是一名医学研究员,今年30岁,和一所著名大学签订了5年工作合同。在签约的5年里,她很清楚地知道,如果她从事一项十分复杂的长期课题的研究,并且最终能够成功,则能解决这一领域的基础问题,并为自己带来极高的荣誉。

但如果未能成功,则会在5年的实验室工作中毫无业绩,还对她以后能否找到好工作有严重影响。另一方面,她也可以像其他同事那样,选择一系列短期课题完成,这些课题比较容易,但它们显然不会引起本领域的过多重视。

假设L女士的长期课题最终成功得以解决的可能性为以下几种,你认为至少应在哪种可能性下才会建议她从事这种工作?

——你认为L女士无论在什么可能性下都不应选择长期课题。
——成功的可能性为90%。
——成功的可能性为70%。
——成功的可能性为50%。
——成功的可能性为30%。
——成功的可能性为10%。

记分键:

这是我们从一份较长的冒险倾向问卷中抽取出的几个问题。你的结果意味着在冒险倾向方面的总体趋势,但它并不是一项精确的测量。将你每一选项的百分数累加在一起再除4,如果选择了任何情况下都不冒险一项,则记为100%。分数越低,说明你的冒险倾向越高。

6. A型人格

有些人总愿意从事高强度的竞争活动,并长期有种时间上的紧迫感,这些人就拥有A型人格。A型人格者总是不断驱动自己要在最短的时间里干最多的事,并对阻碍自己努力的其他人或事进行攻击。在北美文化下,这种特点被高度推崇,而且它与进取心和物质利益的获得有直接的关系。

A型人格表现为:
(1) 运动、走路和吃饭的节奏很快;
(2) 对很多事情的进展速度感到不耐烦;
(3) 总是试图同时做两件以上的事情;
(4) 无法处理休闲时光;
(5) 着迷于数字,他们的成功是以每件事中自己获益多少来衡量的。

与A型人格相对照的是B型人格,B型人格"很少因为要从事不断增多的工作或要无休止地提高工作效率而感到焦虑"。

B型人格表现为:
(1) 从来不曾有时间上的紧迫感以及其他类似的不适感;
(2) 认为没有必要表现或讨论自己的成就和业绩,除非环境要求如此;
(3) 充分享受娱乐和休闲,而不是不惜一切代价实现自己的最佳水平;
(4) 充分放松而不感内疚。

A型人常处于中度至高度的焦虑状态中,他们不断给自己施加时间压力,总为自己制定最后期限,这些特点导致了一些具体的行为结果。比如,A型人是速度很快的工人,他们对数量的要求高于对质量的要求。A型人愿意长时间工作,但他们决策欠佳,因为他们做得太快了。A型人很少有创造性,他们关注的是数量和速度,常常依赖过去经验解决自己当前面对的问题。对于一项新工作,无疑需要专门时间来开发解决它的具体办法,但A型人很少分配出这种时间。他们很少根据环境的各种挑战改变自己的反应方式,因而他们的行为比B型人更易于预测。在组织中A型人和B型人谁更容易成功?A型人工作勤奋,但B型人常常占据组织中的高位。最优秀的推销员常常是A型人,但高级管理者常常是B型人。因为A型人倾向于放弃对质量的追求,而仅仅追求数量,然而组织中晋升的常常是那些睿智而非匆忙,机敏而非敌意,有创造性而非仅有好胜心的人。

提高自我认识:你是A型人格吗?

指导语:在下面特质中,你认为哪个数字最符合你的行为特点?
1. 不在意约会时间　　1　2　3　4　5　6　7　8　从不迟到
2. 无争强好胜心　　　1　2　3　4　5　6　7　8　争强好胜
3. 从不感觉仓促　　　1　2　3　4　5　6　7　8　总是匆匆忙忙
4. 一时只做一事　　　1　2　3　4　5　6　7　8　同时要做好多事
5. 做事节奏平缓　　　1　2　3　4　5　6　7　8　节奏极快(吃饭、走路等)
6. 表达情感　　　　　1　2　3　4　5　6　7　8　压抑情感
7. 有许多爱好　　　　1　2　3　4　5　6　7　8　除工作之外没有其他爱好

记分键:

累加7题的总分,然后乘以3。分数高于120分,表明你是极端的A型人格。分数低于90分,表明你是极端的B型人格。如表2.3所示。

表2.3

分数	人格类型
120以上	A+
106~119	A
100~105	A-
90~99	B
90下	B-

本 章 小 结

（1）认知包括感觉和知觉。感觉是直接作用于人们感觉器官的客观事物的个别属性或个别部分在人脑中的反映。知觉是直接作用于感觉器官的客观事物的整体属性或各个部分在人脑中的反映。

（2）社会知觉就是对人和社会群体的知觉。包括对人的知觉、人际知觉、自我知觉、角色知觉等。影响知觉准确性的因素大致归为三个方面：知觉者的主观因素、知觉对象的特征、知觉的情境因素。社会知觉的若干效应有：第一印象效应（首因效应）；晕轮效应；近因效应；对比效应；与我相似的效应；严格、宽大与平均倾向；定型效应（定势效应）。

（3）态度是指个体对外界事物的一种较为持久而又一致的内在心理和行为倾向。态度的特点有：对象性、相对稳定性、社会性、内隐性、价值性、调整性。态度的心理结构由三种成分构成：认知、情感和意向。态度的改变会经历相应的三个阶段：服从、同化、内化。在态度的基础上，系统地阐述了工作满意度。

（4）人格是影响个体行为的心理特征，是个体所有反应方式和与他人交往方式的总和。解释人格特质的有卡特尔的16种人格要素、麦尔斯—布瑞格斯类型指标、五维度模型等。一些人格因素是组织行为的有效预测指标，它们是：控制点、马基雅维里主义、自尊、自我监控、冒险倾向以及A型人格。

复习思考题

1. 社会知觉的若干效应有哪些？
2. 态度的三个基本成分和影响态度改变的三个阶段分别是什么？
3. 影响工作满意度的因素有哪些？
4. 什么是麦尔斯—布瑞格斯类型指标？
5. 什么是"大五"人格特质？关于"大五"的知识对你做好管理工作有什么作用？

案 例 实 训

1. 他们三人的命运真得是由性格决定的吗？性格有多大的影响？
2. 你是一个什么性格的人，从这个案例中学到了什么？

华南理工三剑客的性格与命运

创维集团原董事长黄宏生与 TCL 的李东生、康佳原掌门陈伟荣都是华南理工大学无线电专业 78 级的同学,曾经三星同辉,同为彩电业大佬,如今却悲喜浮沉迥然不同……

1978 年高考时,三个年轻人李东生、陈伟荣、黄宏生分别从惠州、罗定和海南岛考到了华南工学院(1988 年改名为华南理工大学)无线电专业。黄宏生和李东生当年都是 18 岁,陈伟荣比他们俩年长不少。三人中黄宏生最有冒险精神,也最有激情;年长的陈伟荣老成稳重;李东生则刚柔并济。不一样的性格也成就了他们不一样的人生道路。

毕业时各奔东西

1982 年三人毕业后就各奔东西。

李东生选择了回惠州老家,被分配到惠州科委当机关干部。李东生却不满足,自己联系了一家合资企业"TTK 家庭电器有限公司",这是一家只有 40 人的企业,但那时已算是惠州跟电子沾边的"大厂"了,也是以后发展起来的 TCL 集团的第一家企业。凭着踏实、执著的工作态度,李东生得到了领导和同事的肯定,逐步做到了车间副主任、主任,28 岁时被任命为 TCL 通讯设备公司总经理,实现了自己事业上的第一次飞跃。

毕业时,黄宏生进入华南电子进出口公司工作。3 年后,个人业绩占公司半壁江山的黄宏生被破格提拔为常务副总经理,享受副厅级待遇。1988 年,在同事的惊讶与叹息声中,黄宏生辞掉了令人羡慕的职位,只身"下海",到中国香港闯天下。1988 年,一个小公司"创维"在中国香港诞生。

陈伟荣的经历没有两位小兄弟传奇,毕业后,他被分配到深圳康佳电子股份有限公司工作。从一个普通技术员做起到董事总经理兼党委书记,经历了 12 个年头。不知是偶然还是命中注定,三个人虽然有着不同的成功经历,却走到了一个终点,都成为了中国彩电行业的大佬。

三星同辉

1993 年,陈伟荣率先发力,开始了全国版图的扩张。20 世纪的最后时间里,陈伟荣的事业达到了顶峰:康佳的总资产从 1992 年的 5.49 亿元增加到 2000 年上半年的 89.13 亿元;其彩电产量在 1999 年超越长虹,成为当时的"老大";而康佳的产品,亦从彩电扩展到手机、影碟机、冰箱等等。

巧的是,同样是在 1993 年,李东生出任 TCL 集团总经理,自己掌勺做菜,开始甩开膀子大干一场。李东生的第一招是"消费革命":拿三四千元就可以抱回一台 TCL 王牌 71 厘米大彩电,质量跟那上万元才买得到的画王、火箭炮相差无几,讲求实惠的国人纷纷抱回家里。仅在一次全国家电产品交易会上，订货总额就达到2亿元的天文数字。

与他的两个同学相比，黄宏生是进入彩电行业最晚的一个。下海后的黄宏生发现创业何其艰难！学理工的他开始从最简单的电视遥控器做起。1990年，创维的销售额迎来了珍贵的第一个100万，成为了世界很多电视机厂的遥控器供应商。1992年在德国的展览会上，创维接到了2万台电视机的订单，接着第二批5万台……1993年后创维电视开始全面走向世界。2000年4月，创维成功在中国香港主板上市，融资10亿港元。2003年度，创维实现销售额120亿元，出口创汇2亿多美元，成绩相当骄人。

同室操戈

1998年TCL在离康佳总部300米远的地方竖了一块广告牌。李东生的老同学陈伟荣不干了，派人赶制了一个更大的康佳广告牌，就堵在TCL集团的门口。李东生召集他的销售经理们一起去看看那块牌子，李先生说："这是我们的对手，大家需加倍努力。"

市场不相信眼泪，自然更不相信同窗之谊，原来的同窗好友还是在市场上兵戎相见了。他们三个的杀手锏被概括为：黄宏生"一个一个挖人才"，陈伟荣"一项一项争第一"，李东生"一个一个搞兼并"，当然这些手段很多都是冲着同学的企业来的。

2000年6月，面对共同的敌人长虹，三巨头还是坐下来搞了个峰会。陈伟荣总结说："过去我们跟TCL、跟创维，真的是联系得很少，这回我们密切了联系。"当然这种基于利益的同盟是相当脆弱的，不长时间，康佳率先打破价格同盟，大幅降价。李东生对记者说，康佳降价也不跟他们打声招呼，"把哥儿几个给卖了"。

2000年以后，国内彩电市场明显供大于求，TCL和康佳同时开拓印度市场，两个人的价格战打到了国外。2002年，陈伟荣卸任后，市场上一度传闻TCL要收购康佳。最后，这场并购没有实现，如果真实现了，我们不知道这两个同学各自会是怎样的心情。

再次分野

"三剑客"中年龄最大的陈伟荣在彩电行业中一度站得最高，但同样他也第一个黯然引退。1998年，全国的彩电生产能力就已经超过消费能力1000万台，然而康佳却铆足了劲扩大规模，终于造成今天康佳的巨亏。2001年，康佳创始人陈伟荣向董事局递交了辞呈，同年6月，陈伟荣引退康佳。

从康佳引退后，陈伟荣找了几个博士在深圳默默运作一家元器件厂，主要产品是电视用的电容器，据说他以前的竞争对手许多成为他的客户，当然也包括自己的两个同学。如今的陈伟荣非常低调，被外界评论为"卧薪尝胆"。

从现在看,李东生无疑是他们三个之中最成功的。2002年12月30日晚上,中央电视台年度经济人物揭晓,李东生在连续三年被"候选"之后终于榜上有名。

与此相比,眼下最狼狈的要数黄宏生了。他在中国香港东窗事发,许多人推测是有人举报,因为"黄宏生树敌太多了",一位熟悉他的朋友列出的"嫌疑人"就有长长的一大串……据业内专家评论,此次黄宏生栽跟头将会"动摇创维根基"。

性格决定命运?

三个人都成功了,自然有他们的共同基因。但通过他们的创业过程,我们还是发现他们的明显区别,或许这正是决定他们命运分野的内在原因。

年龄最长的陈伟荣按部就班参加工作,从普通技术员一步一步做到了老总,给人的印象好像比较能"兼容"。但我们又发现,陈伟荣是一个非常倔强的人,许多时候做事是"赌气"。2000年,三个同学坐在一起,形成了"价格同盟",但没多久陈伟荣率先打破承诺,大幅降价,并且没有与另外的两个同学通气,引起不满。2000年"两会"期间,作为全国人大代表,陈伟荣"炮轰"广东有关部门的"官僚作风"。甚至连陈伟荣最后从康佳谢幕都带有一定的"负气"成分。

黄宏生受到的指责大多与钱有关。是什么造成了黄宏生这一性格?有人认为这与他的成长经历有关。黄宏生出生于海南临高,他的童年及青年时代一直处于"贫穷与饥饿"之中,父母两人的工资加起来不到30元,却要养活黄宏生弟妹三人外加一个阿婆。正因为经过那段艰苦岁月,黄宏生把财富看得极其宝贵,曾有一段时间,集团内部50万元以上的资金使用,都要由他亲自审定。一些细小的普通费用的支出,都要经他本人签字。一同行说,他出差经常住招待所,吃的是普通盒饭,从不住三星级宾馆,不坐飞机的商务舱……

在"三剑客"前20年的较量中,李东生并没有明显优势,但在人生的长跑中,李东生越来越显现出厚积薄发的持久耐力。熟悉李东生的人说,在媒体或者公众面前,他温和克制,谦恭有礼,从来不把自己装扮成一个英雄。但在企业内部,他又强悍激进,脾气暴躁。他可以20多年如一日,在一个企业里脚踏实地地从最基层的修理工干起,但他的冒险精神也可以让所有的人目瞪口呆:收购欧洲老牌巨头汤姆逊,坐上了全球彩电业头把交椅,要知道这样的并购有粉身碎骨的危险。他可以几十年拿着国有企业的低薪,甚至到如今用着连彩屏都不是的普通手机,也可以推动企业的整体上市,一下子个人持股市值超过6亿。

性格决定命运。执著倔强的陈伟荣、敢于冒险的黄宏生、刚柔并济的李东生,演绎了三个同道殊途的人生故事。

第3章 动机与激励

学习目标

知识目标

掌握组织行为学的核心理论——动机与激励理论。

能力目标

具有运用激励理论分析人为什么工作的能力。

3.1 动机的理论与模型

一碗牛肉面引发的管理难题

一位老板曾经在闹市区拥有一家日进斗金、生意兴隆的拉面馆,现在却只在路旁开了一家不起眼的小店,老板说他之所以放弃当初的事业,原因在于他和拉面师傅始终在工资问题上谈不拢。

最初,为了调动拉面师傅的积极性,老板按照一碗面5毛的提成,以销售量分成的方式计发工资。这样拉面师傅为了吸引更多的客人增加自己的收入,就在每一碗里放超量的牛肉吸引回头客。可是只图薄利多销的结果,却使得面馆的利润急剧下降,甚至到了无法赚钱的地步。

于是老板调整了工资的发放方式,每月给拉面师傅发固定工资,心想工资给高点也无所谓了,只要师傅不要多加牛肉,还是有钱赚。结果,师傅确实不再多加牛肉,反而是每碗面里都少牛肉,为的是赶走客人,来的客人少自己乐得清闲,反正自己拿固定工资不受影响,同样面馆也变得无利润可言。

面馆老板始终无法解决这一问题,最终选择了放弃这家面馆的生意。

如果我们自己开了一家这样的面馆,将怎样解决这一问题呢?

面馆的利润困境分析:面馆净利润(老板收入)＝销售收入－牛肉成本－拉面师傅工资－其他。

(1) 拉面师傅工资以销售量进行提成时:Δ销售收入↑＜Δ牛肉成本↑＋Δ拉面师傅工资↑;销售收入↑(数量↑×固定单价)－牛肉成本↑－拉面师傅工资↑－其他(不变)⇒面馆利润↓(相对于不请拉面师傅时)。

(2) 拉面师傅发固定工资时:Δ销售收入↓＞Δ牛肉成本↓＋Δ拉面师傅工资(维持在高水平);销售收入↓(数量↓×固定单价)－牛肉成本↓－拉面师傅工资(固定,但已经在很高水平)－其他(不变)⇒面馆利润↓(相对于不请拉面师傅时)。

3.1.1 动机的理论与模型

行为科学的研究发现,人的行为是由动机决定的,而动机是由人的内在需要决定的,由于人的一切活动都是为了满足自己的需要,需要成为人们行为的出发点。因此,研究需要、动机与行为的关系是行为科学的基础,是激励理论的核心。

1. 需要与行为

行为是人类有意识的活动。行为科学认为,行为既是人的有机体对外界刺激作出的反映,又是人通过一连串动作实现其预定目标的过程。

行为产生的原因是心理学家争论的焦点。有人认为行为是个体的生物本能,有的强调行为是由社会环境决定的。德国心理学家勒温(K. Lewin)融合各派理论之长,认为人的行为是环境与个体相互作用的结果。他于1951年提出了著名的人类行为公式:

$$B = f(P/E)$$

其中,B为行为;P为个人;E为环境;f为函数关系。

勒温的理论得到多数人的认同,根据这种理论,人的行为是由动机决定的,而动机是由需要支配的。

所谓需要是指客观的刺激作用于人们的大脑所引起的个体缺乏某种东西的状态。这里所说的客观的刺激不仅是指身体外部的,也包括身体内部的。

动机的原意是引起动作。心理学上把引起个人行为、维持该行为并将此行为导向满足某种需要的欲望、愿望、信念等心理因素叫动机。动机是在需要基础上产生的,但需要并不必然产生动机。需要转变为动机条件有二:一是需要到一定强度,产生满足需求的愿望;二是需要对象(目标)的确定。需要强度在某种水平以上,才可能成为动机并引发行为。

2. 经典动机理论

20世纪世纪50年代是激励理论发展卓有成效的阶段,形成了需要层次理论和双因素理论。它们是现代理论的基础,实际的管理者常用其解释员工激励问题。

(1) 需要层次理论

对人的需要的研究是认识人的心理规律和行为动机的出发点。人到底有哪些需要？需要的一般规律何在？许多学者对此进行了探索。其中影响最大的是马斯洛的"需要层次理论"。

马斯洛把人的需要分为生理需要、安全需要、社交需要、尊重需要和自我实现的需要五个层次。马斯洛认为，对一般人来说，这些需要由低到高形成一个阶梯，在低层次需要得到相对的满足之后，就会产生更高一级的需求，只有未满足的需要才能影响行为。这一理论因符合人的直觉而广泛流行。

(2) 双因素理论

双因素理论是由美国心理学家赫兹伯格（Herzberg）提出的，以把态度作为工作动机而著名。他通过对一批工程师和会计师的调查和访谈中发现，使职工感到满意的因素与使职工感到不满意的因素是大不相同的。使职工感到不满意的因素往往是由外界环境引起的，主要是：公司政策、行为管理和监督方式、工作条件、人际关系、地位、安全和生活条件。这些因素改善了，只能消除职工的不满、怠工与对抗，但不能使职工变得非常满意，也不能激发他们工作的积极性，促使生产增长。赫兹伯格把这一类因素称为保健因素。

使职工感到满意的因素通常是由工作本身产生的，主要原因有：工作富有成就感、工作成绩能得到认可、工作本身具有挑战性、负有较大的责任、在职业上能得到发展等等。这类因素的改善，能够激励职工的工作热情，从而提高生产率。如果处理不好，也能引起职工不满，但影响不大，赫兹伯格把这类因素称为激励因素。

(3) ERG 理论

耶鲁大学的奥尔德弗（Clayton Alderfer）在马斯洛提出的需要层次基础上，进行了更接近实际经验的研究，提出了一种新的需要层次理论。奥尔德弗认为，人们共存三种核心的需要，即生存（Existence）需要、联系（Relatedness）需要和发展（Growth）需要，因而这一理论被称为 ERG 理论。与马斯洛的需要层次理论不同的是，奥尔德弗的 ERG 理论表明：①人在同一时间可能有不止一种需要起作用；②如果较高层次需要的满足受到抑制的话，那么人们对较低层次的需要的渴求会变得更加强烈。

(4) 麦克利兰的激励需要理论

美国管理学家麦克利兰（David C. McClelland）提出的激励需要理论强调人有三种特别的需要，即成就需要、权力需要和归属需要。他重点研究了人的成就需要，这三种需要都与组织管理中的激励工作有着特别的联系。

3. 佛隆的期望理论

1964 年，美国心理学家佛隆（Victor H. Vroom）在他的著作《工作与激励》一书中,首先提出了期望理论。这种理论一出现,就受到国外管理专家和实际管理工作者的普遍重视。目前,人们已经把期望理论看作最主要的激励理论之一。期望理论的基础是,人之所以能够从事某项工作并达成组织目标,是因为这些工作和组织目标会帮助他们达成自己的目标,满足自己某方面的需要。

佛隆认为,某一活动对某人的激发力量取决于他所能得到结果的全部预期价值乘以他认为达成该结果的期望概率。用公式可表示为:

$$M = V \cdot E$$

其中,M 为激发力量,这是指调动一个人的积极性,激发出人的内部潜力的强度;V 为目标效价,指达到目标后对于满足个人需要其价值的大小。E 为期望值,这是指根据以往的经验进行的主观判断,达到目标并能导致某种结果的概率。

这个公式实际上提出了在进行激励时要处理好三个方面的关系:努力与绩效的关系;绩效与奖励的关系;奖励与满足个人需要的关系。这些也是调动人们工作积极性的三个条件。

4. 公平理论

公平理论是美国的行为科学家亚当斯(J. S. Adams)于 20 世纪 60 年代首先提出来的。它又称社会比较理论,侧重于研究报酬对人们工作积极性的影响。

公平理论的基本观点是,当一个人做出了成绩并取得了报酬以后,他不仅关心自己所得报酬的绝对量,而且关心自己所得报酬的相对量。因此,他要进行种种比较来确定自己所获报酬是否合理,比较的结果将直接影响今后工作的积极性,这就是被激励者的公平心理公式。

一种比较称为横向比较,即他要将自己获得的"报偿"(包括金钱、工作安排以及获得的赏识等)与自己的"投入"(包括教育、努力及耗用在职务上的时间等)的比值与组织内其他人作社会比较,只有相等时,他才认为公平,如下式所示:

$$O_P / I_P = O_C / I_C$$

其中,O_P 为自己对所获报酬的感觉;O_C 为自己对他人所获报酬的感觉;I_P 为自己对个人所作投入的感觉;I_C 为自己对他人所作投入的感觉。

当上式为不等式时,他可能要求增加自己的收入或减小自己以后的努力程度,以便使左方增大,使等式两边趋于相等;第二种办法是他可能要求组织减少比较对象的收入或者让其今后增大努力程度以使右方减小,使等式两边趋于相等。此外,他还可能另外找人作为比较对象,以便达到心理上的平衡。

公平理论对我们有重要启发:

(1)影响奖励效果的不仅有报酬的绝对值,还有报酬的相对值。

(2)激励时应力求公正,使等式在客观上成立,尽管有主观判断的误差,也不致造成严重的不公平感。

（3）在激励过程中应注意对被激励者公平心理的疏导，引导其树立正确的公平观：第一，使大家认识到绝对的公平是没有的。第二，不要盲目攀比。所谓盲目性起源于纯主观的比较，多听听别人的看法，也许会客观一些。第三，不要按酬付劳，按酬付劳是在公平问题上造成恶性循环的主要杀手。

5. 强化理论

强化理论是由美国心理学家斯金纳(B. F. Skinner)提出的。斯金纳的强化理论和佛隆的期望理论都强调行为同其后果之间关系的重要性，但佛隆的期望理论较多地涉及主观判断等内部心理过程，而强化理论只讨论刺激和行为的关系。

强化有几种类型，根据强化的性质和目的可分为正强化和负强化。在管理上，正强化就是奖励那些组织上需要的行为，从而加强这种行为；负强化就是惩罚那些与组织不相容的行为，从而削弱这种行为。连续强化是对每一个组织需要的行为都给予强化，间隙强化则是经过一段时间才强化一次。间隙强化还可按强化时间间隔的稳定性分为固定时间间隔强化和变动时间间隔强化，前者如职工每月定期发放工资或学生定期考试，后者如职工不定期升级和学生不定期抽查考试。间隙强化按反应比例又可分为固定比例强化和变动比例强化。前者如计件工资，后者如按销售货物的难易对销售人员进行奖励。

强化理论较多地强调外部因素或环境刺激对行为的影响，忽略人的内在因素和主观能动性对环境的反作用，具有机械论的色彩。但是强化理论的一些具体做法对我们是有用的。强化理论的应用原则主要有下面几点：

（1）要依照强化对象的不同需要采用不同的强化措施。人们的年龄、性别、职业和文化不同，需要就不同，强化方式也应不一样。

（2）分阶段设立目标。在鼓励人前进时，不仅要设立一个鼓舞人心而又切实可行的总目标，而且要将总目标分成许多小目标。完成每个小目标都及时给予强化，不仅易于目标的实现，而且通过不断的激励可以增强信心。

（3）及时反馈。所谓及时反馈就是通过某种形式和途径，及时将工作结果告诉行动者。无论结果好与坏，对行为都具有强化的作用，好的结果能鼓舞人心，继续努力；坏的结果能促使其分析原因，及时纠正。

（4）强化理论告诉我们，奖励（正强化）和惩罚（负强化）都有激励作用，但以正激励为主，负激励为辅，才会收到更好地效果。

3.2 激励理论概述

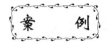

年终奖该不该透明

正方:拒绝暗箱操作

由于年终奖奖励额度比较大,授奖面宽,又处在新旧年度交替的时间接口,因此对职工的心理影响较大。一个企业的年终奖分配一般有三个层次:即公司一级、中间管理人员一级和一般员工一级。其中重点是一般员工的分配问题,诸如按劳分配原则是否得到体现,分配方法是否科学、合理,领导办事是否公道等问题在这一分配层次上表现得最直接、最明显。

如果企业在分配过程中仅是少数人制定政策,少数人操纵,遮遮掩掩、若明若暗,小道消息满天飞,势必会造成职工的思想混乱,给企业正常工作带来不利影响。

如何才能保证分配公平呢?正方认为除了在制定年终奖分配方案时做到科学合理外,保证分配诸环节的公开透明至关重要。

分配公开透明是将企业的经济效益、分配政策、分配方案和分配结果公开,在每一个环节都让职工明明白白,有意见能够及时沟通。例如,一家中外合资企业,按照外方总经理的意思,对管理人员试行"模糊工资发放方式"。初期,员工能够自觉遵守游戏规则,但久而久之,"暗箱操作"就变成了"公开的秘密"。有些人转而热衷于打听、议论,虽然摄于制度的威严不敢直接讨说法,但在工作中消极疲沓,效率下降。可见,这种模式使劳动者不能及时了解自己的行为与群体行为的比较效应,工作目标模糊,行为修正能力差,上下级、同事之间也容易产生隔阂。

反方:有秘密才有艺术

在西方经济学界有这样一句话:一个成功的经理如同是一个具有娴熟技艺的人分蛋糕,能使每个人都以为自己获得了最大的一块。这正是不透明制的妙处所在。

员工在拿到年终奖后,往往会在自己心中作出一个比较的价值判断,即用自己的标准来对所得报酬与投入量的合理性作出评价。这种比较方式分为两种:横向比较和纵向比较。纵比,即与自己以前相比。我们应该清楚,员工对自己所得报酬的心理预期是刚性的,它一旦达到某一水平后就难以再消减。作为公司方面也确实应该随着公司的发展而增加员工报酬和奖励;而横比,即与别人相比。人们总是倾向于过高的估计自己的投入而过低的估计自己所得,对别人投入和所得的估计正好相反。正是由于这种主观的心理作用存在,使企业即使在分配上做到客观公正,也很难使人满意。况且在实际工作中,领导也很难做到绝对的客观公正。这就很容易挫伤员工的积极性或滋生投机情绪,对公司的下一周期运转造成不利影响。因此,让员工在年终奖的多少上做横向比较,对公司是有害而无利的,它只能降低公司的凝聚力。因此,最有效的办法就是暗中分发,单个鼓励。

再者,员工总愿意将年终奖的多少与领导对自己的评价和自己在领导心目中的地位联系起来。如果实行透明制很容易给低报酬者造成心理压力。这种公开场合的压力不仅很难转化为动力,而且能够极大地损害他们安全、归属的需要,从而产生冷漠、忧虑、固执、妥协情绪。也许有人会说,透明制能给报酬高者更大的激励作用,不过这一缺陷完全可以通过领导在私下分发年终奖时到位的言语鼓励和沟通来克服。因此,年终奖不透明制是一个积极又稳妥的方法。

讨论:你对"年终奖该不该透明"持何种观点?通过本节学习后,请你设计一个你认为最佳的年终奖分配方案。

3.2.1 激励概述

激励就是利用某种有效手段或方法调动人的积极性,使其把潜在的能力充分发挥出来的过程。人的积极性是一种能激发人在思想、行动上努力进取的心理动力。当这种心理动力受到激励时,人就会处在自觉主动的心理活动状态,这种状态具体表现在人的意识活跃水平、情绪振奋程度和意志力强度等方面表现较好,从而直接导致行为效率的提高。从组织的角度来说,管理者激励下属,就是要激发和鼓励下属朝着组织所期望的目标表现出积极主动的、符合要求的工作行为。

波特(L. W. Porter)和劳勒(E. E. Lawler)以期望理论为基础导出的完备的激励模式,较好地说明了整个激励过程。如图3.1所示。

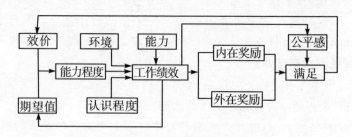

图3.1 波特和劳勒的综合激励模型

这个激励模式,是激励系统一个比较恰当的描述,他告诉我们,激励并不是简单的因果关系。设置了激励目标,不一定就能获得所需的行动和努力,职工也不一定会满意。要形成奖励目标→努力→绩效→奖励→满意以及从满意反馈回努力这样的良性循环,取决于奖励内容、奖励制度、组织分工、目标导向行动的设置、管理水平、公平的考核和领导作风等综合性因素。

通过激励模式,可以分析出这样几点:

第一,努力来自于报酬、奖励的价值,个人认为需要付出的努力和受到奖励的概率。而觉察出来的努力和奖励的概率也受到过去经验和实际绩效的影响。如果人们确切知道,他有把握完成任务或者过去曾经完成的话,他将乐意做出努力并对奖励的概率更加清楚。

第二,工作的实际绩效取决于能力的大小、努力程度以及对所需完成任务理解的深度,如对完成目标所需从事的活动,以及影响任务完成的其他因素的理解和掌握。

第三,奖励要以绩效为前提,不是先有奖励后有绩效,而是必须先完成组织任务才能导致精神的、物质的奖励。当员工看到他们的奖励与成绩很少有关系时,这样的奖赏将不能成为提高绩效的刺激物。

第四,激励措施是否会产生满意,取决于受激励者认为获得的报偿是否公平。

第五,满意将导致进一步的努力。

3.2.2 外在性激励与内在性激励

1. 外在性激励

外在性激励是指用组织掌握和分配的资源来调动员工的积极性。按组织所掌握的资源的性质,外在性激励又可分为以下两类:

(1) 物质性激励

通常以工资、奖金及各种福利等物质性资源来调动员工的积极性。物质性资源是客观的,同时它也是消耗性的,因此成本比较高。

(2) 社会感情激励

通常用荣誉、友谊、信任、认可、表扬、尊重等社会感情性的资源来调动员工的积极性。与物质性激励相比,这类激励满足了人们更高层次的需要。社会感情资源通常在社交性、感情性交往中获得,即非经济交往中获得。

2. 内在性激励

通过工作本身所能提供的某些因素来调动员工的工作积极性称为内在性激励。一位企业家曾说过:工作的报酬就是工作本身。

内在性激励按其激励因素的性质,又可分为两类:

(1) 工作活动本身的激励

这种激励靠工作活动本身所蕴藏的因素来满足人的内在需要,如工作的趣味性、挑战性、培养性、让人进步和成长、增强自信与自尊、提供交往机会等。

(2) 工作任务完成的激励

这种激励指人们在工作任务完成时感受到的满足感，包括成就感、自豪感、贡献感、轻松感，还有自己潜能得到充分发挥后的舒畅感和得意感。

内在性激励是一种真正的工作激励，对于受激励者，工作不再是获取外在性奖励的工具，而是真正的激励源泉，不管环境如何变化，都能持续地发挥激励作用。此种激励成本低廉，管理者可通过科学合理的工作设计，寻求人与工作的最佳匹配，充分利用这种有效的激励手段。

3.3 常用的激励方法

给不同的人不同的报酬

组织发现最好的报酬必须是钱、认可和福利的联合。钱当然很重要，但是如果一个人每月得到50美元的激励薪酬，在一段时间之后这种货币报酬可能就开始失去了它的效力。因此经济报酬必须改变，而且需要提供不同的报酬类型。这一点对于认可报酬也是一样的，尽管人们从不反对太多的认可，组织必须保证报酬是公平的，而且高度创造性的组织需要保证把变化作为认可系统的一部分。很多公司发现一件很重要的事：对一个人是真正报酬的东西，对另一个人也许就不能产生同样的影响。简单地说，报酬系统中存在个体差异，而且对于不同的人必须有不同的报酬。下面是一些国外不同企业所提供的有代表性和创造性的货币和认可报酬：

给那些杰出工作的员工一种"鼓励奖"，而且在获奖的员工档案里放入得奖通知的一个复本。

把"每月优秀员工"的姓名放在当月电子公告牌上。

某保安公司，一同工作的人投票选出他们认为应该得到"最能给予帮助的员工"和"最优秀员工"称号的员工，由管理者颁发这些奖项。

某直销公司，在工作任务轻的日子里，一个部门的员工在另一个部门帮忙，在积累了8小时的这种工作时间后，员工从项目和服务经理那里得到一张个人的感谢便条。

某金融服务公司，公司高层管理者把为员工提供午餐或正餐服务作为对他们的一项做得好的工作的报酬。

某咨询公司，当一个员工做成了生意，这个人就会得到占销售额1%～5%的现金奖励,其比例要根据这宗新买卖对公司的价值而定。

某印刷厂,对于参加一个致力于戒烟讨论会的员工付给30美元,公司付给公司任何一个戒烟一年的人200美元。

某印刷公司,在分发年终红利的时候,员工可以从一个商店目录中做出选择。

对组织来说,在了解员工需要结构的基础上,设置某些既可满足员工需要、又符合组织要求的目标,并通过目标导向使员工出现有利于组织的优势动机并按组织所需要的方式自觉行动,这就是激励的机理。

激励机制是指激励赖以运转的一切办法、手段、环节等制度安排的总称。它具有内在地按组织目标来进行运作、管理、调节、控制的功能。常用的激励方法有以下几种。

3.3.1 目标激励

行为学家认为:人的动机多起源于人的需求,一种没有得到满足的需求是激发动机的起点,也是引起行为的关键。因为未得到满足的需求会造成个人的内心紧张,从而导致个人采取某种行为来满足需求以解除或减轻其紧张程度。目标激励就是把企业的需求转化为员工的需求。为了解除这一需求给他带来的紧张,他会更加努力地工作。在员工取得阶段性成果的时候,管理者还应当把成果反馈给员工。反馈可以使员工知道自己的努力水平是否足够,是否需要更加努力,从而有助于他们在完成阶段性目标之后进一步提高他们的目标。目标激励示意图如图3.2所示。

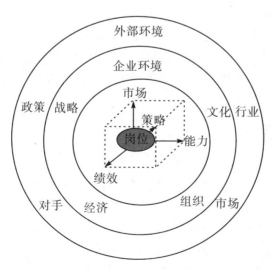

图 3.2 目标激励示意图

运用目标激励必须注意三点：

(1) 目标设置必须符合激励对象的需要。即要把激励对象的工作成就同其正当的获得期望挂起钩来，使激励对象表现出积极的目的性行为。

(2) 提出的目标一定要明确。比如："本月销售收入要比上月有所增长"这样的目标就不如"本月销售收入要比上月增长10%"这样的目标更有激励作用。

(3) 设置的目标既要切实可行，又要具有挑战性。目标难度太大，让人可望不可即；目标过低，影响人们的期望值，难以催人奋进。无论目标客观上是否可以达到，只要员工主观认为目标不可达到，他们努力的程度就会降低。正确的做法应将长远目标分解为阶段目标。

3.3.2　物质激励

所谓物质激励，就是从满足人的物质需要出发，对物质利益关系进行调节，从而激发人的向上动机并控制其行为的趋向。物质激励多以加薪、减薪、奖金、罚款等形式出现，在目前社会经济条件下，物质激励是激励不可或缺的重要手段，它对强化按劳取酬的分配原则和调动员工的劳动热情有很大的作用。

3.3.3　情感激励

情感激励既不是以物质利益为诱导，也不是以精神理想为刺激，而是指领导者与被领导者之间的以感情联系为手段的激励方式。每一个人都需要关怀与体贴，一句亲切的问候，一番安慰的话语，都可成为激励人们行为的动力。运用情感激励要注意情感的两重性：积极的情感可以增强人的活力，消极的情感可以削弱人的活力。情感激励主要是培养激励对象的积极情感。其方式很多，如：沟通思想、排忧解难、慰问家访、交往娱乐、批评帮助、共同劳动、民主协商等。只要领导者真正关心体贴、尊重、爱护激励对象，通过感情交流充分体现"人情味"，他就会把你对他的真挚情感化作自愿接受你领导的自觉行动。

3.3.4　负激励

根据美国心理学家斯金纳的激励强化理论，可以把激励行为分为正激励与负激励，也就是我们通常所说的奖惩激励。所谓正激励就是对个体的符合组织目标的期望行为进行奖励，以使这种行为更多地出现，提高个体的积极性。所谓负激励就是对个体的违背组织目标的非期望行为进行惩罚，以使这种行为不再发生，使个体积极性朝正确的目标方向转移。在组织工作中，正激励与负激励都是必要而有效的，因为这两种方式的激励效果不仅会直接作用于个人，而且会间接地影响周围的个体与群体。通过树立正面的榜样和反面的典型，扶正祛邪，形成一种良好的风范,就会产生无形的正面行为规范,比枯燥的教条和规定更直观、更具体、更明确,能够使整个群体的行为导向更积极,更富有生气。

3.3.5 差别激励

人的需求包括:生理需求、安全需求、社会需求、尊重需求和自我实现需求等若干层次。当一种需求得到满足之后,员工就会转向其他需求。由于每个员工的需求各不相同,对某个人有效的奖励措施可能对其他人就没有效果。管理者应当针对员工的差异对他们进行个别化的奖励。比如:有的员工可能更希望得到更高的工资,而另一些人也许并不在乎工资,而希望有自由的休假时间。又比如:对一些工资高的员工,增加工资的吸引力可能不如授予他"A级业务员"的头衔吸引力大,因为这样可以使他觉得自己享有地位和受到尊重。每个人都有自己的性格特质,员工的个性各不相同,他们从事的工作也应当有所区别。与员工个性相匹配的工作才能让员工感到满意、舒适。

3.3.6 公平激励

公平激励来源于美国心理学家亚当斯的公平理论。这种理论认为:下属的工作动机和积极性不仅受自己绝对报酬的影响,还受相对报酬的影响。下属总会把自己的贡献和报酬与一个和自己相等条件的人的贡献和报酬相比较。当这种比值相等时,就会有公平感,就心情舒畅,积极性高涨;反之,就会导致不满,产生怨气和牢骚,甚至出现消极怠工的行为。运用公平激励,要做到努力满足激励对象的公平意识和公平要求。在现实社会中,不公平的现象较多。例如:由于地区、行业、单位、个人等条件的不同,加之制度和政策上的某些弊端,造成了人们在报酬上的较大差异,并因此引发了一些矛盾。公平激励,就应积极减少和消除不公平现象,但正确的做法不是搞绝对平均主义,而是领导者要做到公平处事、公平待人,不搞好恶论人,亲者厚、疏者薄。如对激励对象的分配、晋级、奖励、使用等方面,要力争做到公正合理,人人心情舒畅。

3.3.7 信任激励

信任激励就是领导者要充分相信下属,放手让其在职权范围内独立地处理问题,使其有职有权,创造性地做好工作。古人说"疑则勿任,任则勿疑"。现代领导活动中的用人不疑,更是重要的用人原则。应用信任激励,要注意三点:

(1) 用人不疑的对象必须是德才兼备,在工作上能放心放手的人才。对那种投机钻营的"奸臣"和平庸无能的"草包",决不可轻信重用,否则贻误大业。

(2) 切忌轻信闲言碎语。现实社会上,有爱才、荐才之士,也有妒才、诬才之徒。领导者一定要头脑清醒,是非分明,以免影响人才的智慧和创造性发挥。

(3) 授以权职之后,必须让其放手工作,不要横加干涉,否则就谈不上真正的信赖和授权。这样,才能让被任用者产生最佳心理,以激励他们充分发挥主观能动作用。

3.3.8 心智激励

哈佛大学维廉·詹姆士研究表明:在没有激励措施下,下属一般仅能发挥工作能力的20%～30%,而当他受到激励后,其工作能力可以提升到80%～90%,所发挥的作用相当于激励前的3～4倍。日本丰田公司采取激励措施鼓励员工提建议,结果仅1983年一年,员工提了165万条建议,平均每人31条,它为公司带来900亿日元利润,相当于当年总利润的18%。下属的潜能对领导者来说是没有用的,领导者需要的是下属的效能。因此领导者应将下属的潜能进行激发使之变成效能。这种对心的激励可以带来智力、智慧和创造力的开发,激励心与激励智要结合起来。

本章小结

(1) 动机是有内在需要引起的。动机理论与模型有经典动机理论(包括马斯洛的需要理论、双因素理论、ERG理论、麦克利兰的激励需要理论);佛隆的期望理论;亚当斯的公平理论;斯金纳的强化理论等。

(2) 激励就是利用某种有效手段或方法调动人的积极性,使其把潜在的能力充分地发挥出来的过程。外在性激励有物质性激励和社会感情激励两种;内在性激励有工作活动本身的激励和工作任务完成的激励两种。

(3) 常用的激励方法有目标激励、情感激励、物质激励、负激励、差别激励、公平激励、信任激励、心智激励等。

复习思考题

1. 双因素理论的基本观点是什么?对管理工作有什么启示?
2. 根据期望理论,我们应该如何激励员工?
3. 不公平感产生的原因是什么?如何消除?
4. 如何设计薪酬才能起到激励员工的作用?
5. 在我国改革开放三十多年来,有一种"59岁现象",即有少数领导在即将退休时不顾组织或人民利益,为自己大捞一把。请运用所学的激励理论,结合有关实例分析其中的原因,并提出一些解决这个问题的建议。

案例实训

1. 就激励方法来说,下述案例运用的是哪一种?
2. 你从这个案例中学到了什么?

向下属展示赤诚之心——李更生的感召艺术

李更生是"五四"前后我国著名的教育家。他在出任扬州省立第八中学校长时,立志要把该校办成全国著名的中学。为了这个目标,他矢志不移,多方探听名师,曾多次走南闯北,踏破铁鞋,聘请德才兼备的教员。当他得知常州有一位名叫董伯度(即董宪)的理化教员,早年毕业于南洋大学,不仅物理、数学、外语、国文水平相当高,而且教学艺术也属一流,极为高兴,就下决心请他任教。

在一个朔风呼啸的冬天,李更生冒着大雪从扬州专程赶到常州。他顾不得拍打身上的雪花,就急急忙忙地去敲董家大门。他望着前来开门的董老太太,连忙恭恭敬敬地跪下去。老人拉起李更生,慈祥的面容上呈现出惊异的神色。李更生自我介绍后,说明来意,并一再恳请老太太开恩,动员她儿子满足其心愿。董伯度在老母的说服下,同意去扬州八中任教。按预先约定的时间,董伯度应是下午三时报到,而李更生却提前半个小时去校门口恭候。当董伯度乘坐的黄包车尚未停稳,李更生就迎上前问寒问暖,并帮他卸下行李,还亲自陪他到宿舍。董伯度当然十分感动。此后一心扑在教学上,兢兢业业,一丝不苟,深受学生的欢迎和尊崇。

不久,由于董母体弱多病,董伯度提出调回常州的请求。李更生理解他的孝心,不便勉强,再三考虑后,又一次冒着风雪南下常州,向开门迎客的董老太太下跪。董母满含热泪,用颤抖的双手扶起了李更生,并帮儿子打消了调回常州的念头。

数年后,董伯度鉴于在常州难以为母尽孝,也不能照顾妻小,终于又一次提出调回常州。出乎意料,李更生这次竟当即应允了,并在这天晚上专门为他设宴饯行。宴会后,李更生约董伯度一起去看望一位朋友。两人踏着月色,倾吐着肺腑之言,不觉间来到了一条幽静的深巷。李更生停下脚步,微笑着说:"要看的朋友家到了,董先生请进!"董伯度推门一看,不禁大吃一惊:只见老母亲和妻子儿女一个个笑脸相迎。原来是李更生为使董伯度解除后顾之忧,安心在扬州八中施教,已派人将其全家从常州接来定居。面对如此情景,董伯度感慨万千,他紧紧握住李更生的手,使劲摇着,热泪盈眶地说:"蒙君如此深情,我再也不忍离开扬州了!"

李更生为办学在董门跪雪的事越传越远,慕名来到扬州八中的贤才也接二连三,其中包括桃李满天下、誉满国内外的朱自清先生。而扬州八中也在短短几年间,旧貌换新颜,成为我国著名的重点中学。

第4章 冲突与谈判

学习目标

知识目标

了解冲突及冲突观念的变迁,认识冲突与群体绩效之间的关系,熟悉解决冲突的方法,熟悉谈判的策略及相关知识。

能力目标

具有解决和运用冲突与进行谈判的能力。

4.1 冲突的概述

光谱联合公司故意在组织中建构冲突

光谱联合公司是一家发展迅速的小型软件公司。公司于1988年开始运行,当年总收入仅40.4万美元,仅5年时间,公司的总收入增长60倍,将近达到2500万美元。

光谱公司的创业者把公司的成功大部分归功于他们的组织结构方式。该公司的设计是为了激发冲突。公司中的所有生产团队和支持群体都相互竞争内部资源和外界市场。创业者们信奉自由企业制度,他们试图创建的组织是优胜劣汰的,也就是说,最合格的团队不断成长发展,而劣质团队则被淘汰。

一位创业者说:"公司要得到发展,就必须保证没有人在这里感到安闲舒适。"该公司在内部激发了其他公司在外部面临的问题。通过设置内部群体之间的竞争,公司激发了员工在外部市场中面对的经费压力、运输压力、发展压力。其结果使劳动力队伍总处于充分的备战状态。员工说:"这对我们很有好处,有一定程度的不安全感是非常有益的。"

公司仅仅聘用那些有主动精神的人。新员工都被告知:"公司不是你们的父母,它只是你可以利用的设施,它也显然降低了你的风险性。因为在此你有福利待遇,你有基本薪水,但你是你自己。"在光谱联合公司中,员工们被鼓励"发展你自己的事业"。如果成功了,仍可以分享财富;如果失败了,你可以继续尝试。

该公司的竞争文化对一些人来说是个冲击。比如,一名员工说她没想到正是自己的同事们阻碍了自己的机会。她说:"我花了一些时间才认识到这意味着要确保销售员的工作我必须拼命干活,而不是为了组织中的其他人拼命工作。这意味着为了得到工作我必须表现出更强的攻击性,我必须要赢得这场竞争。"

"但这并不是一场混战,"创建者之一说:"是的,人们之间相互竞争,但他们是在人群中这样做的。如果离开了其他人,个体是不可能实现目标的。是群体之间在相互竞争。"由于不愿意控制,两名企业主的仲裁人之间发生了争吵(如是否录用一名员工)。尽管出现了这些问题,他们仍不打算建立正规的边界或规则。"在他们背后所发生的事情是非常有益的,他们是为了客户的利益而争吵的。"创建者之一说,"当我和顾客交谈时,我可以这样问:请问,你想要什么?最好的质量、最好的价格以及最好的运输。如果我们以此方式把人们组织起来,必然也能达到同样效果。"

在本案例中,光谱联合公司故意在组织中建构冲突,实际上是在公司里创立了一群不同的企业,这些企业都在竞争组织中有限的资金和人力。因此,与那些传统的、仅与其他企业竞争的公司相比,该公司的员工不得不与内部的群体相互竞争。

4.1.1 冲突的定义

关于冲突的定义很多。尽管这一术语有不同的阐释,其中却包括了一些共同的主题。第一,冲突必须是双方感知到的,是否存在冲突是一个知觉问题,如果人们没有意识到冲突,则常常会认为冲突不存在。第二,冲突双方意见的对立或不一致有一定程度的相互作用。这些因素所形成的条件决定了冲突过程的起点。

我们把冲突(Conflict)定义为一种过程,这种过程肇始于一方感觉到另一方对自己关心的事情产生消极影响或将要产生消极影响。

这是一个广义的定义,它描述了相互作用变成相互冲突时,所出现的各种活动。它包括了在组织中人们经历的各种各样的冲突如目标不一致,对事实的解释存在分歧,在行为期望方面的不一致等等。另外,这一定义还非常灵活,它可以涵盖所有的冲突水平:从公开、暴力的活动到微妙、意见不一致的形式。

4.1.2 冲突观念的变迁

恰当地说,在群体和组织中冲突的作用也是"相互冲突的"。传统观点认为必须避免冲突,因为它的出现表明群体内的功能失调;人际关系观点认为冲突是任何群体与生俱来的、不可避免的结果,但它并不一定是坏的,它有着对群体工作绩效产生积极影响的潜在可能性。相互作用观点代表着当代思想,它认为冲突可以成为群体内的积极动力,实际上某些冲突对于有效的群体工作来说是必不可少的。下面具体介绍这三种观点。

1. 传统观点

冲突的早期观点认为所有的冲突都是不良的、消极的,它常常作为暴乱、破坏、非理性的同义词。在这里,冲突是有害的,是应该避免的。

在20世纪30年代至40年代,这种冲突的传统观点(Traditional View of Conflict)占优势地位,它代表了大多数人的态度。人们认为冲突是功能失调的结果,它出现的原因来自这样几个方面:沟通不良;人们之间缺乏坦诚和信任;管理者对员工的需要和抱负不敏感。

由于传统观点认为所有的冲突都不好,为了提高组织和群体的工作绩效,当出现冲突时,首先必须仔细了解冲突的原因,然后着手纠正这些组织中的功能失调。尽管当代大量研究都提供了强有力的证据驳斥这种认为冲突水平的降低会导致群体工作绩效提高的观点,但还有很多人依然在使用这种老掉牙的标准来评估冲突情境。

2. 人际关系观点

冲突的人际关系观点(Human Relations View of Conflict)认为对于所有群体和组织来说,冲突都是与生俱来的。由于冲突无法避免,人际关系学派建议接纳冲突,使它的存在合理化。冲突不可能被彻底消除,有时它还会对群体的工作绩效有益。20世纪40年代末至70年代中叶,人际关系观点在冲突理论中占据统治地位。

3. 相互作用观点

人际关系观点接纳冲突,而冲突的相互作用观点(Interactionist View of Conflict)则鼓励冲突。这一观点认为,融洽、和平、安宁、合作的组织容易对变革的需要表现出静止、冷漠和迟钝。因此,它的主要贡献在于:鼓励管理者维持一种冲突的最低水平,这能够使群体保持旺盛的生命力,善于自我批评和不断创新。

从相互作用观点可以看出,认为冲突都是好的或都是坏的看法显然并不恰当,也不够成熟。冲突是好是坏取决于冲突的类型。具体而言,需要对功能正常和功能失调的冲突进行区分。

4.1.3 功能正常与功能失调的冲突

相互作用的观点并不是说所有的冲突都是好的。一些冲突支持群体的目标,并能提高群体的工作绩效,它们是具有建设性的、功能正常的冲突(Functional

Conflict)。但也有一些冲突阻碍了群体的工作绩效,它们是具有破坏性的、功能失调的冲突(Dysfunctional Conflict)。

如何区别功能正常和功能失调的冲突呢?遗憾的是,二者之间的分界并不清楚明确,没有一种冲突水平对所有条件都合适或都不合适。某种冲突的类型与水平可能会促进某一群体为达到目标而健康、积极地工作;但对于另外的群体,或同一群体的不同时期,则可能是功能失调的冲突。

区分冲突是功能正常的还是功能失调的指标是群体的工作绩效。决定冲突功能的标准是它对群体的影响,而不是它对群体任何成员的影响。也就是说,不管群体中的个人认为某种冲突是积极的还是消极的,都并不重要。例如,一名群体成员可能认为某项活动是功能失调的,因为其结果令他不满意。然而,从我们的分析看,如果这项活动促进了群体目标的实现,它就是功能正常的。

4.2 冲突的过程和解决方法

西和吉尔德公司的解散

西和吉尔德公司(Shea & Gould)是纽约一家十分著名的律师事务所。它于20世纪60年代中期成立,并以创建人威廉·西(Willian Shea)(他是很多政府官员和市长的知己,并且始终是公司的最高首脑,直到1991年逝世)和米尔顿·古尔德(Milton Gould)的名字命名。公司的知名主顾有迈斯公司(Mets),纽约扬基公司(New York Yankees),苹果电脑公司,水中陆地银行(Marine Midland Bank),美国"R"牌玩具公司(Toys "R" US)。1994年年初,西和吉尔德公司拥有80名合伙人,200名律师,在纽约、洛杉矶、华盛顿、迈阿密均有办事处。

西和古尔德可谓是天生的最佳搭档。西的领导才干远甚于他的法律才干。而古尔德则是著名的律师。他们共同建立了一支令人惊叹的杰出工作队伍。20世纪70年代至80年代中期,公司得到了充分的发展。在鼎盛时期,西和古尔德公司拥有350名律师,并对纽约的政治、银行、房地产、运动等领域发生了十分重要的影响。

20世纪80年代中期,公司的创建者们开始把控制大权转让给年轻的合伙人,而问题也由此产生。一些长期以来习惯于接受西和古尔德领导的合伙人,此时开始向新的权力结构发出挑战。在建立法定制度方面随处可见宗派群体和宗派斗争。年长的合伙人和主顾也参与在内。然而,没有一个群体或联合体足够强大,能够控制得了整个公司。1993年12月,由于冲突升级,5名合伙人宣布退出,有传言说还有众多合伙人在积极寻求去其他公司的机会。

1994年1月,合伙人之间结束了争斗,并投票表决解散公司。导致公司解散的根本原因不是财政问题。1993年公司的收入为8.5亿美金,超过了上一年8.3亿美金这个数字。事实上,对合伙人来说,公司依然是有利可图的。导致西和吉尔德公司灭亡的真正原因是这些合伙人无法和睦相处。

一位世界知名的法律顾问说:"这家公司的合伙人在基本的、主要的问题上存在差异,而这又是无法调和的。"这位顾问在前一次会议上也指出:"你们之间没有经济问题,你们有的是个性问题,你们之间相互憎恨。"

4.2.1 冲突的过程

目前,有关冲突形成过程分析影响最大的理论是美国行为科学家庞迪(Louis R. Pondy)提出的"5阶段模式",将冲突过程(Conflict Process)划分为5个阶段:潜在的对立或不一致;认知和个性化;行为意向;行为;结果。

1. 阶段Ⅰ:潜在的对立或不一致

冲突过程的第一步是存在冲突源,即可能产生冲突的条件。这些条件并不一定导致冲突,但它们是冲突产生的必要条件。为了简化起见,可以把这些条件概括为三类:沟通、结构和个人因素。

(1) 沟通

苏珊在布里斯托尔—迈尔斯—斯奎布公司采购部已工作了3年,她对这项工作的喜爱在很大程度上是因为她的上司提姆·麦吉尔是个非常容易合作的人。但是提姆六周前职位提升,原有职位由查克·本森接替。苏珊说她现在的工作总是一团糟。"提姆和我有很多共同之处,但查克却不一样。他今天让我做这件事,我照办了,明天却说我做错了。我觉得他总是变化无常。而且,他没有一天不冲着我因为什么事而大喊大叫的。你知道,有些人非常容易交流和沟通,但查克却不是这种人。"

苏珊的谈话表明沟通可以成为冲突的原因。一篇研究综述指出,语义理解的困难、信息交流的不够充分以及沟通通道中的"噪音"等因素都构成了沟通障碍,并成为冲突的潜在条件。具体而言,培训的方面不同、选择性知觉、缺乏有关他人的必要信息这些方面会产生语义理解方面的困难;信息交流的不够充分,沟通过少和过多都会增加冲突的潜在可能性。当沟通达到一定程度时,效果是最佳的,继续增加沟通则会过度,结果增加了冲突潜在的可能性;另外,沟通通道也影响到冲突的产生。人们之间传递信息时会进行过滤,来自于正式的或已有的通道中的沟通偏差都提供了冲突产生的潜在可能性。

(2) 结构

夏洛特和泰瑞两个人同在波兰德家具市场工作,这是一家大型平价家具店。夏洛特是基层推销员,而泰瑞是公司信贷部的经理,这两位女性认识多年,而且有很多相似之处:她们住得很近,大女儿又在同一所中学读书,而且是好朋友。事实上,夏洛特和泰瑞从事不同的工作,她们可能会成为好朋友,但她们两人却时常发生冲突。夏洛特的工作是销售家具,她干得很出色,但她的很多主顾要采用赊购方式。泰瑞的工作是确保公司在信用贷款方面的损失减少到最低程度,她时常会拒绝夏洛特刚联系好的顾客的贷款申请。她们之间的冲突毫无个人问题,是各自的工作要求导致的。

夏洛特和泰瑞之间的冲突事实上是结构造成的。这里使用的"结构"概念包括了这样一些变量:规模,分配给群体成员的任务的专门化程度,管辖范围的清晰度,员工与目标之间的匹配性,领导风格,奖励系统,群体间相互依赖的程度。

研究表明群体规模和任务的专门化程度可以成为激发沟通的动力。群体规模越大,任务越专门化,则越可能出现冲突。另外,有人发现任职时间和冲突成负相关。如果群体成员都十分年轻,并且群体的离职率又很高时,出现冲突的可能性最大。

由谁负责活动的模糊性程度越高,冲突出现的潜在可能性就越大。管辖范围的模糊性也增加了群体之间为控制资源和领域而产生的冲突。

组织内不同群体有着不同目标。比如,购买部关注的是及时以低价购进原料;市场部关注的是产品出售和获得收益;质量控制部关注的是提高产品质量,保证产品符合标准;生产部关注的是维持稳定的生产流程和有效的操作。群体之间目标的差异是冲突的主要原因之一。当组织中不同群体追求的目标不同时,其中一些部门如波兰德家具市场的销售部和信贷部就会发生意见分歧,从而增加了冲突出现的可能性。

领导风格也起到一定影响,通过严密监督来控制员工行为的领导风格增加了冲突的潜在可能性。但过于依赖参与的领导风格也会激发冲突。研究表明,参与风格与冲突之间成高相关,这显然是因为参与方式鼓励人们提出不同意见。

研究还发现,如果一个人获得的利益是以另一个人丧失利益为代价的,这种报酬系统也会产生冲突。

最后,如果一个群体依赖于另一个群体(而不是二者相互独立)或群体之间的依赖关系表现为一方的利益是以另一方的牺牲为代价的,就会激发冲突。

(3) 个人因素

最后一类潜在的冲突源是个人因素。其中包括个人的价值系统和个性特征,它们构成了一个人的风格,并不同于其他人。

有证据表明某些人格类型(如十分专制教条的人,缺乏自尊的人)是冲突的潜在原因。但在社会冲突的研究中,有一个非常重要却又常被人们忽视的因素——价值观的差异。价值观的差异能很好地解释很多问题:如偏见、个人对群体的贡献与应得报酬之间的不一致、对一本书的评价等等。价值观系统的差异是导致冲突的一个重要原因。

2. 阶段Ⅱ:认知和个性化

在冲突的定义中我们强调,必须要有知觉存在。也就是说,只有当一方或多方认识到冲突或感觉到冲突时,前面所说的条件才会导致冲突。

这里有两点需要强调:第一点,阶段Ⅱ之所以重要是因为此时冲突问题变得明朗化了。在这一过程中,双方决定冲突将是什么性质,这一点非常重要。因为定义冲突的方式极大地影响到冲突的可能解决办法。比如,如果我把薪水上的不一致界定为一种零总和的情境(即如果增加了你的薪水,那么我所得到的薪水就会减少),那么,我当然不乐意妥协。但如果我把冲突界定为一种潜在的赢—赢情境(即薪水总额是可以提高的,因此你我都可以获得自己希望的加薪),则会增加折中方案的可能性。可见,冲突的界定非常重要,它勾勒出解决冲突的各种可能办法。第二点,情绪对知觉的影响有着重要作用。比如,研究发现消极情绪会导致过于简单地处理问题,降低了信任感,对对方的行为也会做出消极的解释。相反,积极情绪增加了在问题的各项因素中发现潜在联系的可能性,以更开阔的眼光看待情境,所采取的解决办法也具有创新性。

3. 阶段Ⅲ:行为意向

行为意向介于一个人的认知、情感和外显行为之间,它指的是从事某种特定行为的决策。处理冲突的行为意向大致有五种。

(1) 竞争

竞争指的是一个人在冲突中寻求自我利益的满足,而不考虑对他人的影响。这方面的情况有:试图以牺牲他人的目标为代价而达到自己的目标;试图向别人证实自己的结论是正确的,而他人的则是错误的;出现问题时试图让别人承担责任。

(2) 协作

协作指的是冲突双方均希望满足两方利益,并寻求相互受益的结果。在协作中,双方的意图是坦率澄清差异并找到解决问题的办法,而不是迁就不同的观点。

这方面的情况是:试图找到赢—赢的解法,使双方目标均得以实现;寻求综合双方见解的最终结论。

(3) 回避

回避指的是一个人可能意识到了冲突的存在,但希望逃避它或抑制它。这方面的情况有:试图忽略冲突;回避其他人与自己不同的意见。

(4) 迁就

如果一方为了抚慰对方,则可能愿意把对方的利益放在自己的位置之上。换句话说,迁就指的是为了维持相互关系,一方愿意作出自我牺牲。这方面的情况有:愿意牺牲自己的目标使对方达到目标;尽管自己不同意,但还是支持他人的意见;原谅某人的违规行为并允许他继续这样做。

(5) 折中

当冲突双方都放弃某些东西,而共同分享利益时,则会带来折中的结果。在折中中没有明显的赢者或输者。他们愿意共同承担冲突问题,并接受一种双方都达不到彻底满足的解决办法。因而折中的明显特点是,双方都倾向于放弃一些东西。这方面的情况有:愿意接受每小时 1 美元的加薪,而不是自己提出的 2 美元加薪;承认在某些看法上是共同的;对于违规问题承担部门责任。

行为意向为冲突情境中的各方提供了总体的行为指南,它界定了各方的目标。但人们的行为意向并不是固定不变的。在冲突过程中,由于重新认识或期待对方行为的情绪性反应,它可能发生改变。不过,研究表明,人们在处理冲突时要采取何种方式总有一种基本的倾向。具体而言,在上述 5 种处理冲突的行为意向中,各人有各人的偏好,这种偏好是稳定而一致的,并且,如果把个人的智力特点和个性特点结合起来,可以有效地预测到人们的行为意向。因此更恰当地说,5 种处理冲突的行为意向是相对稳定的,而不是一个人为了适应恰当的环境而进行的选择。也就是说,当面对冲突情境时,有些人希望不惜一切代价获胜,有些人希望发现一种最佳的解决方式,有些人希望逃避,有些人希望施惠于人,还有一些人则希望共同分担。

4. 阶段Ⅳ:行为

大多数人在考虑冲突情境时,倾向于强调阶段Ⅳ,是因为在这一阶段中,冲突是可见的。行为阶段包括冲突双方进行的说明、活动和态度,就是说,一方有行为,对方如何反应。

冲突行为中冲突双方公开地试图实现各自的愿望。但这些行为带有刺激的性质,这种刺激常常与愿望无关。由于判断错误或缺乏经验,有时外显的行为会偏离原本的意图。

表 4.1 列出了主要的冲突解决技术和激发技术,它能使管理者控制冲突水平。

要注意有些解决技术与前面冲突处理的行为意向相同,因为在理想情况下,一个人的行为意向应该转变为相应行为。

表 4.1 冲突管理技术

解决冲突的技术	问题解决	冲突双方直接会晤,通过坦率真诚的讨论来确定问题并解决问题
	目标升级	提出一个共同的目标,该目标不经冲突双方的协作努力是不可能达到的
	资源开发	如果冲突是由于资源缺乏造成的,那么对资源进行开发可以产生赢—赢解决办法
	回避	逃避或抑制冲突
	缓和	通过强调冲突双方的共同利益而减弱它们之间的差异性
	折中	冲突双方各自放弃一些有价值的东西
	官方命令	管理层运用正式权威解决冲突,然后向卷入冲突的各方传递它的希望
改变人的因素		运用行为改变技术(如人际关系训练),改变造成冲突的态度和行为
改变结构因素		通过工作再设计、工作调动、建立合作等方式改变正式的组织结构和冲突双方的相互作用模式
激发冲突的技术	运用沟通	利用模棱两可或具有威胁性的信息可以提高冲突水平
	引进外人	在群体中补充一些在背景、价值观、态度和管理风格等方面均与当前群体成员不同的个体
	重新建构组织	调整工作群体,改变规章制度,提高相互依赖性,以及采取其他类似的结构变革以打破现状
		任命一名吹毛求疵者,任命一名批评家,他总是有意与组织中大多数人的观点不一致

5. 阶段Ⅴ:结果

冲突双方之间的行为—反应相互作用导致了最后结果,这些结果可能是功能正常的,即冲突提高了群体的工作绩效;也可能是功能失调的,即冲突降低了群体的工作绩效。

(1) 功能正常的结果

如果冲突能提高决策的质量,激发革新与创造,调动群体成员的兴趣与好奇心,提供问题公开、紧张解除的渠道,那么这种冲突就是建设性的。当然,那种公开的或激烈的敌对情境的冲突不大可能带来功能正常的结果。只有较低或中等水平的冲突才可能提高群体的有效性。有证据表明,由于冲突允许百家争鸣,使得一些不同寻常的或由少数人提出的建议会在重要决策中增加权重,并因此提高了决策质量。冲突还是集体决议的矫正办法,它不允许群体以消极的、不加考虑的方式赞同下面这些决策:建立在不堪一击的假设基础上的决策,未充分考虑其他意见的决策,以及各种有其他弊端的决策。冲突向现状提出挑战,并进一步产生了新思想,促使人们对群体目标和活动进行重新评估,提高了群体对变革的迅速反应力。

在情境中有一定程度的冲突不仅会导致更多更好地决策,还有证据表明冲突与生产率之间也存在正相关。在群体中,当成员之间存在冲突时,比他们总是意见一致更能促进工作效率的提高。调查者观察到这样一个现象,当群体分析了由群体成员个人作出的决策时,高冲突群体中的平均改进效果比低冲突群体的平均改进效果高出73%。还有人也发现了类似结果:由兴趣不同的成员组成的群体相比同质群体来说,对各种问题的解决质量更高。

(2) 功能失调的结果

功能失调的结果有沟通的迟滞、群体凝聚力的降低、群体成员之间的明争暗斗成为首位而群体目标降到次位。在极端情况下,冲突会导致群体功能的停顿,并可能威胁到群体的生存。

4.2.2 冲突的解决方法

一般来说,群体活动的类型是决定冲突功能的重要变量。群体任务的非常规化程度越高,内部冲突具有建设性的可能性也越高。对于那些需要用创新方法处理问题的群体(如从事研究、广告设计或其他专业技术活动的群体)来说,比那些从事高度常规化工作的群体(如汽车生产流水线的工作团队)会从冲突中得到更大受益。

1. 设置超级目标

设置超级目标可以使对立的双方冲突减弱。这时,他们必须共同把精力集中到目标的达成,从而缓解互相之间的对立情绪。

2. 采取行政手段

第一,管理当局可以通过改变结构来减少冲突。如把爱闹事的人调出去。这种方法简单,但也不是处处可用,因为有些人是骨干力量,不可或缺。

第二,设置综合领导。如果两个部门(如生产和销售)之间存在冲突,一个可供选择的方法是:让他们都接受同一个既懂生产又懂销售的高级经理领导,这个经理就起到了协调的作用。

第三,向上级申诉,由上级仲裁。但申诉的一个主要缺点是败诉的一方未必轻易接受仲裁。所以要注意安抚败诉的一方,还要进一步使双方携手合作。

3. 激发功能正常的冲突

激发功能正常的冲突是一件很艰难的工作,尤其是在一些大型企业中。一名企业顾问曾这样说:"高层管理者中有很大一部分人是冲突的回避者,他们不喜欢听反面意见,不喜欢从相反方面谈论或思考问题。他们之所以能升到高层位置正是因为他们常常不去激怒上司的做法和行动。"另一名顾问也指出,当自己的意见与上司的不一致时,大多数企业中至少有70%的人会保持沉默,即使他们知道自己的想法更好,也会给上司留犯错误的机会。

这种抑制冲突的文化在今天激烈的全球经济竞争中是不可行的。在当今,那些不支持、不鼓励不同意见的组织将无法生存下去。让我们来看看组织在激励员工挑战现有系统并开发新思想上的一些做法。惠普公司对持不同意见的人进行奖励,即使他们的想法最后未被管理层采纳。IBM公司也有这样一个鼓励提出不同意见的正式系统。员工们可以通过它向上司提出质疑,而不受到处罚。如果意见仍得不到解决,该系统将提供第三方进行调解。皇家荷兰壳牌集团通用电气公司,安霍伊塞—布希公司都在决策过程中引进了吹毛求疵的提意见者。比如,安霍伊塞—布希公司的政策委员会在考虑一项重大措施时(如是否涉足某一行业或进行一项大笔投资),常常把对问题持各种意见的人组织到一个群体中,这一过程常常导致公司采取过去没有想到的决策与方案。

成功地激发了功能正常冲突的组织都有一个共同特点,他们奖励持异议者而惩罚冲突的回避者。美国的伊诺维斯交互技术公司的总裁曾解聘过一名拒持异议的首席执行官。他说:"这个人是个十足的好好先生,在我们的组织中,我没钱给那些只听我意见的人。"然而,对管理者来说,真正的挑战是当他们听到了自己不想听到的信息的时候,还能以平常心对待,不激烈指责,不讽刺挖苦,不爱理不理,不咬牙切齿,而是心平气和地问道:"你能详细谈谈所发生的事吗?"或"你认为我们该怎么办?"真诚地表达"感谢你让我注意到这一点"。

关于如何引起冲突的策略,列举以下几种具体的方法。

(1) 委任态度开明的管理者

在有些单位,反对意见往往被高度专制的管理者所压制,因此,选派开明的管理者可以在一定程度上克服这种现象。

(2) 鼓励竞争

通过增加工资、奖金,对个人和集体进行激励,这样可以增进竞争。而适当的竞争可以导致积极意义的冲突。

(3) 重新编组

变换班组成员、调动人事及改变沟通路线都可以在组织中引起冲突。而且,重新编组后,新成员的价值观和思维方式也可能对群体原来的陈规陋习形成挑战。

4.3 谈判的策略与过程

谈判两例

例1:当你在报纸上看到一则旧车出售的广告,车似乎是你一直想要的那种。你去看了车,发现很合意,因而想买下来。车主报了卖价,可你不想花那么多钱,于是你们两人对价格开始进行协商。

例2:一名妇女运动服生产厂家的销售代表与一位小型服装零售商谈好了一单15000美元的订货,销售代表按照程序打电话给厂里的信用贷款部门。但她被告知,这名主顾过去曾有拖延付款的记录,因此厂里不同意他的赊购。第二天,销售代表与厂里的信贷经理一起讨论这个问题。销售代表不想失去这笔买卖,信贷经理也是一样,但他同样不希望被收不回来的欠款所困扰。

双方开诚布公地考察了他们有可能的所有选择。经过细致严谨的讨论,最后认可的解决办法满足了双方的需要:信贷经理同意这笔买卖,但服装商需要提供银行担保,如果60天内不付款可以保证得到赔偿。

谈判几乎渗透到组织和群体中每一个人的相互作用之中。有一些谈判是很明显的,如劳资双方进行的谈判;有一些谈判不是那么明显,如管理者与上级、同事之间的谈判,销售员与顾客之间的谈判,购买代理与供应商之间的谈判。还有一些谈判十分微妙,如一个工人在很短时间内权衡前后利益后,决定接一个同事的电话。在今天以团队为基础的组织中,成员们越来越发现自己与共同工作的同事之间没有直接的权力关系,他们之间也没有一个共同的上司进行领导,此时谈判技能就变得十分关键了。

所谓谈判,就是双方或多方互换商品或服务并试图就他们的交换比率达成协议的过程。

4.3.1 谈判策略

谈判有两种基本方法——分配谈判与综合谈判。二者的区别如表4.2所示。

表 4.2 分配谈判与综合谈判

谈判特点	分配谈判	综合谈判
可能的资源	数量固定	数量可变
主要动机	我赢,你输	我赢,你赢
主要兴趣	相互对立	相互融合或相互一致
关系的焦点	短时	长时

1. 分配谈判

上述案例中,例 1 所运用的谈判策略称为分配谈判。其最明显的特点是在零总和条件下运作。也就是说,我所获得的任何收益恰恰是你所付出的代价,反之亦然。以前面所说的旧车为例,你从卖主那里讲下来的每一块钱都节省了你的开支;相反,卖主多得的每一元钱都来自于你的花费。因此,分配谈判的本质是,对于一份固定利益谁应分得多少进行协商。

在分配谈判中最常引用的例子是劳资双方对工资的谈判。一般情况下,工人代表在谈判桌前总是想从资方那里尽可能多的得到钱。由于在谈判中工人每一分钱的增加都提高了资方的开销,因而谈判双方都表现出攻击性,并把对方视为必须击败的敌手。

在分配谈判中,常用的策略有:劝说你的对手达到他的目标点毫无可能性,而在接近你的目标点上达成和解则是明智的;申辩你的目标是公正的,而对手的则不是;试图激发对手感情用事使他觉得应对你慷慨,从而使达成的协议接近于你的目标点。

2. 综合谈判

例 2 中,销售员与信贷经理之间的谈判就是综合谈判。与分配谈判相比,综合谈判是基于这样的假设解决问题的,即至少有一种处理办法能得到赢—赢的结果。

在组织内的行为中,当其他方面情况相同时,综合谈判比分配谈判更为可取。因为前者建构的是长期的关系并推进了将来的共同合作。它将谈判双方团结在一起,并使每个人在离开谈判桌时都感到自己获得了胜利。相反,分配谈判则使一方成为失败者,它倾向于建构憎恨,并使得那些需要不断发展共同合作的人隔离的更远。

但综合谈判要取得成功必须具备一些条件,这些条件包括:信息的公开和双方的坦诚;一方对另一方需求的敏感性;信任别人的能力;双方维持灵活性的愿望。但在组织中这些条件常常是达不到的,因此,谈判通常建立在为获胜而不惜任何代价的动力基础上也就不足为奇了。

4.3.2 谈判过程

1. 准备和计划

谈判开始前,你需要做一些必要的准备工作,搞清如下情况:冲突的性质是什么? 这场谈判的发展过程是怎样的? 谁参与谈判? 他们是怎样理解冲突的? 你想从谈判中得到什么? 你的目标是什么?

你还要评估对方对你的谈判目标有什么想法? 他们可能会提出什么要求? 他们坚守自己立场的程度怎样? 对他们来说有哪些无形的或隐含的重要利益?

他们希望达成什么样的协议? 如果你能预期对手的立场与观点,你就能用事实和数字支持你的观点,运用你积累的信息提出一种策略。作为谈判策略的一部分,你还应确定你自己与对方达成谈判协议的最佳方案(BATNA)。你的BATNA决定了在谈判协议中你可接受的最低价值水平。只要你所得到的任何提议高于你的BATNA,谈判就不会陷于僵局。反过来说,如果你的提议不能让对方感到比他的BATNA更有吸引力,你就不能期望你能获得谈判的成功。

如果你在进入谈判时对对方的BATNA有比较清楚的了解,即使你不能满足他们的要求,你也可能使对方作些改变。

2. 界定基本规则

制定出计划并设计出战略后,你就可以和对方一起就谈判本身界定其基本规则和程序。谁将进行谈判? 谈判在哪里进行? 谈判限制在多长时间里(如果有时间限制的话)? 谈判要受到哪些方面的约束? 如果谈判陷入僵局,应遵循什么具体程序? 在这一阶段中,双方将交流他们的最初提议和要求。

3. 阐述和辩论

相互交换了最初观点后,你和对方都会就自己的提议进行解释、阐明、澄清、论证和辩论。这一阶段不一定是对抗性的,它可以是双方对下面这些问题交换信息的机会:为什么这些问题很重要? 怎样才能使双方达到最终的要求? 此时,你会给对方提供所有支持你观点的材料。

4. 讨价还价和解决问题

谈判过程实际上是一个为了达成协议而相互让步的过程,谈判双方毫无疑问都需要作出让步。

5. 结束与实施

谈判过程的最后一步是将已经谈成的协议正规化,并为实施和监控执行制定出所有必要的程序。对于一些重要谈判(包括各种劳资谈判、租约条款谈判、购买房地产谈判、提供高层管理职位的谈判)需要在订立正式合同时敲定各种细节信息。不过,在大多数情况下,谈判过程的结束只不过是握手告别。

4.3.3 谈判技能

如果你已经评估了自己的目标,思考过对方的目标与兴趣,并提出了一种谈判战略,你就可以真正开始谈判了。下面几项建议可以提高你的谈判技能:

1. 以积极主动的态度开始谈判

研究表明让步倾向于得到回报并最终达成协议。因此,以积极主动的态度开始谈判——也许只是一个小小的让步,但它会得到对方同样让步的酬答。

2. 针对问题,不针对个人

着眼于谈判问题本身,而不针对对手的个人特点。当谈判进行得十分棘手时,应避免攻击对手的倾向。你不同意的是对手的看法或观点,而不是他个人。应做到把事与人区分开来,不要使差异人格化。

3. 不要太在意最初的报价

把最初的报价仅仅看作是谈判的出发点。每个人都有自己最初的观点,它们可能是很极端、很理想化的。

4. 重视赢—赢解决方式

没有经验的谈判者常假定他们自己的获益必定来自对方的牺牲。我们已经看到,在综合谈判中情况并不一定如此。经常可以找到赢—赢的解决办法。但是,零总和的观念意味着失去了双方都要获胜的谈判机会。因此,如果条件许可,最好寻求综合的解决办法。按照对手的兴趣建构选择,并寻求能够使你和对手均成功的解决办法。

5. 建构开放和信任的气氛

有经验的谈判者是个好听众,他们更多地询问问题,更直接地关注对方的提议,减少防卫性,并避免使用能够激怒对手的词汇("慷慨的报价","公平的价格","合理的安排")。换句话说,他们善于建构必要的开放、信任气氛,以达成综合的解决方法。

4.3.4 谈判中的问题

在谈判中,通常存在以下 4 个问题:阻碍有效谈判的决策偏见;个性特征在谈判中的作用;文化差异对谈判风格的影响;启用第三方帮助解决差异。

1. 阻碍有效谈判的决策偏见

在谈判中,通常会有阻碍从谈判中获得最大效益的偏见存在。这些偏见会使谈判者失去判断力,列举如下:

(1)非理性地增加投入。人们倾向于按照过去所选择的活动程序继续工作,而不是采用理性分析的方式。这种不当的坚持浪费了大量时间、精力和金钱。过去已投资的时间和金钱如同"石沉大海",它们不可能再重新获得,并且在对未来的活动进行选择时也不应将它们考虑在内。

(2) 虚构的固定效益观念。如前所述,谈判双方常常以为他们的效益必定来自于另一方的代价。实际上,可以找到赢—赢的解决办法。

(3) 固定与调整。人们常有一种倾向,即把他们的判断停留在无关信息上,如最初的报价。事实上,很多因素影响着人们进入谈判时最初所持的看法。有效的谈判者不会受到固定看法的限制,而使自己的信息量及评估环境的思考深度降低,在谈判中也不会对对手较高的报价给予过多的重视。

(4) 建构谈判。人们很容易受到信息提供方式的影响。比如,在劳资合同谈判中,假设你的雇员目前每小时可得 15 元,工会希望再提高 4 元,而你则打算提高成 17 元。如果你能成功地把谈判塑造成为每小时增加 2 元的得益(与当前的工资相比),相比每小时降低 2 元的损失(与工会的要求相比)来说,工会对二者的反应会截然不同。

(5) 信息的可得性。谈判者常常过于依赖可得的信息,却忽视了更为相关的资料。对于那些由于其熟悉性或生动性而记住的信息,常常可能被认为是值得信赖的东西。因此,有效的谈判者要学会区分哪些是他们在情绪情感上熟悉的信息,哪些是可靠、相关的信息。

(6) 成功者的苦恼。成功者的苦恼也可以说是谈判结束后的遗憾感觉。由于谈判对方轻易接受了你的报价,你就开始考虑到你的报价太高了。这种谈判后的反应并非异常。在很多谈判中,一方(通常是卖方)比另一方拥有更多信息。

但在谈判中人们总是倾向于认为自己的对手很迟钝,却忽视了通过思考对方决策而获得的有价值的信息。你可以通过尽可能多地获得信息并将自己置身于对方的位置上来减少这种"苦恼"。

(7) 过于自信。前面的许多偏见可以总合在一起而使一个人对自己的判断与选择过分自信。当人们拥有某种信念和期望时,倾向于忽视与之相矛盾的其他信息,结果导致了谈判者过于自信。这反过来又减少了折中的可能性。缓和这种倾向有两个办法,其一是认真细致地考虑合格顾问的建议;其二是从中立者那里了解自己的客观位置。

2. 个性特征在谈判中的作用

通常人们都有这样一种直觉:如果知道一些有关谈判对手个性特征方面的信息,就能预测到他的谈判战术。比如,你可能假定高冒险倾向的人在谈判中会表现得更有攻击性,并很少作出让步。出人意料的是,研究证据并不支持这种直觉。

对个性与谈判之间关系的总体评估发现,个性特征对谈判过程与谈判结果都没有直接显著的影响。这一结论非常重要,它表明在每一次谈判事件中你应更关注的是事件本身和情境因素,而不是你的对手和他的特点。

3. 文化差异对谈判风格的影响

尽管个性特征与谈判风格之间并未发现显著的直接关系,然而文化背景与谈判风格却似乎是有关系的。民族文化不同,谈判风格差异很大。

法国人喜欢冲突。他们常常通过思考和反驳他人观点而获得认可,提高声誉。因此,法国人倾向于花费很长时间进行谈判,而且他们并不过分注意对手是否喜欢自己。与中国人一样,日本人的谈判是为了发展相互关系和对共同工作作出承诺,而不是把每一个松散方面联系在一起。美国人在世界上以缺乏耐性和希望受人喜欢而著名,来自其他文化中的敏锐的谈判者常常利用这些特点,通过拖延谈判时间和建构友谊而达到最终的解决目的。

谈判的文化背景显著地影响到谈判的准备数量与方式,谈判是注重于任务还是注重于人际关系,谈判战术的使用,甚至是在哪里进行谈判。

4. 启用第三方帮助解决差异

前面我们一直讨论的是直接谈判方式。但有时,谈判中的个体或群体代表陷入僵局,而且无法通过直接谈判解决他们的差异。在这种情况下,他们会转向第三方帮助他们找到一种解决办法。谈判的第三方主要担当4种基本角色:调停人、仲裁人、和解人和谈判顾问。

调停人是中立的第三方,他使用劝说、讲道理、建议其他解决方案等方法来促进达成谈判协议。在劳工谈判和民事纠纷中广泛地使用这种方法。

调停谈判的总体效果相当显著,其和解率近于60%,谈判双方的满意度为75%左右。但是调停能否成功的关键因素是情境:即冲突双方必须愿意通过谈判来解决他们的冲突。另外,冲突强度不能太高,当冲突处于中等水平时,调停方式最为有效。最后,对调停人的认知也很重要:调停人必须被人们认为是中立的,并且不具有强制性。

仲裁人是运用权威来达成协议的第三方。仲裁可以是自愿的(主动要求的),也可以是强制的(根据法律或合同来约束双方)。

谈判双方设定的规则不同,仲裁人的权力也不相同。比如,仲裁人可能从谈判双方最近一次的报价中选择一个方案,也可能毫无约束地提出协议目标,或者根据自己的意愿自由选择或作出评判。

相比调停来说,仲裁最大的优点在于它常常使问题得到解决。在谈判中,是否存在消极的一方取决于仲裁人表现出的高压程度。如果一方感到彻底失败,显然他不会满意,并倾向于不愿意接受仲裁者的决策。在以后的时间里,冲突有可能再次爆发出来。

和解人是受到谈判双方信任的第三方,它在谈判双方之间提供非正式的沟通渠道。电影《教父》中,罗伯特·杜瓦尔的角色就是这方面的一个例子。作为唐·科里奥的继子兼律师,杜瓦尔扮演的正是科里奥家族与其他黑手党家族之间的和解人。

在国际关系中,和解是员工、家庭和社区冲突中使用最多的方式。要想对比和解与调停之间的有效性的确是件难事,因为二者在很多地方是相互重叠的。在实践中,和解人更多扮演的是一种沟通渠道,但他们也进行实情调查,解释信息,并劝说争论双方达成协议。

谈判顾问是技术纯熟且公正无偏的第三方,他试图通过沟通与分析,并借助自己在冲突管理方面的知识来促进问题的解决。与前面各角色相比,顾问的作用不是解决问题,而是增进冲突双方的相互关系并使他们最终能自己解决问题。顾问不提供具体的解决方案,他帮助各方学会理解对方,并能与对方共同合作。因此这种办法注重长期效果:它在冲突双方之间形成崭新的积极的认知态度。

本章小结

(1) 冲突是一种过程,这种过程肇始于一方感觉到另一方对自己关心的事情产生消极影响或将要产生消极影响。关于对冲突的看法,有传统观点、人际关系观点、相互作用观点。从相互作用观点可以看出,冲突是好是坏取决于冲突的类型。具体而言,需要对功能正常和功能失调的冲突进行区分。

(2) 有关冲突形成过程的分析,影响最大的理论是美国行为科学家庞迪提出的"5阶段模式",将冲突过程划分为5个阶段:潜在的对立或不一致;认知和个性化;行为意向;行为;结果。

(3) 谈判就是双方或多方互换商品或服务并试图就他们的交换比率达成协议的过程,进一步对比两种谈判策略,提供谈判过程的模型,考察阻碍有效谈判的决策偏见,确定个性特征在谈判中的作用,总结文化差异对谈判风格的影响,简要介绍第三方谈判。

复习思考题

1. 什么是冲突?组织冲突观有何变化?
2. 组织以何种方式从冲突中获益?
3. 解释冲突与组织绩效之间的关系。
4. 什么是谈判?谈判通常的两种策略是什么?
5. 谈判的计划步骤如何?

案例实训

问题：下述案例运用了哪些技巧？

松下在寒暄中失去先机

日本松下电器公司创始人松下幸之助先生刚"出道"时，曾被对手以寒暄的形式探测了自己的底细，因而使自己产品的销售大受损失。当他第一次到东京找批发商谈判时，刚一见面，批发商就友善地对他寒暄说："我们第一次打交道吧？以前我好像没见过你。"批发商想用寒暄托词，来探测对手究竟是生意场上的老手还是新手。松下先生缺乏经验，恭敬地回答："我是第一次来东京，什么都不懂，请多关照。"正是这番极为平常的寒暄答复却使批发商获得了重要的信息：对方原来只是个新手。批发商问："你打算以什么价格卖出你的产品？"松下又如实地告知对方："我的产品每件成本是20元，我准备卖25元。"

批发商了解到松下在东京人地两生，又暴露出急于要为产品打开销路的愿望，因此趁机杀价，"你首次来东京做生意，刚开张应该卖的更便宜些。每件20元，如何？"结果没有经验的松下先生在这次交易中吃了亏。

一个有经验的谈判者，能透过相互寒暄时的那些应酬话去掌握谈判对象的背景材料：他的性格爱好、处事方式、谈判经验及作风等，进而找到双方的共同语言，为相互间的心理沟通做好准备，这些都是对谈判成功有着积极的意义。

寒暄不仅可以营造友好和谐的谈判气氛，而且也是在谈判之始观察对方情绪和个性特征，获取有用信息的好方法。最容易引起对方兴趣的话题莫过于谈到他的专长。又这样一个案例：被美国人誉称为"销售权威"的霍伊拉先生就很善于这样做。一次他要去梅依百货公司拉广告，他事先了解到这个公司的总经理会驾驶飞机。于是，他在和这位总经理见面互做介绍后，便随意说了一句："您在哪儿学会开飞机的？"一句话，触发了总经理的谈兴，他滔滔不绝地讲了起来，谈判气氛显得轻松愉快，结果不但广告有了着落，霍伊拉还被邀请去乘了总经理的自用飞机，和他交上了朋友。

阅读材料

两个橙子

有一个妈妈把一个橙子给了邻居的两个孩子。这两个孩子便讨论起来如何分

这个橙子。两个人吵来吵去，最终达成了一致意见，由一个孩子负责切橙子，而另一个孩子选橙子。结果，这两个孩子按照商定的办法各自取得了一半橙子，高高兴兴地拿回家去了。

第一个孩子把半个橙子拿到家，把皮剥掉扔进了垃圾桶，把果肉放到果汁机上打果汁喝。另一个孩子回到家把果肉挖掉扔进了垃圾桶，把橙子皮留下来磨碎了，混在面粉里烤蛋糕吃。

从上面的情形，我们可以看出，虽然两个孩子各自拿到了看似公平的一半，然而，他们各自得到的东西却未物尽其用。这说明，他们在事先并未做好沟通，也就是两个孩子并没有申明各自利益所在。没有事先申明价值导致了双方盲目追求形式上和立场上的公平，结果，双方各自的利益并未在谈判中达到最大化。

如果我们试想，两个孩子充分交流各自所需，或许会有多个方案和情况出现。可能的一种情况，就是遵循上述情形，两个孩子想办法将皮和果肉分开，一个拿到果肉去喝汁，另一个拿皮去做烤蛋糕。然而，也可能经过沟通后是另外的情况，恰恰有一个孩子即想要皮做蛋糕，又想喝橙子汁。这时，如何能创造价值就非常重要了。

结果，想要整个橙子的孩子提议可以将其他的问题拿出来一块谈。他说："如果把这个橙子全给我，你上次欠我的棒棒糖就不用还了。"其实，他的牙齿被蛀得一塌糊涂，父母上星期就不让他吃糖了。另一个孩子想了一想，很快就答应了。他刚刚从父母那儿要了五块钱，准备买糖还债。这次他可以用这五块钱去打游戏，才不在乎这酸溜溜的橙子汁呢。

两个孩子的谈判思考过程实际上就是不断沟通、创造价值的过程。双方都在寻求对自己最大利益的方案的同时，也满足对方的最大利益的需要。

谈判的过程实际上就是这样：好的谈判者并不是一味固守立场，追求寸步不让，而是要与对方充分交流，从双方的最大利益出发，创造各种解决方案，用相对较小的让步换得最大的利益，而对方也遵循相同的原则取得交换条件。在满足双方最大利益的基础上，如果还存在达成协议的障碍，那么就不妨站在对方的立场上，替对方着想，帮助扫清达成协议的一切障碍。这样，最终的协议是不难达成的。

第5章 群体行为分析

学习目标

知识目标

了解群体心理与行为的规律。

能力目标

具有与他人沟通和合作的能力。

5.1 群体行为概述

老而不废的"马路天使"们的群体作用

我到机修车间上任时,车间职工队伍的结构已发生很大的变化。全车间不算管理人员,工人有71名,其中66名是35岁以下的青年工人。他们虽然年轻,有一定的文化知识,但技术水平普遍偏低,急需补上这一课。

怎样才能尽快提高青工的技术水平呢?

有一天晚上,我和车间的团支书王小云一起散步,顺便谈到这一问题。小王好像心不在焉,一直偏过头去看那些在路灯下下棋的"马路天使"们。当我想提醒她时,她好像发现了什么秘密,高兴地说:"主任,有了,七个,就是他们七个。"她二话没说,拉着我的胳臂来到他们的旁边,指着他们给我看,然后又把我推到偏静处,兴奋地说:"主任,你看清了吧? 刚才我指的那七个人,都是我们车间这几年退休的老师傅。"她兴奋地向我谈起了想法。

她说,这些退休老工人过去在技术上都是内行,现在下棋的兴趣把他们结合在一起,他们现在其实都有些孤独,每天在家里做饭,带孙子,晚上才凑在一起,过去由于对他们重视不够,所以他们都有点怨气,退休后压根儿就不到车间去。如果能把他们请回到车间去,定期给青工现场指导,或者聘请他们做技术顾问,向他们咨询,不是好办法么?

小王的一席话,使我开了窍。为了把这项工作做细致,做扎实,我们拟订了一个计划,并由我和车间党支书负责向厂部汇报,由小王负责做好青工的工作。最后,我们采取了三个步骤:

第一步,先利用车间团支部组织青年做好事,给每一个退休的老师傅做一个三合板的象棋盘,然后利用活动日送到他们各家,借此机会有意识地向他们请教一些技术问题,唤起他们对几十年工作环境的回忆,缩短新老员工间的心理距离。

第二步,由车间领导出面"三顾茅庐",先拉家常,再做检讨,然后试探口气,让他们逐步感到自己仍是归属于这个集体的,集体也认可他们。

第三步,给他们送去有厂长签字的烫金封面的聘书,满足他们的尊重需要和归属感。

事后,有位退休的老工人说:"只要厂里还看得起我们这些人,我们就是死了,这把老骨头也要为工厂出把力。"

请思考:
1. "马路天使"们聚成小群体的目的和原因可能是什么?
2. 工厂是怎样补救性地挖掘退休工人的智慧资源的?
3. 试想,如果补救性挖掘退休工人的智慧资源的方法不当,可能会引起哪些问题?

组织是由许多正式和非正式的群体组成的,群体中个体的行为大于单个人行为的总和。也就是说,当个体处于群体中时,他们的行为与独处时不同。因此,了解这些群体对于解释组织行为至关重要。

5.1.1 群体的概念与分类

1. 群体的概念

群体就是为了实现某个特定的目标,两个或两个以上相互作用、相互依赖的个体的组合。

2. 群体的分类

(1) 依据构成群体的原则和方式的不同,可以将群体分为正式群体和非正式群体。正式群体是指组织结构确定、职务分配明确的群体。在正式群体中,个体的行为是由组织目标规定的,并且是指向组织目标的。相反,非正式群体是那些既没有正式结构,也不是由组织确定的联盟,它们是员工为了满足社会交往的需要在工作环境中自然形成的,如上述案例中的"马路天使"就是非正式群体的一个很好的例子。

正式群体和非正式群体还可以细分为命令型、任务型、利益型、友谊型群体,其中命令型和任务型群体多见于正式群体中。而利益型和友谊型群体多见于非正式群体中。

(2)根据群体规模的大小可以把群体划分为大型群体和小型群体。在大型群体中群体成员之间是以间接的方式(通过群体的目标、各层组织机构等)联系在一起。例如,阶级群体、阶层群体、大型企业、大学校等都可以认定为大型群体。在小型群体中由于人们之间有直接的接触,因此,心理因素的作用相对来说要大于大型群体中的作用。反之,在大型群体中社会因素比心理因素有更大的作用。

(3)根据群体的开放程度可以把群体划分为开放群体和封闭群体。开放群体经常更换成员,成员来去自由,封闭群体成员比较稳定。另外,封闭群体成员等级关系严明,而开放群体中成员的地位和权力不稳定。开放群体由于人员不稳定,所以不适合长期的任务,但也有其好处,例如因经常输入"新鲜血液"而可以吸收新思想和人才,他们对周围环境的适应性也比较强。以上两种类型的群体适合于不同类型的活动。例如,对于长期规划,封闭群体更有效;对于发展新思想和新产品,开放群体更有效。封闭群体具有历史的眼光,而开放群体则着眼于现在。

人们加入群体是要完成某项任务或是要满足自己的社会需要。当然这两个原因不是截然分开的。具体来说,人们在群体中可以获得如下需要的满足:

第一,安全需要。群体可以为个人提供安全感。作为一个大型组织的成员可能会产生不安全感的焦虑,归属于一个小群体则可以减轻这种恐惧。

第二,情感需要。群体可以满足个人的友谊和情感需要。被他人所接纳是一种重要的社会需要,它可以增强个体的自信心。

第三,尊重和认同需要。群体给个人提供了称赞和认可的机会,使他们感到自己的重要性。

第四,完成任务的需要。群体产生的主要原因是为了完成任务,有许多工作必须通过协同努力完成。

第五,权力地位的需要。加入一个重要的群体中,个人才能得到被别人承认的满足感。同样,权力需要也只有在群体活动中才能实现。

5.1.2 群体发展阶段

一般来说,群体遵循着一种标准化的顺序进行发展。大多数学者以生命周期论来解释群体的形成与发展规律。主要的模型有五阶段发展模式和间断—平衡模型。

1. 五阶段发展模式

从20世纪60年代中期开始,人们认识到群体运行要经过五个阶段的标准顺序,这五个阶段是:初创期、震荡期、规范期、成熟期、结束期。组织管理者应了解群体的需求,及时采取措施使群体迈向成熟与高绩效的阶段。

(1) 初创期

初创阶段,群体的目的与成员的期望尚不明确。成员经由尝试而了解可接受的行为、任务的本质,群体将如何推动工作。在初创阶段,贡献者想知道自己的角色,对工作与时间的要求,讨论各种可能的任务,询问领导人程序和方向,对群体的问题提出研究与报告;合作者要求领导人指出群体的目标与任务,提供意见,并鼓励别人也提出意见;沟通者则想认识群体的其他成员,先自我介绍,并要求别人作自我介绍,要求领导人说明成员人选的标准,或者提议列出别人的专长,成立群体的人才库等;挑战者则想确定群体将完成哪些有用的事情,并且认真公开地处理事情,他们的贡献在于表达自己的疑虑、向领导人提出问题等。

(2) 震荡期

这一阶段的特征在于冲突的发生,还有对群体任务与结构的抗拒等。群体成员自由地交换看法与意见,表现出关怀与挫折感。此时,群体正学习如何处理分歧,以便共同工作,完成任务。如果无法成功度过这一阶段,群体常会变得分崩离析,缺乏创意。在这一阶段,贡献者担心群体无法运作,或无法客观地检讨问题。他们要求大家客观地以数据、资料来支持自己的意见,提醒成员完成自己的"家庭作业"和分派的任务;合作者关心的是群体是否了解全局,以及冲突是否会降低对群体任务的承诺。合作者的开放与乐于助人有利于群体,他们也准备随时针对新情况修正任务;沟通者在震荡期可能有贡献,他们了解各方情况,具有良好的倾听和解决分歧的技巧,都有助于整个群体;挑战者也是这阶段的重要角色,他们测试群体与领导人对于任务和程序的了解程度,并促使群体考虑解决问题的创新方式。

(3) 规范期

群体的向心力在这一阶段形成。成员接受了群体,并且发展出解决冲突、制定决策及完成任务的常规。在这一开放与信任的阶段,成员喜欢开会,并且自由地交换信息。贡献者在规范期举足轻重,他们要求群体坚持高标准,也帮助群体有效地利用技术资源,对工作分出轻重缓急,分派工作,并且对重要工作负起责任;合作者怀疑规范期的良好感受可能转移了群体对目标与任务的重视,他们帮助群体重视全局,他们监督以往对任务的承诺是否仍然存在,能否进行必要的变革;沟通者会满意群体积极的组织气氛,也关心成员可能因害怕伤害群体的和谐,而不敢放手而为,沟通者会提醒他人,不同意见的存在和冲突是可以接受的,他们也会提议评估群体的运作方式是否尚有改进之处;挑战者担心还有尖锐的问题没被提出,他们提出这些问题,也鼓励别人如此做,在决策与规划上,他们鼓励承担风险。

（4）成熟期

这是收获的阶段。群体已有了结构、目的、角色，且已对完成任务做好准备。随着该群体完成了重要的阶段性任务，它也逐渐获得组织中其他部门的认同。成员定期评估绩效，修正行为，以防创造性动力失去，不良习惯复发。贡献者会督促群体维持标准，甚至更换成员以完成任务，也可能建议发展性的活动，要求分派新的任务等；合作者此时会寻找扩大任务或目标的机会，以避免停滞不前，他们会推动头脑风暴，以提出新的建议，保证所有重要成员都来参与，并且描绘未来的蓝图；沟通者在成熟期会庆祝成功，可是也担心群体的退步，希望所有的成员都参与庆祝，对于出现退步现象的成员会私下谈话，对于信守任务承诺的成员则给予正面的回馈；挑战者强调可能出现的自满情绪，指出各种停滞不前的现象，并且质疑成功的可能性。他们会建议评估目前的资源与应完成的工作，同时展开诸如新成员应否加入或新任务是否承担的复杂讨论。

（5）结束期

对长期性的群体来说，成熟期是最后一个阶段。而对暂时性的委员会、小组而言，还有一个结束阶段，这时高绩效不再是压倒一切的首要任务，注意力放到了收尾工作。这个阶段，群体成员的反映差异大，有的乐观，沉浸于群体的成就中，有的则很悲观，惋惜群体中的关系和友谊不再。

五阶段发展模型的一个问题在于它忽视了组织环境。例如，关于飞机驾驶员的研究发现，三个陌生人被指定同时驾驶一架飞机飞行，他们在首次合作的十分钟内就成为高绩效的群体。促使这种群体高速发展的因素是环绕着飞机领航员的强烈的组织环境。而组织中大多数的群体行为发生在强烈的组织环境中，因此，五阶段发展模型对于我们理解工作群体的实用价值有限。

2. 间断—平衡模型

盖西克等研究人员在对十多个任务型群体进行了现场和实验室研究之后认为，群体的发展并非都经历相同顺序的发展阶段，但在群体的形成和变革运作方式的时间阶段上是高度一致的。研究发现：① 群体成员的第一次会议决定群体的发展方向；② 第一阶段的群体活动依惯性进行；③ 在第一阶段结束时，群体发生一次转变，这个转变正好发生在群体寿命周期的中间阶段；④ 这个转变会激起群体的重大变革；⑤ 在转变之后，群体的活动又会依惯性进行；⑥ 群体的最后一次会议的特点是，活动速度明显加快。如图5.1所示。

群体成员的第一次会议决定群体的发展方向。在第一次会议上，群体成员完成其项目所要求的行为模式和假设的基本框架得以形成。这种框架在群体存在的最初几秒钟之内就可能出现。这一阶段是依惯性进行群体活动的阶段，也就是说，群体倾向于静止，或者被锁定在一种固定的活动上。即使获得对初始模式和假设形成挑战的新创意,群体也不可能在第一阶段实施这些创意。

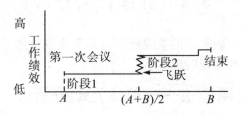

图 5.1　平衡—间断模型

在这些研究中,一个更有趣的发现是,每个群体都在其寿命周期的同一时间点上发生转变——正好在群体的第一次会议和正式结束的中间阶段——尽管有些群体完成一个项目只需用一个小时,而有些群体要用几个月。看起来,好像每个群体在其存在时间的中间阶段都要经历中年危机,这个危机点似乎起着警钟的作用,促使群体成员认识到,时间是有限的,必须迅速行动。

这个转变标志着第一阶段的结束,其特征是集中于迅速的变革,抛弃旧的模式,采纳新的观点。转变调整了第二阶段的发展方向。

第二阶段是一个新的平衡阶段,或者说又是一个依惯性运行的阶段。在这个阶段群体开始实施在其转变时期创造出来的新计划。

群体的最后一次会议以迅速的活动来完成工作任务。

假如你有过参加学生群体的经历,我们可以用这种模型来描绘你的经历。在第一次会议上,基本的时间表就能制定出来。群体成员进行相互了解,并一致同意,完成项目的全部时间为九个星期。群体成员对教师的要求进行讨论和辩论。从这时起,群体成员开始定期相聚,以保证活动的顺利进行。但是,大约在项目进行到第四和第五周时,问题出现了。群体开始重视批评意见,讨论变得更加开放,群体重新定位,并采取一些积极的行动,试图进行变革。如果群体进行了正确的变革,那么在接下来的四五周中,群体完成项目的水平肯定是一流的。群体的最后一次会议,一般在项目将近结束时召开,会议时间比平时的会议时间都要长。在这次会议上,群体成员就最后的所有遗留问题进行讨论,并作出决定。

总之,群体的间断—平衡模型的特点是,群体在其长期的依惯性运行的存在过程中,会有一个短暂的变革时期,这一时期的到来,主要是由于群体成员意识到他们完成任务的时间期限和紧迫感而引发的。如果运用群体形成的五阶段模型的术语,那就是,群体通过其形成和规范化阶段的结合而开始存在,接着经历一个效率较低的执行任务阶段,随后是震荡阶段,然后是一个高绩效阶段,最后,是结束阶段。

5.2 群体行为分析

认识群体行为是组织管理的重要环节。本节通过群体互动分析方法的引入,逐步展开对群体行为和特征的理解。

5.2.1 社会测量法——群体互动分析

舍利·苟德曼了解她所主管的分支银行的正式工作群体,她认为,这种群体有四个:出纳员组成一个群体,信贷员又组成一个群体,行政管理人员组成另一个群体,她所创立的改善客户服务质量建议小组是第四个群体,但她对支行中的非正式群体的状况却把握不准。她不清楚谁加入了这些群体,谁是他们的非正式领导,这些群体会以怎样的方式影响到银行的内部沟通,或者导致潜在的冲突。为找到这些问题的答案,舍利·苟德曼刚刚对她所在的美国银行加利福尼亚州的萨克拉门托分行的11位员工进行了一次社会测量调查。她让每个员工填写一份问卷,写出他们愿意与谁在一起度过更多的时间。舍利把这些信息转化成了简化的社会关系图。

那么,这些信息对舍利有什么用处呢?它们有助于舍利预测其支行内的沟通模式。例如,D容易成为出纳员和行政管理人员之间的信息传递者。同样,舍利应该注意F不会参与到别人的闲谈中,他只能依靠组织的正式沟通系统来了解组织内所发生的事情。如果舍利要休假一段时间,想找个人替她来管理支行,最好的人选可能是A,因为大家都比较喜欢他。如果出纳员和行政管理人员之间发生了冲突,那么像D这样的桥梁是解决他们之间问题的最好人选。

社会测量法通过面谈或问卷发现组织成员喜欢谁或不喜欢谁,愿意和谁在一起工作,不愿意和谁在一起工作。例如,可以要求员工回答:在组织中,你愿意和谁一起去完成你的工作?或在组织中,你愿意和谁一起共度业余时间?请写出他们的名字。

这样得来的信息可以用来绘制社会关系图,所谓社会关系图,就是利用面谈或问卷得来的信息,用图示的形式表示组织成员的社交偏好的图形。在讨论和分析社会关系图时,应该了解以下一些关键词:

社交网络:是指在一群特定的个体中存在的一系列特殊联系。

簇:是指存在于社交网络之内的群体。

规范性簇:是指正式的群体,如一些部门、工作群体、任务小组或委员会。

自发性簇：是指非正式的、非官方承认的群体。

结合体：是指一些为了达到某个特定目的而暂时结合在一起的个体所组成的簇。

小集团：是指更为长久的、群体成员之间存在友谊关系的非正式群体。

明星：是指社交网络中，关系网最密的那个人。

联络人：是指联系两个或者更多个簇，但自己却不属于其中任何一个簇的人。

桥梁：是指属于两个或者更多个簇，从而起到联结点作用的个人。

孤立者：是指与社交网络没有联系的个人。

在放下社会测量这个话题之前，简单地提一下关于员工流动、冲突、多元化方面的研究。首先，员工流动似乎与自发性簇联系比较密切。如果员工把自己看作是某个簇的一员，他们在决定留下或流动时，都会影响群体的行动。其次，如果成员之间人际关系很亲密，冲突水平就比较低。因此，由于自发性簇的成员之间相互交往较多，他们之间的冲突也就比较少。最后，女性员工和少数民族员工容易形成结合体和小集团，与男同事相比，她们成为联络人或桥梁的可能性较小。

5.2.2 群体动力论

群体动力论是德裔美国心理学家和行为学家库尔特·卢因（Kurt Lewin）所倡导的一种理论。卢因提出，可以用受控实验法对复杂的社会现象进行研究。他在1938年提出，可以把人的行为看成是其自身的特点及其所处的环境的函数，即：

$$B = f(P, E)$$

式中，B 为行为；P 为个人；E 为环境；f 为函数。

群体动力论事实上涉及群体行为的各个方面，其主要内容如下：

1. 群体动力学所研究的群体指非正式组织

同正式组织一样，群体有三个要素：① 活动；② 相互影响；③ 情绪。这三项要素中，"活动"指人们在工作和日常生活中的一切行为；"相互影响"指人在组织中相互发生作用的行为；"情绪"是人们内在的、看不见的心理活动，如态度、情感、意见、信念，但可从人的"活动"和"相互影响"中推知。活动、相互影响和情绪不是各自孤立的，而是密切相关的，其中一项变动，就会使其他要素发生改变。群体中各成员的活动、相互影响和情绪的综合就构成群体行为。

2. 群体是处于均衡状态的各种力的一种"力场"，叫做"生活场所"或"自由运动场所"

这些力涉及群体成员在其中活动的环境，还涉及群体成员的个性、感情及其相互之间的看法。

群体动力学中的"力场"概念借自物理学。卢因认为，人的心理和行为决定于内在需要和周围环境的相互作用。当人的需要没有得到满足时,会产生内部力场的张力,而周围环境因素起着导火线的作用。人的行为方向取决于内部力场与情境力场(环境因素)的相互作用,而以内部力场的张力为主。群体成员在向目标运动时,可以看成是力场从某种紧张状态解脱出来。同样,群体的活动方向也取决于内部力场与情境力场的相互作用。正是"力场"中各种力的平衡,使得群体处于一种均衡状态。

所谓群体中各种力处于均衡状态是相对的。事实上,一个群体永远不会处于"稳固的"均衡状态,而是处于不断地相互适应的过程。群体行为就是各种相互影响的力的一种错综复杂的结合,这些力不仅影响群体结构,也修正群体中个人的行为。

3. 群体的目标

除了正式组织的目标以外,群体(非正式组织)还必须有它自己的目标以维持群体的存在,使群体持续地发挥作用。

群体动力论也为群体行为的研究,如行为规范、结构等问题的研究奠定了基础。

5.2.3 群体行为的结构与解释

工作群体不可能孤立存在,它们是更大的组织的一部分。因此,每个工作群体都要受到施加于群体的外界条件的影响。但工作群体本身蕴藏着由群体成员决定的各种资源。这包括群体成员的智慧才能和工作动机等等。群体本身还有一个决定其成员的角色和规范的内部结构。这些因素——群体成员所带来的资源和群体结构——决定着群体内部的相互作用模式和其他过程。最后,群体的相互作用过程与绩效和满意度之间的关系,受群体所承担的任务类型的影响。

1. 群体的外部环境条件

要理解工作群体的行为,就应把它们看作是大系统中的子系统。也就是说,如果我们把群体看作是大的组织系统中的一个部分,我们就能从它所属的组织的解释中抽取出对群体行为的解释。

(1) 组织战略

一个组织的整体战略,通常是由组织的高层管理人员制定的,它规定着组织的目标以及组织实现这些目标的手段。

(2) 权力结构

每个组织都有其权力结构,规定谁向谁汇报工作,谁有权决策,把哪些决策权力授予个人或群体。

(3) 正式规范

组织通常会制定规则、程序、政策以及其他形式的规范来使员工的行为标准化。组织对员工施加的正式规定越多,组织中工作群体成员的行为就越一致,就越容易预测。

(4) 组织资源

有些组织规模较大,而且利润丰厚,资源丰富。那么,它们的员工就有可能拥有高质量的工具和设备来完成工作任务。而有些组织可能资源有限,那么它的工作群体在完成任务时拥有高质量的工具和设备的难度较大。

(5) 人员甄选过程

工作群体的成员首先是这个群体所属的组织的成员。因此,一个组织在甄选员工的过程中所使用的标准,将决定这个组织工作群体中成员的类型。

(6) 绩效评估和奖酬体系

另一个影响每个员工的组织变量是组织的绩效评估和奖酬体系。由于工作群体是较大组织系统的一部分,因此,组织进行绩效评估的方式,以及组织对于哪种类型的行为给予奖励,都会影响群体成员的行为。

(7) 组织文化

每个组织都有其文化,这种组织文化规定着哪些行为是可以接受的,哪些行为是不可以接受的。如果工作群体的成员想得到组织的承认,就必须接受组织主导文化所蕴含的价值标准。

(8) 物理工作环境

工作场所的外观、设备的安排、照明水平等因素既可以成为工作群体互动的障碍,又可以为群体成员的交往提供机会。

2. 群体成员资源

一个群体可能达到的绩效水平在很大程度上取决于群体成员个人给群体带来的资源。

(1) 个人能力

一般来说,可以通过评价个体成员与工作有关的能力和智力水平来部分地预测群体的绩效。当然,有时会出现这样的新闻:一支队员水平居于中游的球队,由于教练有方,队员意志坚强,配合默契,击败了队员水平远远高于他们的球队。但这种事情成为新闻正是由于其偶然性。

(2) 人格特点

大量研究探讨了人格特质与群体态度和群体行为之间的关系。一般的结论是:具有积极意义的人格特质对群体生产率、群体士气和群体凝聚力有积极的影响,这些人格特质主要包括:善于社交、自我依赖、独立性强。相反,那些具有消极意义的特质,如独断、统治欲强、反传统性等,对群体生产率、群体士气、群体凝聚力有消极的影响。这些人格特质通过影响群体成员在群体内部的相互作用方式影响群体的绩效。

3. 群体结构

工作群体是有结构的,群体结构塑造着群体成员的行为,使我们有可能解释和预测群体内部大部分的个体行为以及群体本身的绩效。群体结构变量主要包括:正式领导、角色、规范、地位、群体规模、群体构成。

(1) 正式领导

几乎每个工作群体都有一个正式领导。他们的头衔可以是部门经理、部门主管、工头、项目领导、任务小组领导或委员会主席。群体领导对群体绩效具有巨大影响,我们准备用第七章的整章篇幅来讨论领导问题。

(2) 角色

所谓角色,是指人们对在某个社会性单位中占有一个职位的人所期望的一系列行为模式。由于每个人都要被迫扮演多种不同角色,每个人的行为随着其所扮演的角色的不同而不同。也可以说,不同的群体对个体的角色要求不同。

几乎在任一群体中,都可以看到成员有三种典型的角色表现,这就是自我中心角色、任务中心角色和维护角色,这些不同的角色对群体绩效会产生不同的影响。

① 自我中心角色

自我中心角色是指成员处处为自己着想,只关心自己。这类人包括:阻碍者,指那些总是在群体通往目标的道路上设置障碍的人;支配者,这类人试图驾驭别人,操纵所有事务,不顾对群体有什么影响;逃避者,这类人对群体漠不关心,似乎自己与群体毫无关系,不做贡献,等等。研究表明,这些角色表现对群体绩效带来消极作用,造成绩效下降。

② 任务中心角色

任务中心角色的表现有:建议者,是指那些给群体提建议、出谋划策的人;信息加工者,指为群体搜集有用信息的人;总结者,指为群体整理、综合有关信息,为群体目标服务的人;评价者,是帮助群体检验有关方案、筛选最佳决策的人。

③ 维护角色

维护角色的表现有:鼓励者,热心赞赏他人对群体的贡献;协调者,解决群体内冲突;折中者,协调不同意见,帮助群体成员制定大家都能接受的中庸决策;监督者,保证每人都有发表意见的机会,鼓动寡言的人,而压制支配者。

任务中心角色和维护角色都起积极作用,与群体绩效之间成正比例关系。

另外,在一个群体中,各个角色要发挥作用,必须注意以下几个问题:

① 角色同一性

角色同一性是指,对一种角色的态度与实际角色行为的一致性。人们如果清楚地认识到环境条件需要他们作出重大改变,他们就能够迅速地变换自己所扮演的角色。

② 角色知觉

一个人对于自己在某种环境中应该作出什么样的行为反应的认识,就是角色知觉。人们作出某种行为反应,是以人们对于别人希望自己怎样做的解释为基础的。

③ 角色期待

角色期待是指,别人认为你在一个特定的情境中应该作出什么样的行为反应。某人的行为方式在很大程度上由其作出行为反应的背景所决定。

④ 角色冲突

当个体面临多种角色期待时,就可能会产生角色冲突。如果个体服从一种角色的要求,那么就很难服从另一种角色要求,这就产生了角色冲突。在极端情况下,可能包含这样的情境:个体所面临的两个或更多的角色期待是相互矛盾的。

(3) 规范

所有群体都有自己的规范。所谓规范,就是群体成员共同接受的一些行为标准。群体规范被群体成员认可并接受之后,它们就成为以最少的外部控制影响群体成员行为的手段。

① 群体规范的类型:有与绩效有关的;有与群体成员的形象有关的;有与资源的分配有关的;还有非正式的社交约定。

② 群体规范的形成:大多数群体规范是通过以下四种方式中的一种或几种形成起来的:第一,群体成员所做的明确的陈述,这名群体成员通常是群体的主管或某个有影响力的人物。第二,群体历史上的关键事件。第三,私人交谊。群体内部出现的第一个行为模式,常常就为群体成员的期望定下了基调。第四,过去经历中的保留行为。来自于其他群体的成员在进入一个新群体时,会带来在原群体中的某些行为期望。

③ 群体规范的功能:作为群体的一个成员,你肯定渴望被群体接受,这样,你就会倾向于按照群体的规范做事。大量事实表明,群体能够给予其成员巨大压力,使他们改变自己的态度和行为,与群体标准保持一致。

一般来说,群体规范具有以下四方面的功能:

(a) 群体支柱的功能。群体规范是一切社会群体得以维持、巩固和发展的支柱。群体规范越能被群体成员一致接受,其群体成员之间的关系越密切,群体也越团结。

(b) 评价准则的功能。群体规范是群体成员的行动准则,因此,群体成员要以群体规范来评价自己和其他成员的行为。

(c) 对群体成员的约束功能。群体规范的约束作用主要表现在群体舆论中。

这种群体舆论是大多数成员对某种行为的共同评论意见。当某些成员的行为举止与群体规范相矛盾时,多数成员会根据群体规范对这种行为作出一致的判断或批评。这种带有情绪色彩的共同意见,对个人行为具有约束作用,使其不至于违反群体规范。

(d) 行为矫正功能。群体成员如果违反了规范,就会受到群体舆论的压力,迫使他改变行为,与群体成员保持一致,因而群体规范具有行为矫正的功能。

④ 规范的诱导与控制

作为管理者,应强化那些符合组织目标的规范,削弱那些不符合组织目标的规范。阿尔文赞德提出一套可以达到这两个目的的指导原则。如果要强化群体的规范,可以遵循如下原则:

(a) 向群体成员解释群体的规范和他们的愿望基本一致,不需要牺牲多少东西;

(b) 奖励那些遵循群体规范的成员;

(c) 帮助成员了解他们是怎样为完成群体目标做贡献的;

(d) 在建立规范时,给所有成员发言的机会,因为只有自己建立的规范,自己才更愿意遵守;

(e) 让成员知道,不遵守群体的规范将受到驱逐(但也原谅悔过的成员)。

如果要削弱群体的规范,可以采用如下手段:

(a) 找出志同道合的成员,与他们联合起来;

(b) 与志同道合的成员讨论你的观点和计划,与他们建立联合阵线;

(c) 防止内部分歧;

(d) 坦言你的所作所为,不怕压力;

(e) 宣传与你合作的好处与报偿。

⑤ 群体规范分析法

美国学者皮尔尼克认为群体的规范与企业的利益有直接关系。他提出了"规范分析法"作为改进群体工作效率的工具。这种方法包括三项内容:

(a) 明确规范内容。要了解群体已形成的规范,特别要了解起消极作用的规范,并听取对这些规范进行改革的意见。

(b) 制订规范剖面图。将规范进行分类,例如分为"组织荣誉"、"业务成绩"等十类,列入图中,每一类定出理想的给分点,这种理想的给分点与实际评分的差距,称为规范差距。

(c) 进行改革,改革从最上层的群体开始,逐级向下。确定优先改革的规范项目,主要考虑该规范对企业效率影响的大小,不一定要把规范差距大的项目列为优先改革的项目。

皮尔尼克认为,这种群体规范改革的优点在于不是针对个人,而是针对整个群体,因此群体成员易于接受。美国的一些企业实行规范改革收到了较好的效果。

(4) 地位

地位是指别人对群体或群体成员的位置或层次的一种社会的界定。人们生活在一个充满着等级秩序的社会中,尽管人们已作了很大努力,但在追求无等级社会的征途上步履维艰。即使是很小的群体也有自己的角色、权力、仪式方面的规范,以便与其他成员区别开来。在理解人类行为时,地位是一个重要的因素,因为它是一个重要的激励因素。如果个体认识到,自己的地位认知与别人对自己地位的认知不一致,就会对个体的行为反应产生巨大影响。

地位可以是正式的,群体正式给予的,通过工资、头衔、资历、实权而获得。也可以是非正式的,通过教育、技能、经验而获得。其中一个因素的改变就可以引起地位的改变。例如,如果群体中的成员其他情况相似,但有一个人工龄最长,那么,他很可能享有更高的地位。当然,地位取决于什么因素还有赖于群体成员是否承认它们。如果群体成员不承认资历,那么年龄大的人也未必享有更高的地位(尽管他会认为这样不公平)。这主要取决于组织的内部人事晋升政策机制如何,如果唯以工作成绩为考核指标,那么,资历、年龄等就失去在群体中地位的砝码,甚至成为其个人的一种负担。

在不同的群体中,地位取决于不同的因素,这将影响到群体的绩效。一般认为,如果成员在群体中的地位取决于能力而不是资历,取决于成就而不是官衔,那么,成员们就会为了争取更高的地位而充分施展自己的才能、作出最大成就,如此,对整个群体的绩效将产生积极的作用,使群体绩效得以提高。不同地位的人,对规范的遵守程度是不同的。群体的一个重要问题是地位公平,让员工相信地位和等级秩序的合理性。

(5) 凝聚力

凝聚力是成员被群体吸引并愿意留在群体内的程度。顾名思义,凝聚力指的是群体成员彼此之间的"黏合力"。没有凝聚力,一群人不能被称作是一个群体。

影响群体的凝聚力的因素有:第一,态度和目标的一致性。当群体成员拥有相似的态度时,他们愿意在一起。同样,个体往往被一个与自己具有相似目的的群体所吸引。第二,外部的威胁。外部威胁的存在可以增加群体凝聚力,因为这时群体成员不得不同舟共济、相依为命。与外界的竞争可以导致凝聚力增强,而群体内成员的竞争则将导致凝聚力下降。第三,群体规模。小群体比大群体有更高的凝聚力,因为小群体为成员们提供了更多的相互交往的机会。群体越大,异质越多,态度和价值观差异也增大,所以大群体凝聚力低。另外,在大群体中,需要更多硬性的工作标准,这也影响了群体成员之间形成自然的非正式的关系和交往。第四,奖励体制。以群体为单位奖励比起以个人为单位奖励,会导致更高的凝聚力。以群体为单位的奖励制度可以使成员们意识到他们的命运连在一起,因此增加合作精神。相反,鼓励群体成员之间竞争的奖励制度(如把所有奖金都奖给最佳工作者)将削弱群体凝聚力。第五,与外界的隔离。一般来说,与外界隔离的群体有更高的凝聚力。这些群体往往认为自己与众不同、独一无二。隔离也使得群体成员产生同命运感以及共同抵御外界威胁的需要。第六,绩效。一个成功的群体更容易发展凝聚力。成功使得成员产生优越感,彼此增进好感。而失败则往往使成员们互相埋怨,把别人当替罪羊,这种冲突将减弱凝聚力,甚至导致群体瓦解。第七,领导作风。领导者的民主作风可能充分地激发起群体成员的主动精神与创造性,在民主的气氛下,领导者有意识地创造优秀的群体规范,这样可以大大地增强群体凝聚力。

(6) 规模

关于工作群体规模的研究,有群体的下限和上限、偶数和奇数的争论,具体应视群体任务的性质而定。任何工作群体都应有其最佳人数,也应有其上限和下限。当人数为 n 时,人均效率最高。在群体规模的最佳值 n 附近做微小的变动,对人均效率的影响不是很大,但变化的范围超过一定的"度",则人均效率会大幅度下降。应当指出,不同的工作任务、不同的工种、不同的机械化程度以及工作的不同熟练水平等因素,决定着不同的群体应有不同的最佳人数、不同的上限和下限。

5.3 群体间行为分析

群体间的关系,是连接两个不同组织群体的桥梁。群体间关系的效果和质量会显著影响到一方甚至双方的群体工作绩效以及成员的工作满意度。

5.3.1 影响群体间关系的因素

成功的群体间工作绩效受到一系列因素的影响。而其中有一个关键概念贯穿于所有因素中,这就是协作。下面讨论的每个因素都会影响到在协作方面的努力。

1. 相互依赖性

群体相互依赖关系中有三种主要的类型:联营式、顺序式、互惠式。三种类型所要求的群体相互作用程度是逐步提高的。

当两个群体的功能相对独立,但它们共同的产品会为组织的总体目标作出贡献时,就是联营式相互依赖关系。比如,在苹果电脑公司中,产品开发部和发货部

之间的关系就是联营式关系。如果苹果公司希望开发新产品,并把这些产品送到顾客手中,显然两个部门都是必不可少的,但两个部门又是各自独立的,且相互之间非常不同。在其他条件同等时,群体间联营式的相互依赖关系,相比顺序式和互惠式来说,对协作的要求更少。

顺序式相互依赖关系指一个群体(如零件组装部)依赖于另一个群体(如购买部)的投入,但这种依赖性是单向的。也就是说,购买部并不依赖于零件组装部提供投入。

互惠式相互依赖关系最为复杂。在这里,群体之间交换他们的投入和产出。如在苹果公司中,销售部与产品开发部就是互惠式相互依赖关系。他们之间存在着高度的相互依赖关系:产品开发部需要从销售部那里得到顾客的需求信息,以便成功地开发新产品;而销售部也依赖于产品开发部开发出新产品,这样他们才能卖得更好。这种高度的相互依赖性可以转化为更多的相互作用和更高的协作要求。

2. 任务不确定性

在协作方面的第二个问题是:群体从事的是什么类型的工作?为了简化起见,可以把群体从事的工作视为一个从高度常规化到常规化程度低的任务连续体,如表5.1所示。

表 5.1 任务连续体

高	常规化程度	低
低	任务的不确定性	高
高	标准化	低
低	信息要求	高

高度常规化的任务很少发生变化。群体成员面对的问题非常容易分析,很少出现例外情况。这种群体活动适合于标准化的操作程序。任务连续体的另一端是常规化程度低的任务。这些活动是无结构的,很难进行分析,并且存在着很多例外情况。市场研究部和产品开发部中遇到的大量任务都属于这一类。当然,大多数群体工作任务介于常规化程度高低之间任务连续体的中间某处位置。

任务不确定性的关键在于非常规的任务要进行更多的信息加工,而且,从事高不确定性工作的群体要对自己面对的问题作出随机应变的反应,这反过来又需要得到更多更好地信息。一般可以预期,市场调查部的人相比生产部的人来说,与其他部门和人员(如市场部、销售部、产品设计部、零售商、广告代理等等)进行了更多的相互接触。

3. 时间与目标取向

研究表明,在工作的时间与目标取向基础上,不同群体对于"哪些方面重要"的认识各不相同,这一点使得具有不同认识的群体之间很难共事。

可以举例来说明工作群体之间在时间取向和目标取向上有什么不同。如制造人员关注的是短期目标,他们考虑的是当天的生产安排和本周的生产率。相反,研究与开发部的人则注重长期目标。同样,工作群体的目标取向也常常是不同的。如销售员希望卖出所有的产品,他们的目标集中在销售量、收入和市场占有率上,而顾客是否有能力支付他们购买的东西对销售员来说并不重要。但是信贷部的人则希望保证只向那些信誉良好可靠的顾客销售产品。这些目标上的差异常常使销售员和信贷员之间很难沟通,当然他们之间的相互协作就更难了。

5.3.2 管理群体间关系的方法

在管理群体间关系方面,最常使用的有以下七种方法。根据付出代价的多少可以把这七种方法排列在一个连续体上。排在连续体越上端的方法功能性越强,但上端的办法不能代替下端的办法。在大多数组织中,位置处于低端的简单方法常常和位置处于高端的复杂方法结合起来使用。比如,管理者在运用工作团队来调节群体间关系的同时,也可能会同时使用规则与程序。

管理群体间关系的方法连续体如下:规则与程序—层次等级—计划—联络员角色—特别工作组—工作团队—综合部门。

1. 规则与程序

在管理群体间关系上,最为简单、花费也最少的办法是事先构建一系列正规的规则与程序来具体说明群体成员之间应该怎样相互作用。这些规则与程序把部门或工作群体之间流动的信息和相互作用的需要减少到最低程度。这种做法的主要缺点是,只有当人们事先预期到群体间的活动,并充分认识到建构的规则和程序确实能处理他们的问题时,它才能工作良好。在动荡和变革条件下,仅仅有规则和程序并不能充分保证群体之间的有效协作。

2. 层次等级

在管理群体间关系时,如果程序与规则不足够充分,那么组织中层次等级的使用用就会成为首选办法。这种方法指求助于组织中更高层次的主管解决问题,从而获得协作关系。这种方法的最大局限在于,它增加了上级主管花费的时间。如果所有的问题都用这种方法解决,组织中的首席执行官无疑会陷于解决群体间问题的汪洋大海之中,再没有时间处理其他事。

3. 计划

连续体中的第三个方法是运用计划促进协作。如果每个群体都有自己负责的具体目标,那么每个群体都会知道自己应该做什么。群体之间工作所产生的问题可以通过确定每个群体的目标和贡献得到解决。但是,当工作团队没有清晰界定的目标时,或群体之间密切联系在一起时,将计划作为协作手段起不了什么作用。

4. 联络员角色

联络员是一个很特殊的角色,它是为了促进两个相互依赖的工作单元之间的沟通而专门设计的。比如,某个组织中财会人员与工程技术人员之间有很长的冲突历史了,因此管理层聘用了一名既有 MBA 学历,又有几年公共会计经历的工程人员。这个人能够使用两个部门的语言,理解两个部门的问题。这名新的联络员角色被确立后,过去由于财会部门与工程部门之间的冲突而造成的难于合作的局面有了很大改观。这种协作机制的最大局限性是:在处理相互作用群体之间的信息时,联络员的个人能力是有限的,尤其在大型群体中和相互作用相当频繁的群体中更是如此。

5. 特别工作组

特别工作组是一个临时性的群体,它由来自不同部门的代表组成,它的存在时间取决于问题得以解决的时间。一旦问题获得解决,特别工作组的成员又会返回各自的部门中。

如果相互作用的群体数目不止两三个,那么特别工作组是一种协同活动的最佳手段。

6. 工作团队

当工作任务更为复杂时,在实施的过程中又会出现很多另外的问题。此时,前面的各种协作手段就显得力不从心了。如果在决策方面需要的时间很长,沟通的范围又很广时,高层管理者就不得不花费更多时间在工作现场,此时使用永久性的工作团队是最佳做法。它们常常是针对那些经常发生的问题设计的,团队成员既与他过去所在的功能部门保持联系,又与工作团队保持联系。当团队的任务完成时,每一个成员又可以用全部时间处理他的职能部门的工作。

比如波音公司就运用这种交叉功能型团队对飞行事故进行协同调查。当波音飞机发生意外事故时,公司立刻派出一个由不同部门成员组成的工作团队(包括设计部、生产部、律师部、公共关系部的成员)赶赴现场。每当事故发生,这个团队的成员会立刻扔掉手里当前职能部门分配的工作直奔现场,和其他团队成员一同开始调查工作。

7. 综合部门

当群体间的关系过于复杂,以至于通过计划、特别工作组和工作团队等方式无法协调时,组织就应该构建综合部门。它们是永久性的部门,成员由共同完成任务的两个或多个群体组成。这种永久性的群体维持代价很高,但是,当组织中很多群体的目标相互冲突时,非常规的问题很多时以及群体间的决策对组织的总体运行有着相当大的影响时,应该使用这种方法。如果组织要长期进行经费削减,使用这种方法管理群体间的冲突也是最佳的。当组织不得不削减规模时(目前大量企业中都存在这种情况),削减如何分配,越来越少的资源又该如何分配,都是主要的两难困境。在这种情况下综合部门的使用是管理群体间关系的有效手段。

本章小结

(1) 群体就是为了实现某个特定的目标,两个或两个以上相互作用、相互依赖的个体的组合。依据构成群体的原则和方式的不同,可以将群体分为正式群体和非正式群体;根据群体规模的大小可以把群体划分为大型群体和小型群体;根据群体的开放程度可以把群体划分为开放群体和封闭群体。解释群体的形成与发展规律的主要模型有五阶段发展模式和间断—平衡模型。

(2) 对群体行为的分析,介绍了社会测量法和群体动力论两种方法。群体动力论也为群体行为的研究,如行为规范、结构等问题的研究奠定了基础。群体行为的结构主要有群体的外部环境条件、群体成员资源、群体结构三部分组成。

(3) 群体间的关系,是连接两个不同组织群体的桥梁。影响群体间关系的因素有相互依赖性、任务不确定性、时间与目标取向。管理群体间关系的方法连续体:规则与程序—层次等级—计划—联络员角色—特别工作组—工作团队—综合部门。

复习思考题

1. 试述群体的概念和种类。
2. 群体的动力系统有哪些内容,它们是如何影响群体绩效的?
3. 管理群体间关系的方法有哪些?

案例实训

问题:什么是角色同一性,它是如何影响群体行为的?

津巴多的模拟监狱实验

一个相当具有说服力的角色实验是由斯坦福大学的心理学家菲利普·津巴多和他的同事所完成的。他们在斯坦福大学的心理学系办公大楼地下室里建立了一个"监狱",他们以每天15美元的价格启用了24名学生来参加实验。这些学生情绪稳定,身体健康,遵纪守法,在普通人格测验中,得分属正常水平。实验者对这些学生随意地进行了角色分配,一部分人为"看守",另一部分人为"罪犯",并制定了一些基本规则。然后,实验者就躲在幕后,看事情会怎样发展。

两个礼拜的模拟实验刚刚开始时,被分配做"看守"的学生与被分配做"罪犯"的学生之间,没有多大差别。而且,做"看守"的人也没有受过专门训练如何做监狱看守员。实验者只告诉他们"维持监狱法律和秩序",不要把"罪犯"的胡言乱语(如"罪犯"说,禁止使用暴力)当回事;为了更真实地模拟监狱生活,"罪犯"可以像真正的监狱中的罪犯一样,接受亲戚和朋友的探视。但模拟看守8小时换一次班,而模拟罪犯除了出来吃饭、锻炼、去厕所、办些必要的其他事情之外,要日日夜夜地呆在他们的牢房里。

"罪犯"没用多长时间,就承认了"看守"的权威地位,或者说,模拟看守调整自己进入了新的权威角色之中。特别是在实验的第二天"看守"粉碎了"罪犯"进行反抗的企图之后,"罪犯"们的反应就更加消极了。不管"看守"吩咐什么,"罪犯"都唯命是从。事实上,"罪犯"们开始相信,正如"看守"所经常对他们说的,他们真的低人一等,无法改变现状。而且每一位"看守"在模拟实验过程中,都作出过虐待"罪犯"的事情。例如,一位"看守"说,"我觉得自己不可思议……我让他们互相喊对方的名字,还让他们用手去擦洗厕所。我真的把'罪犯'看作是牲畜,而且我一直在想,'我必须看住他们,以免他们做坏事。'"另一位"看守"补充说,"我一到'罪犯'所在的牢房就烦,他们穿着破衣服,牢房里满是难闻的气味。在我们的命令面前,他们相对而泣。他们没有把这些只是当作一次实验,一切好像是真的,尽管他们还在尽力保持自己原来的身份,但我们总是向他们表明我们才是上司,这使他们的努力收效甚微。"

这次模拟实验相当成功地证明了个体学习一种新角色是多么迅速。由于参加实验的学生在实验中表现出病态反应,在实验进行了6天之后,研究人员就不得不终止了实验。应该注意,参加这次实验的人都是经过严格挑选的神智正常、情绪稳定的人。

你从这个监狱模拟实验中能得出什么结论?参加这次实验的学生,就像我们大多数人一样,是通过大众传播媒介和自己的亲身经历,如在家庭(父母与孩子),在学校(老师和学生),以及在其他包含有权和无权关系的场合,学习到了关于罪犯和看守的角色定式的内容。在这个基础上,这些学生就能够不费力地、迅速地进入到与他们原来的人格迥然不同的假设角色中。在这个例子中,我们可以看到,人格正常、没经过新角色要求训练的人,也会非常极端地表现出与他们所扮演的角色一致的行为方式。

第6章 团　　队

学习目标

知识目标
了解团队的定义和类型,理解高效团队的创建,认真研究学习型团队的建设。

能力目标
具有运用团队相关知识分析和建设高效团队的能力。

6.1 团队概述

West-Tex 印刷公司位于德克萨斯州的布朗伍德市,身为总裁的斯蒂夫·布莱克最近十分失落,他试图把公司商业名片订单的7天期限缩短,但结果并不成功。他决定尝试一些过去没有试过的方法。他原来是一个专制式和总管式的决策者,现在,他把加速生产的任务交给他的130名员工来解决。

员工们决定组成团队共同攻克难关,他们从生产流程的每个环节中抽出员工组成一个工作团队,以找出瓶颈所在。然后,团队领导者使用生产流程图,逆向评估整个生产过程。他们从货物运至码头开始,在这里装好商业名片的箱子由联合包裹公司于每个工作日下午6点打包后送到临近的印刷店。他们追踪早晨邮寄来的订单所经历的每一个步骤。通过分析,他们得出结论并决定作出最大改变,以使重复订单可以在两天内完成,所有的产品都可以在四天内生产出来。然后,在团队中的个体开始在自己的领域中想办法做出改变并加以实施。例如,他们在生产过程中消减了耽误时间的环节,并重新安排了工作日程。他们同时也大幅度缩短了运输时间。

成功之后,时间压缩团队又建议再组建一个新团队用于改善工作流程。这个新团队决定进行一个试验,把3个来自不同但相关的部门的工人组合在一起,彼此指导工作并共同解决问题。过去放在篮子中的订单要在各部门之间来回穿行以进行大大小小的改变或调整,现在,这种修改过程可以在团队内部立刻进行。又一

次,团队的做法极大提高了工作效率,并为顾客提供了更好地服务。

斯蒂夫·布莱克成为团队价值的最大受益者,2001年公司赢得了RIT/USA小企业质量奖杯。团队做法的成功是公司获奖的主要因素。

从导入案例中我们不难看出,要高效、成功地完成某一件事或某一项任务,最终实现组织的目标,需要借助团队的力量。团队能够进行快速的整合、配置、重新定位和解散,而且团队可以增强员工的自主性,充分发挥员工的主动性,增强组织的民主气氛,提高员工的士气和积极性。

6.1.1 团队的定义及特点

团队是由两个或两个以上知识与技能互补、彼此承诺协作完成某一共同目标的成员组成的特殊群体。从定义可以看出要想形成团队需要具备以下几个特点:

1. 组成团队的成员之间有共同的目标

为了完成共同的目标,彼此之间相互配合、密切合作,就像足球场上队员为了获得比赛的胜利而合作踢球的情形。共同的目标是团队形成的基础,在某种程度上它高于团队成员个体目标之和,并且团队成员通过共同工作以实现该目标。

2. 组成团队的成员之间依赖性很高,彼此承诺

在团队中,成员之间相互影响,每个人的工作都与他人的工作密切相关,而且别人的工作出不了成果,自己的工作也无法顺利完成,这种相互依赖的程度要求团队成员协同工作,相互配合,彼此认同,并形成一种契约和关心。

3. 组成团队的成员之间知识与技能互补

团队的组建是为了完成某一任务,实现某一目标。在完成任务的过程中可能需要涉及各种知识与技能,就像一个足球队,要想完成比赛,它需要守门员、前锋、前卫和后卫,这些人员需要具备不同位置上的不同素质。

作为一种特殊的群体形式,团队与传统的部门结构或其他形式的稳定性群体相比具有一定的优势:

(1) 它可以使不同的职能并行进行,而不是顺序进行,从而大大地节省了完成组织任务的时间;

(2) 它可以迅速地组合、重组和解散;

(3) 它可以由团队成员自我调节、相互约束,促进员工参与决策过程,增强组织的民主气氛,并且削减组织中的某些中层管理职能。

6.1.2 团队的构成要素

现阶段,关于团队的构成要素,主流观点认为有五种,简称5P要素:

1. 目标(Purpose)

团队应该有一个既定的目标为团队成员导航。没有目标,团队就没有存在的价值。尽管每个团队的具体目标各不相同,但任何团队都有一个共同的目标,这个共同的目标把相互依存、相互联系的成员联系在一起,使他们以一种更加有效的合作方式达成个人和组织的目标。

2. 人员(Person)

人是构成团队最核心的力量。两个以上的人就构成团队。目标是通过人员来实现的,所以人员的选择是团队中非常重要的一个部分。在人员选择方面,要考虑人员的能力如何,经验如何,技能和个性是否互补等。在一个团队中可能需要有人出谋划策,有人制订计划,有人具体实施,有人协调不同的人共同完成工作,还有人去监督团队工作的进展,评价团队最终的贡献,不同的人通过分工共同实现团队的目标。

3. 定位(Place)

团队的定位包含以下两层意思:团队的定位和个体的定位。所谓团队定位是指团队在企业中处于什么地位,由谁选择和决定团队的成员,团队最终应对谁负责,团队采取什么方式激励下属等。而个体定位是指作为成员在团队中扮演何种角色,是计划的制订者,还是计划的实施者或评估者。

4. 权限(Power)

团队当中领导者权力的大小与团队的发展阶段相关。一般来说,团队越成熟,领导者所拥有的权力越小。在团队发展的初级阶段,领导权相对比较集中。

团队权限还与以下两个方面有关:

整个团队在组织中拥有哪些决定权,授权有多大。如财务决定权、人事决定权或信息决定权等。

组织的基本特征。如组织的规模有多大,组织的业务属于何种类型等。

5. 计划(Plan)

首先,目标的最终实现依赖于一系列切实可行的行动方案,可以把计划理解为实现目标的具体工作程序。

其次,按计划实施可以保证团队工作的进度。只有按步骤完成每一项计划,团队才会一步步接近目标,从而最终实现目标。

6.1.3　团队与群体的区别

团队属于一种特殊的群体,但并非任意的群体都可称为团队,也并非所有的群体都需要以团队的形式来组建。在一些群体中,个体要顺利完成工作并不一定需要依靠别的成员。比如一个学校的所有教师是一个群体,但每个教师的教学却是独立的,基本上靠自己单独完成。而且,团队的建设也需要付出更多的成本和努力。那么,群体与团队之间究竟有哪些区别呢?

1. 领导方面

群体中有明确领导者,且权力相对集中;而团队可能不一样,尤其是团队发展到成熟阶段，团队成员共享决策权。

2. 目标方面

群体的目标必须和组织保持一致，但团队除了这点之外还可以产生自己的目标。而且团队的目标更具体，团队成员通过合作追求融入团队目标，并坚信目标肯定会实现。

3. 依赖性方面

群体中成员的依赖性相对较低，群体成员的工作有时可能只需要单独完成，不需要过多依赖他人；而团队中成员相互依赖的程度则较高，每个人的工作都与其他人的工作密切相关，相互制约，每个人的工作成果都会依赖于其他人的工作成果。

4. 协作方面

协作性是群体和团队最根本的差异，群体的协作性可能是中等程度的，有时成员之间的协作会出现消极，甚至对立情绪；而团队中的协作一定是积极的，彼此之间是齐心协力，协同配合的。

5. 责任方面

群体中领导者需要承担较大责任，而团队中除了领导者负责外，每个成员也需要负责，是个体的责任，也是共同的责任。

6. 技能方面

群体中成员的技能可能是相同的，也可能是不同的；而团队中成员的技能是相互补充的，将具有不同知识、技能和经验的人结合在一起，形成角色互补，从而实现整个团队的有效组合。

7. 结果方面

群体的绩效是每一个个体的绩效相加之和，即追求 1+1=2；而团队的结果或绩效是由团队成员共同合作完成的，追求 1+1>2。如图 6.1 所示。

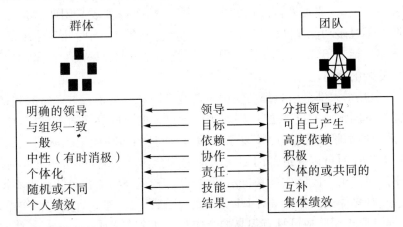

图 6.1 群体与团队区别

6.1.4　团队的类型

根据团队存在的目的和拥有自主权的大小,可以将团队分为三种类型:问题解决型团队、多功能型团队和自我管理型团队。如图 6.2 所示。

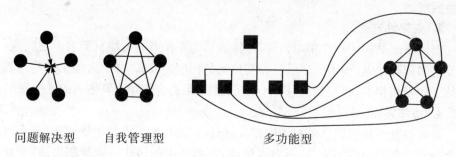

问题解决型　　自我管理型　　　　　多功能型

图 6.2　团队的 3 种类型

1. 问题解决型团队

问题解决型团队一般是由来自同一部门的 5~12 人组成,他们每周用几个小时的时间来碰面,讨论如何提高产品质量、生产效率和改善工作环境。

在问题解决型团队中,团队成员的主要任务是致力于解决责任范围内的某一特殊问题,他们提出建议,但根据这些建议单方面采取行动的权力非常有限。在 20 世纪 80 年代,应用最广的最具代表性的问题解决型团队是质量圈。

2. 多功能型团队

多功能型团队,又叫跨职能型团队,它是由来自同一等级、不同工作领域的员工组成,成员之间交换信息,激发新的观点,为完成某项任务,解决某些问题走到一起。在 20 世纪 60 年代,IBM 公司为了开发卓越而有效的 360 系统,组织了一个大型的任务攻坚团队,成员来自公司的各个部门。这个任务攻坚团队就是一种多功能型团队。不过多功能团队的兴盛始于 20 世纪 80 年代,当时几乎主要的汽车制造公司——包括丰田、尼桑、宝马、本田、通用汽车、福特、克莱斯勒都采用此种团队协调解决复杂的项目。

现阶段,几乎大部分组织都会使用多功能型团队。它是一种非常有效的方式,它不仅能使不同领域的员工之间交换信息,促进彼此之间的沟通和理解,激发出新的观点,解决所面临的问题,协调复杂的项目,而且当多功能型团队的成员完成任务回到原有部门时可以促进部门之间的理解和合作。当然,多功能型团队运作和管理并不简单。由于团队成员来自不同的部门,知识、经验、背景和观点不太相同,加上处理复杂多样的工作任务,因此实行此种团队形式,建立有效的合作需要较长的时间,而且要求团队成员具有很高的合作意识和个人素质。

3. 自我管理型团队

自我管理型团队是早期团队方式的发展产物,例如问题解决型团队的做法在一段时间内行之有效,尤其质量圈在解决质量问题方面发挥了较大作用,多功能型团队通过获得跨部门的协作,有效完成复杂项目,但两者在调动员工参与决策过程方面的积极性不高,这种欠缺促使企业努力建立新型团队,这种新型团队是真正独立自主的、自我管理的团队,团队成员不仅注意问题的解决方案,而且执行这个方案,并对工作结果承担全部责任,这就形成了自我管理型团队。

自我管理型团队,也叫自我指导团队,一般由日常一起工作、生产一种完整产品或提供一项完整服务的员工组成。他们集计划、命令、监督与控制行动的授权与培训于一身,秉承着自我管理、自我负责、自我学习、自我领导的特征。他们承担着一系列以前自己上司承担的管理任务:制订工作计划、实行工作轮换、采购原材料、决定团队的领导者、设置团队的主要目标、编制团队预算、雇用新成员、评估成员工作绩效等。

自我管理型团队之所以会成功,主要的原因是提高了员工的满意度。但推行自我管理型团队并不总能带来积极的效果,虽然有时员工的满意度会随着权力的下放而提升,但同时缺勤率和流动率也会增加。所以在推行自我管理型团队之前要考虑企业的成熟度、员工的责任感等相关因素。

除了上述三种团队类型外,近年,还有一种团队类型受到热捧,即虚拟团队。虚拟团队是虚拟组织中一种新型的工作组织形式,是由一些拥有共同的理想、共同的目标和利益,来自不同地区和不同组织的个体,为完成某个共同任务,通过通讯和信息技术结合在一起的团队。从狭义上来看,虚拟团队仅仅存在于虚拟的网络世界中;从广义上来看,虚拟团队已运用于现实世界的团队建设中。在现实世界里,虚拟团队的成员只需要通过电话、网络、传真或可视图文来沟通、协调、讨论、交换文件,便可以分工完成一份事先拟定好的工作。

相对于其他类型的团队,虚拟团队具有如下优势:首先,虚拟团队具有较强的人才资源优势,由于是通过网络和信息技术进行工作的,使得招聘不同国家不同地区的优秀人才参加工作变得更加简单可行;其次,虚拟团队具有较强的信息优势,团队成员来自世界各地,他们可以将世界各地的知识、技术、产品信息以及顾客需求和竞争对手状况及时进行传递和分享;第三,虚拟团队具有竞争优势,这种竞争优势来自于强大的人才优势和信息优势;第四,虚拟团队具有效率优势,虚拟团队成员之间的交流和沟通主要依靠先进的网络、移动电话、可视会议等技术,这大大节约了交流沟通的时间,有效避免了现实生活中冗长的会议以及为了沟通而付出的各种时间代价;第五,虚拟团队具有成本优势,虚拟团队中成员的工作主要通过网络和信息技术实现,这种方式为团队节约了大量的成本。如办公成本、人工成本、出差费用等等。

6.2 建设高绩效团队

小王、小张和老李正围在刚生产出来的空调周围查找原因,为什么空调指示灯显示运转正常而空调却没有制冷?这种空调是公司新开发的环保节能型空调。小王是生产线上的总装工人,小张是负责生产过程排产和工艺的生产工程师,老李是产品开发工程师,虽然三人在公司的角色和岗位职责不一样,但是,自这种环保节能型空调投入试产以来,他们三人就在一起工作了。在面对问题时,三人并不气馁,他们对每一个环节进行仔细分析,查找问题原因,不但解决了这个问题,而且顺利地完成了公司新产品的试生产任务。

在这次团队协作配合中,清楚地意识到如不是因为这次新产品的试生产任务,他们三人是很难在一起进行工作的,小王、小张和老李充分认识到各自的工作特点和能力长短,要达成团队工作目标,必须要打破传统部门分工的限制,紧密地围绕这次新产品试生产任务开展工作,使这个小小的团队高效地运转,最终完成团队的工作目标。

小王、小张和老李能够顺利完成团队任务,这表明其团队运作是有效的。高效团队的优势表现在:团队整体运作所取得的工作成效通常大于单个人员取得的工作成效;团队可以有效地解决复杂的问题;团队工作可以激发人员的创造力;在团队中成员之间可以互相学习、互相弥补各自的不足;团队工作可以加强人员的自省,令团队成员充满工作激情。

既然高绩效团队有这么多好处,那么,什么样的团队才是高绩效团队,哪些因素影响着团队的绩效,如何才能塑造高绩效团队?下面我们将一一阐述。

6.2.1 高绩效团队特征

一般来说,高绩效的团队具有以下特征:

1. 共同的愿景和清晰明确的目标

愿景是对未来理想境界的一种描述。简单地说,就是我们想要创造什么。共同愿景则是团队中所有成员共同持有的意向和景象,它是深埋在团队成员心中的一股令人感召的力量,受到所有成员的支持,创造出众人一体的感觉,并在无形中贯穿于团队的全面活动中,从而使组织创造出惊人的业绩。福特汽车公司"生产大众买得起的汽车"的理想,以及苹果电脑公司"提供大众强大的计算机能力"等等,都植根于员工的灵魂深处并蕴含在产品和服务之中。同时共同的愿景能够改善团队成员之间的关系,增进相互信任,增强团队的凝聚力。

当然,对于团队来说,仅有共同的愿景是不够的,还需要将它转化为具体的、明确的、清晰的目标。目标很重要,因为目标就是方向,每个团队的组建都是为了完成一定的目标或使命。团队成员需要明确工作范围、质量标准、预算和计划进度,而且每个团队成员对实现目标以及由此带来的益处有着共同的设想。

2. 科学有效的绩效考核体系

团队成员不仅要承诺共同的目标,还要善于把目标分解成量化的、可测量的绩效指标,将责任具体分配到每个成员,从而发挥目标的激励、导向与评估作用。

3. 高度的信任

信任是人们沟通和合作的前提。成员间相互信任是有效团队的显著特征,也就是说,每个成员对团队内其他人的品行和能力都确信不疑。在日常的人际关系中我们不难体会到信任是一种相当脆弱的情感,它需要花费大量的时间培养和维护却又很容易被破坏。而且,只有信任他人才能换来被他人信任,不信任只能导致不信任。所以维持团队内的相互信任,需要引起管理层的足够重视。

信任一般包括五个维度:

(1) 正直:诚实和可信赖。

(2) 能力:具有技术、技能与人际知识。

(3) 一贯:可靠,行为可以预测;在处理问题时,具有较强的判断力。

(4) 忠实:愿意为别人维护和保全面子。

(5) 开放:愿意与别人自由分享观点和信息。

研究发现,这五个维度的重要程度是相对稳定的,通常其顺序是:正直＞能力＞忠实＞一贯＞开放。而且,正直程度和能力水平是一个人判断另一个人是否值得信赖的两个最关键的特征。一般人把正直看得很重,因为如果对别人的道德性格和基本的诚实缺乏把握,信任的其他维度就没有意义了。能力水平也被看得很重,原因大概是,团队成员为了顺利完成各自的任务,需要与同伴进行相互作用。

4. 多样化的技能组合

高绩效的团队是由一群有能力的成员组成的,他们具备实现目标所必需的技术和能力。同时,团队成员之间最好具备一些互补的技能,如技术能力、问题解决能力、决策能力与人际技能等,这样有助于团队成员彼此配合、分配角色,共同合作完成任务和目标,实现高绩效。

5. 高度的创造力

团队常常利用成员的创造力来提高生产作业水平,开发新产品,提供新服务,拓展新市场,从而表现出卓越的绩效,树立起团队良好的声望。

6. 优秀的领导

一个团队的工作是否有效,能否成功,领导的作用至关重要。团队中领导的作用体现在两个方面:一方面,领导要发挥好表率和模范作用,明确目标、分配任务、协调内部关系、处理好内部冲突,激发团队成员的工作热情;另一方面,领导要在领导的同时让团队成员感觉到是他们自己在领导团队,这样有利于他们产生对团队的拥有感,从而全心全意地贡献自己的力量。

7. 良好的沟通

这是高绩效团队一个必不可少的特点。群体成员通过畅通的渠道交流信息,包括各种言语和非言语交流,此外,管理层与团队成员之间健康的信息反馈也是良好沟通的重要特征,它有助于管理者指导团队成员的行动,消除误解。就像一对已经共同生活多年、感情深厚的夫妇那样,高绩效团队中的成员能迅速而准确地了解彼此的想法和情感。

以上是高绩效团队的理想境界。一个成功团队的特点可能各不相同,但这些特征,无疑应当成为团队建设努力的方向。

6.2.2 影响团队绩效的因素

1. 组织环境

环境的好坏一定程度上决定着团队成员的工作情绪和团队的工作绩效。团队是组织这个大系统中的一个小系统,团队的外部环境指的就是现阶段组织状态,包括组织所拥有的技术、设备,也包括组织的规章制度、报酬、结构、物质环境等,这些因素影响和制约着团队的行为和绩效水平。

2. 团队目标

目标具有引导性,它不仅能引导个体的行为,也会推动着团队行为。目标的设置必须明确、清晰、有挑战性,并且能够让团队成员接受,这样才能促使团队成员齐心协力,共同合作完成任务。

3. 任务性质

研究表明,任务的复杂性和依赖性是影响团队绩效的重要变量。团队任务可分为简单和复杂两类。一般来说,在各种条件相似的情况下,任务简单的团队相对于任务复杂的团队更容易实现高绩效。另外,如果完成任务时对成员的相互依赖较高,且成员目标与团队目标一致,而团队的凝聚力又不高,团队的绩效肯定会比较低。

4. 团队规模

因为社会惰化效应的存在,团队规模越大,团队的绩效水平会越低。究竟多少人组成的团队才能实现最高的整体效率？有人认为4~6人才能实现最高的团队效率，有人认为是5~12人，也有人认为5~9人才能实现团队的高绩效。团队的规模究竟如何，取决于团队的任务。举例来说，如果需要打扫学校的体育场，30个人肯定比10个人要快。但在职场，沃顿商学院领导力研究项目主任伊万·维滕贝格认为一个团队内5~6人是最适当的，这样可以使团队的每个成员都能充分发挥自己的才能。

所谓社会惰化效应也称之为社会懒惰，它是指随着团队或群体规模的扩大，个体在完成团队或群体任务时的努力将会减少。社会懒惰现象最早由法国农业工程师迈克西米连·林格尔曼提出的。

1883年，在法国巴黎国家农业研究所和机械测试研究所，农学家迈克西米连·林格尔曼用一根普通的绳子做了一个实验：他让20名参加实验的学生分别独自和分组拉一根绳子，即拔河。结果显示：当2个人同时拉绳子时，平均每个人仅提供他自己单独拉绳子时所用力气的93%，3个人时，这一数值降到85%，4个人时则为77%……当8个人一起拉绳子时，每个人就只会用一半力气了，无疑他们在偷懒。这种现象后来被命名为"林格尔曼效应"。其实说得简单一点，这和我们所熟悉的"三个和尚没水喝"的道理是一样的。

那么为什么会存在社会惰化效应呢？主要原因有两点：一是团队成员认为其他人没有尽到应尽的职责；二是个人投入与团队产出之间的关系很模糊，个人的努力并不明显影响总成绩。

5. 团队构成

按照团队成员构成的多样化程度，可将团队分成同质团队和异质团队。异质团队是指团队成员在年龄、性别、种族、人格、能力、民族、经验、教育水平等方面各不相同的团队。相反，同质团队是指成员在各方面比较类似的团队。

人以群分，人们总喜欢和自己相似的人来往，所以异质团队不利于团结，但从另一个方面来看，异质团队又是有益的，他可以激发人们的思想和创新意识，从而得出更好地解决方法。而同质团队虽然有利于成员之间团结，但由于他们之间的相似性，绩效也可能不高。这一切表明具有解决问题的能力可能是团队成功的关键要素之一，人格的融合对团队同样重要。研究指出，人们在互动时，需要表达与接受三种感情：包容、控制和喜欢。如果团队成员在这三种需要上相容，团队绩效就高；反之，就低。

同时，性别的构成也会影响着团队的绩效。最近一项为期9年的研究显示，一个团队的"集体智慧"如何，往往与女性成员的多寡有着千丝万缕的关系。女性成员所具备的共情等特质是提升工作团队"集体智慧"的重要因素。"共情"也称之为社会敏感性，是团队成员察觉彼此情绪的能力，拥有社会敏感性较强的成员能够使团队运作得更好，创造出更高的绩效，而最富有这种特质的就是女性。

6. 团队成员素质

如果成员素质和完成团队任务之间差距太大，那么，绩效肯定会比较低。相反，如果团队成员的素质与任务之间的匹配度相符合，团队可能会达到较高绩效。

6.2.3 如何建设高绩效团队

建设高绩效团队在企业团队建设的实际运行过程中虽不是一件轻松的事情，但也不是一件非常困难的事情。通常我们可以借助一些常见的管理工具来简化团队建设工作。这里介绍一种大家都非常熟悉的5W1H方法来建设高绩效团队。

1. 我们是谁(Who)

这是团队成员自我认识的过程，每个团队成员需要了解自己的技能、具有的优势与劣势、对工作的喜好、处理问题的方式、基本价值观等。通过分析这些，使团队成员之间形成共同的信念和对团队目的的一致看法，从而建立起团队运行的游戏规则。

同时，我们是谁也是团队确定团队成员的过程。一个团队要想有效地运作，一般需要三种不同技能类型的人。第一，需要具有技术专长的人员；第二，需要具有解决问题和决策技能的人员，他们能够发现问题，提出解决问题的建议，并作出有效选择和决策；第三，需要善于沟通、聆听、反馈、解决冲突及其他人际技能的人员。

2. 我们在哪里(Where)

这个问题其实就是分析团队所处的环境，任何一个团队都需要面对内部的环境和外部的威胁与机会。通过对团队所处环境的分析来评估团队的综合能力，找出团队现阶段水平与达到目标之间的差距，以明确团队如何发挥优势、回避威胁，提高迎接挑战的能力。

3. 我们成为什么(What)

我们成为什么可以解决两个方面的问题。一方面以团队任务为导向，使每个团队成员明确目标和行动计划，同时为了激发团队成员的激情，应树立里程碑，使团队对任务看得见、摸得着，勾画出令团队成员兴奋地蓝图。另一方面高绩效团队能够赋予员工适当的、不同的角色。我们知道人们的人格特质各不相同，如果员工的工作特质与其人格特点一致，其绩效水平就容易提高。在团队中也是如此，需要将成员的特质与他的工作特点相联系，分配角色。一系列研究已经证明，在团队中有九种潜在的团队角色，如表6.1所示。这九种角色对塑造高绩效团队有着重要的意义。

第6章 团队

表 6.1　九种团队角色

序号	角色名称	角色作用
1	创造者—革新者	产生创新思想
2	探索者—倡导者	倡导和拥护所产生的新思想
3	评价者—开发者	分析决策方案
4	推动者—组织者	提供结构
5	总结者—生产者	提供指导并坚持到底
6	控制者—核查者	检查具体细节
7	支持者—维护者	处理外部冲突和矛盾
8	汇报者—建议者	寻求全面的信息
9	联络者	合作与综合

（1）创造者—革新者。一般来说，这种人富有想象力，善于提出新观点和新概念，他们独立性较强，喜欢自己安排工作时间，按照自己的方式、节奏进行工作。

（2）探索者—倡导者。他们乐意接受、支持新观念。在创造者—革新者提出新创意之后，他们擅长利用这些新创意，并找到资源支持新创意。他们的主要弱点是，他们不一定总是有耐心和控制能力来使别人追随新创意。

（3）评价者—开发者。他们有很高的分析技能。在决策前，如果让他们去评估、分析几种不同方案的优劣，是再合适不过了。

（4）推动者—组织者。他们喜欢制定操作程序，以使创意成为现实。他们会设定目标、制定计划、组织人力、建立种种制度，以保证按时完成任务。

（5）总结者—生产者。与推动者—组织者相似，他们关心活动成果。但他们的着眼点主要在于：坚持必须按时完成任务，保证所有的承诺都能兑现。他们引以为荣的事情是：自己生产的产品合乎标准。

（6）控制者—核查者。这种人最关心的事情是规章制度的建立和贯彻执行。他们善于核查细节，并保证避免出现任何差错。他们希望核查所有事实和数据，希望保证"i 上的一没有漏掉"、"t 上的一没有漏掉"。

（7）支持者—维护者。这种人对做事的方式有强烈的信念。他们在支持团队内部成员的同时会积极地保护团队不受外来者的侵害。他们对团队而言非常重要，因为他们能增强团队的稳定性。

（8）汇报者—建议者。他们是很好的听众，而且不愿把自己的观点强加于人。他们愿意在作出决策之前得到更多的信息。因此，他们鼓励团队在作出决策之前充分搜集信息，而不是匆忙决策。

(9) 联络者。最后这种角色与其他角色有重叠,上述 8 种角色中的任何一种都可以扮演这种角色。联络者倾向于了解所有人的看法,他们是协调者,是调查研究者。他们不喜欢走极端,而是尽力在所有团队成员之间建立起合作关系。他们认识到,其他团队成员可以为提高团队绩效做出各种不同的贡献,尽管可能存在差异,他们会努力把人和活动整合在一起。

如果强迫人们去承担这九种角色,大多数人能够承担得起任何一种角色,但人们非常愿意承担的一般只有两三种。这就要求管理人员了解个体能够给团队贡献的个人优势,根据这一原则来选择团队成员,并使工作任务的分配与团队成员偏好的风格相一致,这样有利于团队成员和睦共处,有利于创造出更高的绩效。

4. 我们何时行动(When)

在合适的时机采取合适的行动是团队成功的关键。比如选择何时建立团队;选择何时启动团队任务;团队遇到困难和障碍时,应及时把握时机进行分析,加以解决;团队面对内外部冲突时应在何时舒缓或消除;在何时何地取得合适的资源、支持等,这些都需要因势利导,都需要团队成员尤其是管理者做出最佳的判断和决策。

5. 我们为什么(Why)

团队要高效运作就必须让团队成员清楚地知道他们为什么要加入这个团队,这个团队运行成功与失败对他们带来的正面和负面影响分别是什么。通过对这些问题的回答可以增强团队成员的责任感和使命感。其实,解决为什么的问题,也就是我们常常讲的将激励机制引入团队建设,具体来讲就是建立适当的绩效评估和奖酬体系。

6. 我们如何行动(How)

如何行动涉及团队的运行问题,即团队内部如何进行分工,不同的团队角色应承担的职责、行使的权力,团队之间如何协调沟通以及如何进行决策等。

6.2.4 团队决策的障碍和技术

团队的管理工作一刻也离不开决策,决策的好坏极大地影响整个团队的绩效和成败。而在团队中影响团队决策的重要因素是团队决策障碍,依靠团队决策技术可以提高团队决策的质量。下面我们分析团队决策的障碍和技术。

1. 团队决策的障碍

尽管团队决策有许多潜在的优势,如信息多、信息共享、方案多、质量高、被接受和认可的可能性高,但也会受到一些潜在障碍的威胁,即团队思维和团队极化。

(1) 团队思维

团队思维是指在团队决策过程中,个别成员的不同意见得不到团队的重视和

客观评价。它与群体规范有关。团队思维最早由美国信息学家欧文·L·贾尼斯提出，他将其定义为："在一个较有团队精神的团体，成员为维护团体的凝聚力，追求团体和谐和共识，忽略了最初的决策目的，因而不能确实地进行抽象评估的思考模式。"其实，我们每个参加过团队的人可能都有过这样的经历，在参加团队会议的时候，我们一般不会发表意见，但在离开会议室后，我们又会讨论其他不同的观点。这就是团队思维，它主要有以下特征：

① 无懈可击的错觉，过分乐观，盲目自信，认为自己永远不会失败；

② 集体合理化，忽视决策可能有误的警告；

③ 毋庸置疑的信念，团队固有的道德标准使成员认为自己是完全正义的；

④ 刻板观点，认为对手太软弱、太愚蠢，不堪一击；

⑤ 直接压力，告知持有异议的成员持异议意味着不忠诚；

⑥ 自我审查，检查任何偏离团队一致的思想与行为，以最大限度地减少疑问，使成员不想提相反意见；

⑦ 全体一致错觉，由于自我审查，使人们认为沉默意味着同意；

⑧ 自我任命心理卫士，团队成员自觉防止反面意见到处扩散。

当然，并不是所有团队都会受到团队思维的影响，它还跟团队凝聚力、团队文化、团队领导等有密切联系。

(2) 团队极化

团队极化，也叫团队转移，是指团队在决策时容易走向两个极端，即经过团队讨论，团队可能更加保守或更加冒险。团队决策是保守还是冒险取决于团队成员最初的风险倾向，不过也跟团队所处的社会文化和组织文化环境有关。在强调竞争、个人奋斗与冒险精神的情境下，团队成员可能更倾向于支持风险大、收益大的决策方案，反之，则倾向于保守。

2. 团队决策的技术

头脑风暴法、名义团队技术、德尔菲技术以及辩证决策法等技术可用来提高团队决策的质量。

(1) 头脑风暴法

头脑风暴法是一种激发创造性思维的方法，它是通过众人的思维"共振"，相互启发，引发联想，从而诱发出大量的设想和方案。一般参与者 5~10 人，实践大约为 20~60 分钟。问题与任务明确后，参与者积极要求尽可能多地想出并提出多种解决方案。在使用该方法时，需遵循四个原则：禁止评论他人构想的好坏；思想越新奇越好；不能批驳别人的想法；结合别人的观点，尽量加以拓展、创新。

随着信息技术的发展，电子头脑风暴法应运而生，参与者每人拥有一台计算机终端和网络中心相连，新的方案和意见可以随时录入计算机，其他人可立即看到。

(2) 名义团队技术

名义团队技术除了和头脑风暴法一样可促进每位成员思考、表达各种意见外，它还能让大家共同选择最佳方案。具体步骤为：首先，管理者提出问题，并提供与决策问题相关的信息；其次，要求每位成员独立思考，写下备选方案和意见；第三，让团队成员按次序一个接一个地陈述自己的方案和意见；最后在此基础上，由团队成员对提出的全部备选方案进行投票，根据投票结果，确定最终方案，当然，有时管理者享有最终决定权。

(3) 德尔菲技术

德尔菲技术，也叫专家讨论法，是让相关专家组成一个团队，根据不见面的原则、采用匿名发表意见的方式进行决策的方法。即团队成员之间不得互相讨论，不发生横向联系，只能与调查人员发生关系，通过多轮调查专家对问卷所提问题的看法，经过反复征询、归纳、修改，最后汇总成专家基本一致的看法，作为最终结果。具体程序如下：参与者根据要求分别填写包括相关问题的问卷；问卷完成后，由调查者收回并加以整理；之后反馈给所有参与者，并让其在参考别人意见的基础上修改自己原有的解决方案。如有必要，统计反馈可重复进行。

(4) 辩证决策法

辩证决策法是一种有效抑制团队思维的方法。它类似于辩论赛的模式。具体程序为：先明确要解决的问题，然后提出两个或两个以上相互竞争的建议，并弄清楚每一种建议的内、外在假设；然后根据建议的数目把团队分成相应的几个小组，每一个小组强调一种建议的相对优点；最后，团队根据参与者的辩论情况进行决策，决策方案既可以是原有建议中的一种，也可以是一种折中方案，或者形成一种新的建议。

6.3 学习型团队管理模式

6.3.1 关于学习型组织

20世纪90年代美国著名学者彼得·圣吉在《第五项修炼》一书中提出了学习型组织的管理观念。该观念指出，企业应建立学习型组织。激烈的市场竞争、日新月异的信息技术以及不断变化的内外部环境，使得组织面临前所未有的压力，只有通过学习型组织的建设才能更好地改进并立于竞争对手前列。

所谓学习型组织，是指通过培养弥漫于整个组织的学习氛围，充分发挥员工的创造性思维能力而建立起来的一种有机的、高度柔性的、扁平化的、符合人性的能持续发展的组织。

彼得·圣吉在《第五项修炼》中提出学习型组织包括五项要素,即五项修炼:

1. 自我超越

不断厘清个人的真正愿望,集中精力,培养耐心,并客观地观察现实。它是学习型组织的精神基础。崇尚自我超越的人,能够不断实现他们内心深处最想实现的愿望,他们对生命的态度就如同艺术家对艺术作品一样,全身心投入,不断创造和超越,是一种真正的终身"学习"。

2. 改善心智模式

心智模式是一种看待事物的特定的思维模式,即思维定势。这种心智模式一方面能够使我们运用经历迅速处理常规性问题,但另一方面它也会限制我们的思维,影响我们对新事物的看法。

把镜子转向自己,是改善心智模式的起步,借此,学习发掘内心世界的真实图像,使这些图像浮上表面,并严加审视。同时它还包括一种有学习效果的、兼顾质疑与表达的交流能力——有效表达自己的想法,并以开放的心灵接纳别人的观点。

3. 建立共同愿景

共同愿景是组织中人们所共有的意象,它创造出一体的感觉,并遍布组织全面的活动。

4. 团队学习

在组织中,团队成为学习最关键的单位,组织需要逐渐培养起越来越多的学习团队,进而形成组织整体学习的氛围。当团队真正在学习的时候,不仅团队整体产生出色的成果,个别成员成长的速度也比其他的学习方式要快。团队学习之所以重要是因为在现代组织中,学习的基本单位是团队而不是个人。团队能够学习,组织才能学习。

5. 系统思考

学习型组织要求人们运用系统的观点看待组织的发展。系统思考是整合其他各项修炼成一体的理论与实务,可以预防组织在真正实践时将各项修炼孤立或只注重某一项修炼。同时,系统思考也可以使人们以一种新的方式重新认识自己与所处的世界:一种心灵的转变,从将自己看作与世界分开,转变为与世界连接;从将问题看作是由"外面"某些人或事所引起的,转变为看到自己的行为如何产生问题。

6.3.2 构建学习型团队管理模式

从上述学习型组织的理论中,我们不难看出,一个学习型组织的创建首先要解决的是学习型团队的建设。首先,团队是构成组织的基本单位;其次,团队学习是学习型组织五项修炼中必不可少的一项。学习型团队的构建尤为重要。一个优秀高效的团队应该是一个学习型的团队、一个创新型的团队、一个内外充分沟通和协调的团队。使团队成为学习型团队需要坚持以下几点：

1. 培养学习型团队领导

创建学习型团队的首要条件是必须有一个学习型的团队领导。如果团队领导不是一个学习型的领导，那么创建学习型团队只会成为空谈。

第一，团队领导必须具备娴熟的专业知识、业务知识和管理经验，只有这样他们才能承担起管理、指挥团队的重担，能够以自己的知识和经验引导团队成员的学习和创新。第二，团队领导应在个人品德、作风和人格魅力上建立较大的感染力，能够以身作则，影响整个团队的学习、生活和工作氛围。第三，学习型团队领导需要形成不断学习的习惯，能够不断自省，发现自身的缺点和不足，通过不断学习改正和完善。第四，学习型团队领导拥有创建学习型团队的意识、知识和行动力，这样才能让团队步入真正的学习型团队之路。

2. 树立终身学习的理念

建立学习型团队的中心环节是学习，就是要通过学习和工作的有机结合，使学习全员化、团队化，从而提高团队成员的自学能力、思维能力和创新能力，使团队成员的素质得到全面发展和提升，团队整体素质得到提高。

纵观当今世界，终身学习的理念已经成为一种趋势。俗话说学无止境，人生有限而学海无涯。世界飞速发展，知识更新速度不断加快，新问题、新情况层出不穷，要适应不断变化的客观世界，每个人都要把学习从单纯的求知变为生活的方式，把学习当成一种境界，贯穿于工作和生命的全过程，努力做到活到老学到老，意识到学习是一个终身的过程。而且强调以团队为单位树立终身学习的理念。

3. 编制终身教育培训网络。

加大组织的教育培训力度，建全多元立体的教育网络，并与社会继续教育网络相衔接，使学历教育、职业教育与继续教育形成"三位一体"，让团队中的每一个成员随时都可以接受最新的教育，学习到最新的知识。

4. 创新学习方法

首先注重理论与实际相结合。学习的目的在于利用，在于用理论指导实践，处理工作中遇到的问题，因此在学习过程中要经常带着问题，在理论学习的过程中寻找答案。同时，实践也是学习的一种途径，在实践中学习，通过实践丰富理论，形成新的认识和思想。

其次，团体学习与个人学习相结合。坚持团体学习制度是保证学习效果的有效措施，也是落实学习任务的重要手段之一。团体学习不是简单地让大家坐在一起进行学习，而是一种通过共享知识和信息更深入地更新观念、突破学习障碍、提升素质的过程。这种方式会比个人学习产生更高的效率，更能体现学习型团队的本质特征。同时,团体学习不仅是一种学习活动,也是一种工作方式,是工作与学习融为一体的新型模式,具有工作学习化、学习工作化的特征,能够为营造良好工作氛围、培养团队精神、实现知识共享以及建设共同愿景等产生重大作用。不过,传统个人学习的作用也不可小觑,它是团体学习的基础,是进行学习不可或缺的方式,是个体发挥主观能动性的重要体现,在具体操作中应注意合理安排,正确引导,加强督查,使其发挥应有的作用。

5. 创新团队学习机制

全面创新团队学习机制,达到学有压力和学有动力相结合的双向互动。学习型团队的创建是一项系统性、全员性工程,必须全面创新和系统建立协调、灵活和高效的运行机制。首先,创新学习压力机制。每年有计划地制定个人和团队学习愿景,实行个人和团队学习目标管理,并增加学习在个人考核中的权重,从而促使团队成员全身心投入学习和工作中。其次,创新"考学"机制。鼓励团队成员通过学习参加相关考试,如参加专升本、在职研究生学历教育以及计算机、英语等级考试;实行职业资格证书制度和就业准入制度;创新职称评定机制,增强团队成员就业、工作的紧迫感。再次,创新学习激励机制。除了将学习与考核制度挂钩外,还可以建立学习奖励基金,实行学习和考试费用报销制度,对在学习活动中成绩突出者给予提拔任用或物质奖励,对学习无积极性或学习无成效的一般不予提拔,激励团队成员不断学习,从而提高团队的整体素质。

6. 科学选择学习内容

科学选择学习内容,是保证学习型团队建设取得成效的一个重要方面。学习内容需要有一定的意义,能够服务于团队绩效、组织绩效、组织发展、组织变革和组织文化以及员工思想和态度的引导,同时满足了员工对知识的需求和对社会的关注,使团队成员不断深化自身职业素养、精通业务知识、提升综合素质。

7. 塑造学习型的团队文化

文化作为团队建设的软件,在团队发展的过程中起着至关重要的作用。团队文化是团队成员共同分享的理想和信念,通过塑造团队文化可以使一个团队能够无意识地、自然而然地按照某种方式运行下去。构建学习型团队需要通过团队文化潜移默化地让团队成员形成学习的理念和学习的氛围。通过影响团队的一些文化特征,如团队的标准、理性规则以及价值观为团队成员的互动确立一个基调,让它成为团队成员形成终身学习理念的基本规则,也为学习型团队的构建和发展保驾护航。

本章小结

(1) 团队是由两个或两个以上知识与技能互补、彼此承诺协作完成某一共同目标的成员组成的特殊群体。一般来讲团队有五种构成要素,分别是目标、人员、定位、权限和计划。同时团队和群体虽然存在共性,但两者又是不同的,不同点主要表现在以下七个方面:领导、目标、依赖性、协作、责任、技能和结果。根据团队存在的目的和拥有自主权的大小,可以将团队分为三种类型:问题解决型团队、自我管理型团队和多功能型团队。

(2) 团队的绩效水平有高有低,我们需要建立高绩效团队。高绩效团队的特点主要有:共同的愿景和清晰明确的目标、科学有效的绩效考核体系、高度的信任、多样化的技能组合、高度的创造力、优秀的领导和良好的沟通。影响团队绩效的因素包括组织环境、团队目标、任务性质、团队规模、团队构成以及团队成员素质。而高效团队的创建可以采用 5W1H 的方法。

(3) 团队在决策过程中会受到团队思维和团队极化两种障碍的影响。要提高团队决策的质量,可以采用头脑风暴法、名义团队技术、德尔菲技术以及辩证决策法等技术。

(4) 学习型组织,是指通过培养弥漫于整个组织的学习氛围,充分发挥员工的创造性思维能力而建立起来的一种有机的、高度柔性的、扁平化的、符合人性的能持续发展的组织。彼得·圣吉指出学习型组织需要进行五项修炼,即自我超越、改善心智模式、建立共同愿景、团队学习和系统思考。团队成为学习型团队需要坚持以下几点:培养学习型团队领导;树立终身学习的理念;编制终身教育培训网络;创新学习方法;创新团队学习机制;科学选择学习内容;塑造学习型的团队文化。

复习思考题

1. 什么是团队?团队与群体有何区别?
2. 简述团队类型。
3. 如何创建高绩效团队?
4. 影响团队决策的障碍有哪些?如何提高团队决策的质量?
5. 谈谈你对学习型团队管理模式的理解。
6. 以你所在的某一团队为例,谈谈影响团队绩效的因素有哪些,如何提高所在团队的绩效水平。

团队建设游戏

建塔游戏

1. 游戏规则

(1) 团队游戏,以5人为一小组进行游戏。

(2) 每组工具:吸管30支(也可用报纸代替)、胶带一卷、剪刀一把、订书机一个。

(3) 在规定时间内建造一座塔,形式风格不限。

(4) 评比的依据是高、稳和美观。

2. 游戏目的

本游戏在讲授群体行为和团队时候使用。通过本游戏,让学生在实践中体会团队如何进行工作。

3. 游戏过程

(1) 发给每个小组材料,并说明每组要在30分钟之内用完这些材料建一座自己认为最漂亮的塔。塔高不低于50厘米。要求外形美观,结构合理,创意第一。

(2) 做完以后,每组把塔摆在大家面前,进行评比,胜出小组可以得到一些小礼品。

4. 讨论

游戏完成之后,在小组中讨论以下问题:

(1) 小组中每个成员对于建塔计划的贡献有多大?

(2) 你的小组在工作过程中,是否每个人都参与?当别人参与程度不够的时候你有什么感觉?

(3) 在你们小组中,出现了一位领导者么?如果出现了,是谁?为什么他会成为领导者?

(4) 你对小组的合作有什么看法?

(5) 你觉得小组成员在计划和建造阶段表现出来的行为,哪些对小组很有帮助?哪些起了阻碍作用?具体列举出来。

(6) 小组对成员表达出来的观点一般有什么反应。

案例实训

案例 1

李先生最近刚刚荣升为项目团队的项目经理,他信心百倍,带着分配给自己的十几个人一头扎进了项目的研发中。刚开始,整个团队踌躇满志,大家都把精力投入到研发工作中,可随着研发难度的增加和时间的推移,团队里出现了一些不和谐的情况。

每当李先生分配好工作,他就钻进自己的实验室进行工作,当他发现有的团队成员并未完全理解他的意图、未能及时跟上整个研发进程时,索性将下属的工作拿来自己做。特别是最近,他开始发现大家好像不愿意和他一起探讨问题,探讨工作要么是应付,要么就是等自己拿主意,眼看团队组建有一段时间了,而研发工作进展却非常缓慢。

项目团队是一个临时性的组织,工作绩效来源于整个团队。项目经理作为项目管理的第一责任人,不能单靠管理者的一己之力,必须依靠整个项目团队。如果项目经理不能很好地管理项目的团队,项目员工也很难全身心投入到项目中去。

问题:你觉得李先生在项目团队管理上到底走进了哪些误区呢?他该如何做才能使项目团队良好运作?

案例 2

RD 处理有限公司是一家为当地其他公司提供数据处理服务的公司。它从事这项业务已有 20 多年,拥有 90 多个员工。60 个员工在 Big Tower 大楼工作,这座大楼位于一个大城市近郊的商业区,其中有 40 个员工在第 5 层工作。公司在最近 12 年里一直租用这层楼。其他 20 个员工在第 9 层工作,这是公司发展后才附加租用的场所。这两个办公区的成员常常在大楼的餐厅里见面,但相互都不熟悉。6 个月前,一家类似的公司 DataHelps 的所有者决定退休,RD 处理公司收购了这家公司。这家公司从事这种业务已经 10 多年了,有 30 个员工,它的办公地点在该市的另一边一个叫 Green Valley 的商业大楼里。

最近,在 Big Tower 大厦旁,落成了一座新办公大楼,Big TowerⅡ。RD 处理公司老板玛利亚·阿洛玛有意在 Big TowerⅡ里租一层楼,这样的话,就有足够的空间让 90 名员工在一起办公,并且还能给发展扩大留下空间。

玛利亚从现在 3 个办公地点各选一人,组成一个 3 人的项目团队,对新大楼空间进行分步设计。在第 5 层工作的克里斯蒂娜·林是业务主管,为公司工作 18 年了。在第 7 层工作的杰西卡·塔拉斯科是公司的计算机专家,为公司服务了 5 年。沙伦·内斯比特是在 Green Valley 工作的一个数据处理员,在 DataHelps 公司创

业时就为它工作了。

这个项目团队在Big Tower大楼5层的会议室里举行了第一次会议。沙伦迟到了,这是她第二次来Big Tower大楼,交通状况比她预计的坏很多。克里斯蒂娜首先说道:"我非常了解我们的工作流程和制约因素,并且已经想好了怎样布置我们打算搬进的新办公区。"

"我们确实打算搬进这个新的办公区里吗?"沙伦问道。

克里斯蒂娜回答说:"是的。"

杰西卡说:"我的邻居跟我说,他们公司进行了同样的合并,他们对所有员工都做了调查,询问他们的想法,也许我们可以这样做。"

克里斯蒂娜说道:"没必要那样浪费时间,我在这儿已经多年了,我知道该怎么做。"

杰西卡说:"我想你没错。"

克里斯蒂娜接着说:"现在开始工作吧。我建议……"

沙伦打断了她的话:"合并?你是说合并吗?那不是说我们要裁员吗?是这么回事吗?在RD处理公司收购DataHelps时就听到关于解雇的传言了。"

克里斯蒂娜斥责道:"荒谬!"

杰西卡问道:"解雇?真的?凭计算机能力,他们绝不会解雇我的。他们太需要我了,再说,我能在一分钟内找到另外一份工作。"

克里斯蒂娜打断了她说:"我们偏离了主题,开始工作吧,要不我们这一整天都要在这儿争论了。"

沙伦又说道:"等一下,我们有一些比这愚蠢的办公设计重要得多的问题!我告诉你,Green Valley大楼里没人愿意搬到这个新楼里。我们喜欢现在的地方,我们可以在午餐时逛商场,员工们的孩子就在附近街上的托儿所里。要是搬过来,每天上下班需多花半小时。人们在6点托儿所关门前也到不了那儿。我认为在办公设计时,首先需要解决许多其他问题。没有其他办法吗?"

杰西卡说:"我无所谓。"

克里斯蒂娜叹息一声,有些沮丧。她很实际地说:"你们把事情复杂化了。现在,能不能让我们开始进行办公设计?这不是我们要做的事吗?"

问题

1. 克里斯蒂娜、杰西卡和沙伦是一个有效的团队嘛?说明原因。
2. 提出一些建议,使这个团队能有效开展工作。

第7章 领导行为分析

学习目标

知识目标
了解领导的基本概念,熟悉领导有效性的相关理论。

能力目标
能够分析领导的风格,并掌握提高领导有效性的方法。

7.1 领导行为概述

三国时期的刘备,论武功他不及关羽、张飞、赵云;论谋略他不及诸葛亮。但是,刘备可以把这些杰出人物聚集在他的大旗下,使他们心甘情愿地为建立西蜀大业冲锋陷阵,用诸葛亮的话说,叫做"鞠躬尽瘁、死而后已"。这是什么本事?是智商吗?不是,是强于别人、胜于别人的情商。正是依靠情商的作用,刘备做出了"超乎寻常又合乎情理"的举动,"桃园三结义",他与关羽、张飞"磕头结拜","不求同年同月同日生,但求同年同月同日死",使这两员猛将成为自己的左膀右臂;正是依靠情商的作用,他把阿斗摔在地上,大声呵斥"为了你这小儿险些损我一员大将!"一句话、一个动作令赵云从此更加死心塌地;正是依靠情商的作用,他亲赴南阳请诸葛亮,"三顾茅庐"、"礼贤下士",最后终于感动了诸葛亮,使他成为尽心竭力辅佐刘备成就西蜀大业的得力助手;也是因为情商的作用,面对曹操这样的冤家对头,刘备也能够大智若愚,一段"青梅煮酒论英雄",消除了曹操的疑虑,为日后举兵创造了条件。可以说,刘备在创建西蜀大业的过程中,把情商作用发挥得淋漓尽致。

7.1.1 领导的基本概念

上述案例中,刘备用自己的"情商"让他的员工为他"鞠躬尽瘁、死而后已",并在他的领导下,成就了西蜀大业。那么究竟什么是领导呢？人们对于领导的理解,往往由于侧重点的不同而有所差异,不同的学者也有着不同的观点,下面摘录部分如下：

哈罗德·孔兹(Koontz)：领导是一门促使其部属充满信心、满怀热情来完成他们任务的艺术。

泰瑞(G. R. Terry)：领导是影响人们自动为达成群体目标而努力的一种行为。

坦宁鲍姆(R. Tannenbaum)：领导就是在某种情况下,经意见交流的过程所实行出来的一种为了达成某个目标的影响力。

阿吉里斯(Argyris)：领导即有效的影响。为了施加有效的影响,领导需要对自己的影响进行有效的了解。

杜平(R. Dubin)：领导即行使权威与决定。

认真分析这些定义,不难发现,它们存在着共同之处,即领导的本质体现出了一种影响力。从心理学角度考虑,能被大部分人接受的领导的定义是：领导是运用各种影响力对个体或群体施加影响,使之为实现某种目标而努力、富有激情工作的过程。而施加这种影响的人称为领导者。

从领导的定义上,我们可以看到领导者至少要具有三个要素：一是领导者必须有追随者；二是领导者要有影响追随者的能力,这种能力或影响力包括正式的权力,也包括个人所拥有的影响力；三是领导者实施领导的惟一目标就是实现组织的目标。

领导的这个过程是由领导者、被领导者和所处环境这三个因素所组成的复合函数。用公式表示为

$$领导 = f(领导者、被领导者、环境)$$

其中：领导者是领导活动的主体,他是集权、责、服务为一体的个人或集体；被领导者是领导活动的对象和基础,是指领导者所辖的个人或团体；环境是领导活动的客观条件。

7.1.2 领导的权力

领导的权力来源于两个方面,即职位权力和个人权力。职位权力是领导者在组织中所处位置的体现,这种权力会随着职位的变化而变动,人们往往处于压力和习惯不得不服从这种职位权力；个人权力不依赖于职位而是由于自身的某些特殊条件产生的影响力。

如果将权力细化分析,可以分为以下五类：

1. 强制权

也叫惩罚权,它来自于下属的恐惧,下属感到领导者具有能力惩罚他,使他痛

苦,从而服从。

2. 奖赏权

它来自于下属满足需求的欲望,下属感到领导者有能力奖赏他,使他的需求得到满足。

3. 法定权

他来自于职位所赋予的正式权力。法定权包括强制权和奖赏权,不过比两者更宽泛,它涉及组织成员对职位权威的认可。

4. 专家权

来源于下属的尊敬,取决于个体的知识、专长和技能。下属认为领导者的知识、技能和专长能引导他们实现目标。

5. 参照权

来源于下属的崇拜以及下属希望自己成为那样的人,这也是一种超凡的个人魅力。

7.1.3 领导和管理的关系

领导和管理之间存在相似之处,首先管理和领导都涉及对事情作出决定,现在的事情或未来的事情;其次两者都需要建立一个人际关系网来完成计划,实现目标;再次,在现实的组织生活中,领导者有时会做一些管理的事情,管理者有时也会扮演领导者的角色。但这并不意味着两者是完全一致的,它们之间的区别很明显:

1. 两者功用不同

管理与处理复杂情况、常规性工作有关,采取的手段主要是计划、组织和控制等;而领导与变革有关,主要处理变化的问题和非常规性问题,它可能引起组织的变革。

2. 两者依赖的权力不同

管理更多地取决于职位权力,利用职位所产生的强制权、奖惩权和法定权来管理员工,而领导更强调影响力,这种影响力是一种以非强制为特征的影响,它以被领导者的自愿服从和追随为前提。

3. 两者关注的对象不同

管理比领导更加关注细微环节的工作,而领导更加关注宏观计划,管理解决的是战术问题,而领导解决的是战略问题。

4. 两者目标的实现方式不同

管理过程强调科学性,目标的实现依靠实质性的监控机制或手段,而领导过程更具有艺术性,其目标的实现更加依赖情感、价值观的倾向性引导。换句话说,管理更注重事,领导更注重人,管理比领导对人员的要求要详细,管理中会明确每个员工的具体任务,而领导对人员的整合和团队要求更高。

科特曾经有过一句名言:"取得成功75%~80%靠领导,其余20%~25%靠管理,而不能反过来。"这句话很好地阐明了领导与管理之间的辩证关系:领导和管理是两个互不相同但又互为补充的行为体系;领导未必优于管理,也未必可以取代管理;要获得成功,真正的挑战在于将强有力的领导能力和管理能力结合起来,并使两者相互制衡。

7.1.4 领导的作用

在领导下属实现组织目标的过程中,领导者要具体发挥指挥、协调沟通和激励等作用。

1. 指挥

在组织的活动中,需要有一个高瞻远瞩、头脑清晰、具有全局意识、能够运筹帷幄的领导者帮助组织成员认清所处的环境,指明组织的目标和达到目标的途径、方法,引导组织成员实现目标。

2. 协调沟通

在组织活动中,由于组织成员性格、工作态度、工作能力、作风、地位等各不相同,加上组织内外部环境的干扰,他们彼此之间可能出现分歧,他们的行动可能偏离组织的目标,这时需要领导者的协调和沟通。

3. 激励

组织成员的活动并不总是认真、努力和充满激情,并且当成员的需求得不到满足时,成员的付出水平就会降低。这时就需要领导者提供有效的激励措施,领导者的及时激励会起到鼓舞士气、调动成员工作积极性的作用。

7.2 领导有效性理论

保罗是职场中一个典型的温和派领导。作为丹纳广告策划公司的一名高管,他总是尽力取悦于每一个人:对下属总是和颜悦色,对客户要求尽量满足,对供应商也非常宽容,对家人更是关怀备至。这不,今天他原本可以6点钟出门,这样就能避开交通高峰;可为了在出门前叫醒妻子和孩子,他直等到6点半才离开家,因此不可避免地遇上塞车。

在塞车的时候,保罗思绪万千,好像样样事情都得他操心;他和妻子的结婚纪念日就要到了,他已经在高档餐厅订好了座,买好了钻石耳环作礼物,可妻子这时却感冒了;晚上他得和儿子一起练习棒球,还要想怎么委婉地让另一个小孩的爸爸知道他那个小孩做投手能力还不够;橄榄球赛季开始了,他计划搞到比赛门票,请公司所有经理同去,同时也给家里弄上4张票;他的助手丽莎自母亲身患绝症后就无法集中精力工作。比如,今天她为了陪母亲看病而把替保罗准备开会材料的事情丢在脑后,弄得保罗不得不亲自上阵,可就是这样,善良的保罗也不忍心责怪丽莎;供应商艾比印刷公司因为自己的失误,要重印整批活,却想和丹纳公司分担重印费用,保罗由于不想和供应商搞僵关系,还保留了妥协余地……

不过,在为各种烦心事而担忧的同时,保罗也感到了一种兴奋:下午,他就要和CEO拉里讨论筹建欧洲分公司的事情,而自己的计划书做得相当漂亮。他觉得拉里一直希望自己接任CEO,这次见到他的计划一定会大加赞赏,并趁着高兴劲儿决定把指挥棒交给他。

花了一个多小时,保罗终于赶到了办公室,他立即马不停蹄地准备本该由丽莎提供的报表,还与业务开发副总裁乔治就一笔广告合同通了一会儿电话。广告客户把公司的利润压到了0%,已经到了无利可图的地步。与拉里同属强硬派的乔治认为,尽管对方开始时免不了要抱怨抗争一番,最终还是会接受公司的报价,因此公司应该拒不降价。可保罗觉得这个新领域的生意对公司非常重要,怕丧失机会,打算做出适当让步。

终于到了开会时间,保罗兴冲冲地拿着准备好的材料走进会议室与拉里谈话。可3个钟头的会谈结束后,保罗的心情一下降到了冰点,他觉得自己如同经历了一场噩梦:原以为自己和拉里心心相通,当初还是拉里好说歹说才把自己拉到公司里来,以前两个人还经常早上一起跑步,共同讨论公司大计、憧憬未来,似乎拉里很希望自己接他的班,怎么一下子两人之间就仿佛隔了千山万水?拉里压根儿就没想让自己当一把手?尤其让保罗感到不可思议的是,拉里现在考虑的人选居然是他觉得和自己根本没法比的乔治。保罗在公司里担任领导已经有10个年头,乔治不过才干了2年;保罗接触过公司方方面面的工作,乔治则只专注于新业务开发。而且在保罗看来,客户和供应商都挺喜欢自己的,而乔治在对客户方面还欠缺经验,有待磨炼。整个团队也很自然地把保罗当作他们的领导、朋友和支持者。拉里也承认保罗具备当CEO的很多素质,但同时指出他在这个位置上必须更强硬些才行。

讨论:保罗为什么没能成为公司的CEO?

案例中老好人保罗为什么坐不了CEO的位置,这和领导的有效性有很大的关系。领导有效性是决定企业前途的重要因素,那么领导的有效性与哪些因素有关,该如何提高组织内领导的有效性呢?这个问题是近几十年来管理心理学家非常关心和重视的。有关领导有效性的理论很多,随着管理理论的发展,领导有效性理论大致可分为四种理论学派:早期的特质理论和行为理论、近期的权变理论以及当前的涉及领导风格的新型领导理论。早期特质理论的核心观点认为领导能力是天生的;领导行为理论的核心观点是领导有效性与领导性行为、领导风格有关;领导的权变理论核心观点为:有效领导受不同情境的影响;涉及领导风格的新型领导理论的核心思想是:有效的领导需要提供愿景、鼓舞和注重行动。

7.2.1 领导特质理论

这种理论的研究可谓源远流长,研究的焦点在于领导者所具备的素质,但他又可以分为两个派别,即传统特质理论和现代特质理论。

1. 传统特质理论

这种理论认为,领导者的素质是天生的、与生俱来的,不具有这种先天性就不能当领导。古希腊学者亚里士多德就认为,人从出生开始就注定了是治人还是治于人。

早期的领导理论研究着重找出杰出领导者所具备的某些共同的特质。他们研究了很多很有影响力的领导者。虽然没有得到预期的结果,但他们也发现一些有趣的现象:一般领导者在社交性、坚持性、创造性、协调性、处理问题能力等方面都超过了普通人,并且,处于领导地位的领导者,其个性特征也区别于普通人。

美国学者吉伯(C. A. Giibb)指出,天才的领导者应具备以下七项天生特质:善于言辞、外表英俊、智力过人、充满自信、心理健康、有支配他人的倾向以及外向而敏感。

另一位心理学家斯托格迪尔(R. M. Stogdill)曾对领导者的特质进行了两次调查研究,总结与领导有关的个人因素如下:

① 五种身体特征:如精力、外貌、身高、年龄、体重等;

② 两种社会特征:如社会经济地位、学历等;

③ 四种智力特征:如果断性、说话流利、知识渊博、判断分析能力强等;

④ 十六种个性特征:如适应性、进取心、热心、自信、独立性、外向、机警、支配力、有主见、急性、慢性、见解独到、情绪稳定、作风民主、不随波逐流、智慧等;

⑤ 六种与工作有关的特征:如责任感、事业心、毅力、首创性、坚持、对人的关心等;

⑥ 九种社交特征:如能力、合作、声誉、人际关系、老练程度、正直、诚实、权力的需要、与人共事的技巧等。

传统特质理论虽然向人们证实了有效的领导者确实存在某些独特特质,但其缺陷也是十分明显的。首先,该理论过度强调先天遗传特质的影响,忽略了后天因素对领导有效性的作用;其次,该理论忽视了领导者所在的大环境以及领导对象对领导有效性的影响;再次,可能社会中许多具有这些素质的人实际上并不是成功的领导者,并且,出色的领导者并非个个都英俊潇洒、能言善辩。

2. 现代特质理论

20世纪70年代以来,人们逐步意识到,领导者的个性特征可以在实践中形成。以科特为代表的现代特质理论得到发展,该理论强调领导者的特性和品质并非全是与生俱来的,而是可以在领导实践中形成,也可以通过训练和培养的方式造就。因此,现代特质理论的研究一般从两个方面着手:一是采用心理测量的方法对领导者的特质进行测验,并通过心理咨询以纠正或治疗;二是根据现代企业的要求设计出评价领导者特质的标准,并根据标准通过专门的方法进行训练,培养有关特质。一般认为,前一种研究主要注意领导者特质与遗传因素的关系,因而比较注重领导者特质的测量和改善,后一种研究主要注意后天的环境因素等对领导者特质的作用,因而比较重视领导者特质的培养。主张现代特质理论的学者提出了不少富有见地的观点。

(1) 科特的领导特质

科特进行了实证研究,将领导者的基本特质概括为四个方面:

第一,领导者应该有魄力、精力和野心。魄力可能是与生俱来的东西,在后天的发育中或被压抑或被弘扬。没有精力和野心,一个人就很难保持上进和追求的精神,就会缺乏内驱力。想取得成功就必须付出艰辛的努力和持续的工作,就必须有绝对的自信。

第二,领导者应拥有某种形式的智力。要想在重要岗位上显示出卓越的领导才能必须拥有一些超出常人的基本智力。这些基本智力可以帮助领导者收集信息,分析真伪,作出判断、选择和最终的决策。智力的形成绝大部分来源于后天的教育,当然也会受到先天遗传的影响。如果基本智力不足,领导者很难立足于复杂的环境。

第三,领导者要有健康的精神和心理。一个出色的领导者会有充分的安全感,能够全面的了解自己,能够很好的处理和协调人际关系,保持良好的人际关系,能够团结可以团结的力量,能够理性地处理事务性问题。

第四,领导者要正直。正直可以说是一种道德素养,它是领导者能够让别人信任他、服从他的重要因素。

科特认为这四种特质是对领导职位的最低要求。对于这四种特质,成功的领导人只需要达到一定水平即可,任何一方面更突出并不意味着领导能力更强,而且这四种特质也遵循木桶理论。不过,除了这四种特质以外,科特认为对领导者有重大影响的是成年后职业经历和所在企业的文化。只有经历了长年累月的磨炼和经验的积累,个体才会处变不惊,才会了解自己的力量和弱点,才会慢慢成长、慢慢成熟。

(2) 吉色利(E. E. Chiselli)的特质论

美国心理学家吉色利采用语义差别量表对一个当时在美国具有代表性的样本进行试验,并对结果进行因子分析,得出领导特质可分为三大类,13个因子(见表 7.1)。

表 7.1 领导者特质表

类别	类别内容	因子
一类	能力	管理能力、智力、创造力
二类	个性品质	自我监督、决策、成熟性、工作班子的亲和力、男性的刚强、女性的温柔
三类	激励	职业成就需要、自我实现需要、行使权力需要、高度金钱奖励需要、工作安全需要

(3) 美国、日本对领导者的特质研究

美国普林斯顿大学教授威廉·杰克·鲍莫尔(William Jack Baumol)针对美国企业界的实况,提出了企业领导者应具备的十项条件,日本企业界认为,有效的领导者应具备十项品德和十项才能,如表 7.2 所示。

表 7.2 美国、日本企业的领导者的基本特质要求

顺序	日本 品德	日本 能力	美国
1	使命感	思维决定能力	合作精神
2	责任感	规划能力	决策能力
3	依赖性	判断能力	组织能力
4	积极性	创造能力	授权能力
5	忠诚心	观察能力	应变能力
6	进取心	劝说能力	勇于负责
7	忍耐心	对人的理解能力	创新能力
8	公平性	解决问题能力	敢当风险
9	热情	培养下级能力	尊重他人
10	勇气	调动积极性能力	品德优良

7.2.2 领导有效性的行为理论

领导行为理论的研究开始于20世纪40年代,主要研究领导者实际做什么、如何做。着重分析领导者的领导行为和领导风格对其组织成员的影响,从而指出能导致领导有效性提高的领导行为和领导风格。具有代表性的研究主要有以下几种:

1. 俄亥俄州立大学的研究(领导行为四分图理论)

领导行为理论始于俄亥俄州立大学的研究。该校的研究人员通过问卷调查分析最初拟出的一千多种领导行为特征,后经过不断提炼概括,归纳为"关怀(Consideration)"和"结构(Initiative Structure)"两个维度。关怀维度是关心下属的感受,尊重下属的想法,高关怀的领导者会帮助下属解决个人问题,公平、友善的对待每一个下属,并关心下属的生活、健康、地位和满意度等;主动结构更多地倾向于对工作任务的关注,更愿意界定和建构自己与下属的角色,达成组织目标,包括组织设计、明确职责关系、确定工作目标等,具有高主动结构的领导者会向下属分配具体工作,要求员工保持一定的绩效水准,并强调任务的完成。由于每一个维度都有高低之分,因而形成了领导行为四分图(见图7.1)。

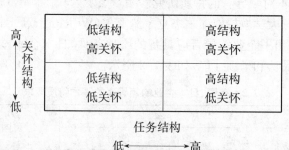

图7.1 领导行为四分图

由图7.1可知,由于领导者在"关怀"和"结构"两个方面的投入不一样,因此在工作有效性和协调人际关系、稳定人们的情绪方面效果也不太一样。研究表明最有效的领导者是那些在关怀和结构两方面都做得很好的人,在大部分情况下他们能使员工的满意度和绩效提高。

2. 密歇根大学的领导行为研究

继俄亥俄州大学之后,美国密歇根大学的利克特(R. likert)等管理心理学家们经过近30年的认真研究也提出了领导行为的两大方面:员工导向和生产导向。员工导向的领导者,重视人与人之间的关系,重视下属的需要,并承认成员的个别差异。而生产导向的领导者,往往重视工作的技术和工作任务,他们主要关心的是任务的完成过程和结果,并且用密切监督和施加压力的方法来提高绩效,组织内的成员被视为达到目标的工具。

经过长期的研究,利克特将领导方式归结为四种系统:

系统1:专权独裁式领导。权力集中在最高一级,下级无任何发言与自由,领导与下层存在不信任气氛,因而组织目标难以实现。这种领导方式效果最差。

系统2:仁慈独裁式领导。权力控制在最高层,但领导者对下级较和气,授予中下层部分权力,下层自由非常少,奖惩并用,上下级有点沟通,但只是表面的、肤浅的,领导不放心下级,下级对上级存有畏惧心理,工作主动性差,效率有限。

系统3:民主协商式领导。领导者对下级有一定信任,重要问题决定权仍在最高一级,中下级对次要问题有决定权,上下级联系、交流较深,并在执行决策时,能获得一定的相互支持。

系统4:参与民主式领导。上下级关系平等,有问题民主协商,参与讨论,领导最后决策,按分工授权,下级也有一定的决策权;上下级有充分沟通,相互信任,感情融洽,上下级都有积极性。

利克特提出的领导系统模式,有一定积极意义,为推行民主管理提供了心理学依据。在非常时期,紧急决策时采用第1、第2系统也是可行的;在常规阶段,有充分时间讨论,采用第3、第4系统的领导方式为好。同时,利克特通过大量的研究,证明单纯依靠奖惩来调动员工的积极性的领导方式将会被淘汰,只有依靠民主式领导,调动员工的积极性,发挥员工的主观能动性,才能取得较高的业绩,获得较高的员工满意度。

3. 管理方格理论

工业心理学家布莱克(Robert Blake)和穆顿(Janes Mouton),根据"关心生产"和"关心人"两个维度构建了关于领导行为类型的管理方格理论。如图7.2所示。

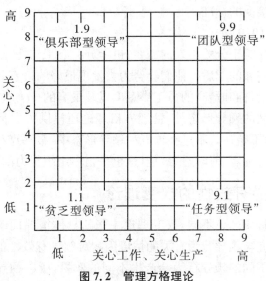

图7.2 管理方格理论

图 7.2 中,横坐标表示"关心生产",纵坐标表示"关心人",将横坐标和纵坐标均分为九等分,从而形成了 81 种不同的领导类型。不过,管理方格理论主要阐述的并不是得到的结果,而是为了达到这些结果领导者需考虑哪些因素。因此,管理方格理论一直以来也是领导培训的重要手段。

1. 缺乏型领导(1.1 型)

这种类型的领导既不关心人,也不关心生产,最低限度地完成任务。这种类型的领导者既没有支配工作环境的志向,也不想受到这一环境中人们的喜爱。

2. 俱乐部型领导(1.9 型)

这种类型的领导,对人的关注度较高,但不关心生产,他们对员工的需要关怀备至,创造出一种舒适、友好的的工作氛围。由于过分强调对友好、舒适工作环境的营造,这种领导方式无论在短期还是长期,都不可能使员工的生产绩效获得较大提高。而且在高度竞争性的企业内,很少有可能形成俱乐部型领导方式。

3. 任务型领导(9.1 型)

这种类型的领导对工作任务的关注度较高,使人的因素的影响降到最低程度。他们主要借助权力等要求员工完成任务,独断专行,压制不同的意见。这种领导方式在短期内可能会取得较高的生产绩效,但从长远看由于忽视对员工的关心,不懂得提高员工的士气,未来会使生产效率下降。

4. 中庸之道型领导(5.5 型,也叫中间型领导)

这种类型的领导者推崇"折中",寻求一种平衡的解决方式。他们既关心人,也关心事,在处理生产与人们需求之间关系时,两者都不会忽视,但是追求目标时,他们不去寻找对人和生产最有利的方式,而是去寻找两者可以妥协的地方,如将生产任务降至人们乐于接受的标准。

5. 团队型领导(9.9 型)

这种类型的领导既十分关心人的需要,也十分关心工作任务的完成,而且不认为两者之间有无法调和的矛盾。他们会努力去发现最好的最有效的解决问题的方法,实现最好的生产目标和最高的员工满意度以及最高的员工绩效。

除了这五种典型的领导形态外,管理方格理论还提供了大量的介于这些形态之间的形态,这里就不赘述。不过在这五种领导形态中,布莱克和穆顿根据自己的研究认为 9.9 型的管理者工作效果最佳,这也是很多组织努力的方向。

7.2.3 领导有效性的权变理论

与行为理论和特质理论不同,权变理论主张随具体情况而改变领导方式。领导权变理论主要研究与领导行为有关的情境因素对领导有效性的影响。该理论认为,在不同情境中,不同的领导行为会产生不同的效果,所以领导权变理论又被称

为领导情境理论。关于权变理论的研究学术界有很多,本书中我们主要介绍以下五种:

1. 费德勒的权变模型

经过长时间的调查研究,费德勒提出了一种"有效领导的权变模式",该模型指出不可能存在适用一切情境的唯一的最佳领导风格,领导者必须具有适应能力,能够根据不同的情境选择有效的领导方式。

费德勒开发了一种工具,叫做 LPC(Least Preferred Coworker Questionnaire)问卷(见表7.3),即最难共事者问卷,用来测量一个人对其他人的态度,从而判断出他是任务取向型还是关系取向型的领导者。一个领导者如果对自己最不喜欢的同事给予很高的评价,那他会被认为是关心人或宽容性的领导者,即关系取向型领导者。而那些对最不喜欢的同事给予很低评价的人,会被认为是任务取向型的领导者。另外,费德勒还指出 LPC 分高和低的人会在不同情境下表现出有效性,而不同的情境具有以下三个方面的特征:

表 7.3 LPC 量表

指示语:请想出一位你认为最难相处的同事,而不是你最不喜欢的同事。按照下列内容给出相应的得分

评价要素	评价等级	评价要素	得分
令人不愉快的	8 7 6 5 4 3 2 1	令人愉快的	
不友好的	8 7 6 5 4 3 2 1	友好的	
拒绝的	8 7 6 5 4 3 2 1	接受的	
紧张的	8 7 6 5 4 3 2 1	放松的	
疏远的	8 7 6 5 4 3 2 1	接近的	
冷淡的	8 7 6 5 4 3 2 1	温暖的	
反对的	8 7 6 5 4 3 2 1	支持的	
厌烦的	8 7 6 5 4 3 2 1	有趣的	
争论的	8 7 6 5 4 3 2 1	幽默的	
郁闷的	8 7 6 5 4 3 2 1	欢乐的	
防御的	8 7 6 5 4 3 2 1	开放的	
议论的	8 7 6 5 4 3 2 1	忠诚的	
不考虑他人的	8 7 6 5 4 3 2 1	考虑他人的	
不值得信任的	8 7 6 5 4 3 2 1	值得信任的	

续表

粗暴的	8 7 6	5 4 3 2 1	礼让的
不合作的	8 7 6	5 4 3 2 1	合作的
虚假的	8 7 6	5 4 3 2 1	诚实的
攻击的	8 7 6	5 4 3 2 1	友善的

总分

小提示：回想一下你自己最难共事的一个同事（同学），他（她）可以是现在和你共事的，也可以是过去与你共事的。他（她）不一定是你最不喜欢的人，只不过是你在工作中相处最为困难的人，用上面16组形容词来描述他（她），在你认为最准确描述他（她）的等级上打钩。不要空下任何一组形容词，看看你的得分。

（1）上下级关系。上级对下级的信赖、尊重和信任。

（2）任务结构。工作任务的结构化程度，即任务是结构化的还是非结构化的。

（3）职位权力。领导者拥有权力的类型和大小。

以上三种特征都具备，就是领导最有利的条件，三者都不具备就是最不利的条件。同时上述三种情景因素又可有八种组合。如表7.4所示。

费德勒对1200个小组的研究结果得出结论：在群体情况极为有利或极为不利时，任务导向型是最有效的领导形态；在群体情况一般时，关系导向型是最有效的领导形态。

表 7.4　费德勒权变理论模型

领导—成员关系	好				不好			
任务结构	高		低		高		低	
职权	强	弱	强	弱	强	弱	强	弱
情境类型	1	2	3	4	5	6	7	8
领导所处情境	有利				中间状态			不利
高绩效领导方式	中—低 LPC 任务型				高 LPC 关系型			低 LPC 任务型

2. 路径—目标理论

路径—目标理论又叫目标导向理论，是由罗伯特·豪斯开发的一种领导权变模型。该理论的核心在于：领导者的工作是帮助下属达成他们的目标，并提供必要的指导和支持以确保下属的目标与群体或组织的目标保持一致。换句话说，路径—目标理论认为有效的领导者通过明确指明实现目标的途径和方法来帮助下属,并为下属清除实现目标路途中的障碍。

豪斯认为有四种领导行为可以帮助下属实现目标:第一种是指导型领导,可以让下属了解领导的期望以及如何具体完成任务;第二种是支持型领导,支持型领导比较友善,他们对下属的需求十分关怀;第三种是参与型领导,他们愿意与下属共同协商,并在决策之前充分考虑下属的意见;第四种是成就取向型领导,他们设置有挑战性的目标,并期望下属实现自己的最佳水平。

路径—目标理论提出了两类情境或权变变量作为领导行为与结果之间关系的中间变量,分别是下属的特点和工作情境。下属的特点包括下属的个性特征及对任务的熟练程度,而工作情境主要考虑任务是结构化的还是非结构化的,权力的性质是什么以及完成任务的工作群体类型。在不同的情境下,领导者会表现出不同的领导行为。而且每一种领导风格都只适用于特定的情境。一般来说,下属能力水平越高,领导的指导越少;任务的非结构性越强,领导的指导越多。

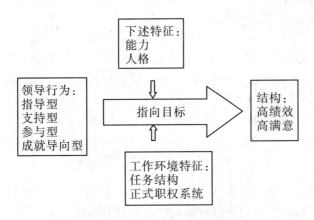

图 7.3　路径—目标理论示意图

3. 领导生命周期理论

领导生命周期理论最早是由科曼首先提出的,后由保罗·赫西和肯尼斯·布兰查德进一步发展形成领导生命周期理论。该理论认为有效的领导行为应与被领导者的成熟度相适应,随着被领导者成熟度的变化,领导者的领导方式也会相应变化。

在领导生命周期理论里,成熟度不是生理的成熟,而是工作成熟和心理成熟。每一个个体都会有一个从不成熟到成熟的发展过程:不成熟—初步成熟—比较成熟—成熟。在这四个阶段中,领导的方式需要不断发生变化。

领导生命周期理论是在领导行为四分图基础上发展起来的。在此图的基础上加上成熟度因素就可以分析在什么阶段应采取何种领导方式(见图 7.4)。

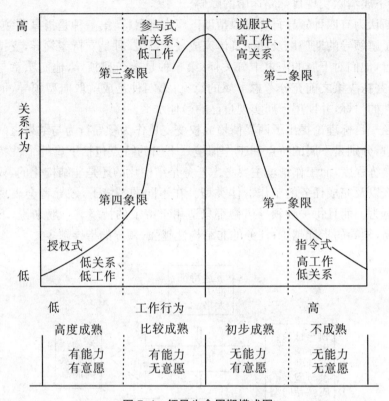

图 7.4 领导生命周期模式图

如图 7.4 所示,图中横坐标表示工作行为,纵坐标表示关系行为,引入第三个变量:成熟度。赫西和布兰查德对模式中每个部分都赋予了特定含义:

工作行为:表示领导者用单向沟通向下属说明应该干什么,在何时、何地,以何种方式完成;

关系行为:表示领导者用双向沟通的方式,用心理的、培养社会感情的措施指导下属,并照顾员工的福利;

有效的领导方式:表示领导方式能够适应规定的环境,对各种特定的情境能做出正确的决定。

当员工处于不成熟阶段时,可以采取高工作、低关系的指令式领导行为;当员工处于初步成熟阶段时,可以采取高工作、高关系的说服式领导行为;当员工处于比较成熟阶段时,可以采取低工作、高关系的参与式领导行为;当员工处于高度成熟阶段时,可以采取低关系、低工作的授权式领导行为。

4. 领导连续统一体理论

领导连续统一体理论由美国管理学家坦男鲍姆(R. Tannenbaum)和施密特

(W. H. Schmidt)提出。该理论认为在极端专制和民主的领导方式之间存在着多种多样的领导方式,他们形成了一个连续统一体。在这个连续统一体中,按照上司权力从大到小,下属权力从小到大的顺序,可以列举出其中有代表性的模型:上司做出决策后向下属宣布;上司向下属销售自己的决策;上司向下属报告决策并欢迎提出问题;经理做出初步决策,允许下属提出修改意见;上司提出问题,听取下属意见然后决策;上司确定界限及要求,由下属做出决策;上司允许下属在规定的范围内行使权力。如图 7.5 所示。

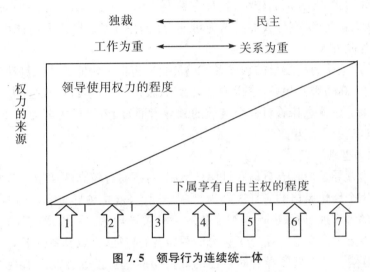

图 7.5 领导行为连续统一体

1. 上司做出决策后向下属宣布;2. 上司向下属销售自己的决策;3. 上司向下属报告决策并欢迎提出问题;4. 经理做出初步决策,允许下属提出修改意见;5. 上司提出问题,听取下属意见,然后决策;6. 上司确定界限及要求,由下属做出决策;7. 上司允许下属在规定的范围内行使权力。

在连续统一体理论中,没有最好的领导方式,也没有最坏的领导方式。有效的领导者应该根据具体情况,考虑多种因素,选择合适的领导方式。在选择领导方式时需要考虑以下三方面因素:第一,领导者本身的因素,包括领导者的教育、知识、技术、经验、个性、对下属的信任程度、期望以及对某种领导方式的偏好等;第二,下属的因素,包括下属的教育、知识、价值观、经验、目标、期望、完成任务的能力及所拥有的权力大小等;第三,环境因素,包括环境的大小和复杂程度、组织结构、组织氛围、技术、时间压力以及工作的性质等。

7.2.4 新型领导理论

在学术界,关于领导有效性不断有新的理论和新的观点出现,比如领导成员交换理论、魅力型领导理论以及交易和变革型领导理论。

1. 领导成员交换理论

领导成员交换理论(Leader-member Exchange,LMX)是由乔治·格雷恩等人从领导者与每位下属的人际关系研究中得出的模型。在 LMX 模型中,提出了圈内人和圈外人的概念。所谓圈内人是指那些与领导者关系密切的人,他们比圈外人得到更多的信息、注意、信任、关心、支持以及晋升机会,作为回报,他们也会对领导者更加忠诚,更加卖力,表现出更高的绩效。而圈外人则指那些跟领导者仅限于正式的工作关系,双方沟通较少,且没有私人关系。不过,圈内和圈外的下属是可以流动的,也就是说,圈外人经过努力可能会成为圈内人,圈内人可能由于某些问题也会成为圈外人。

LMX 理论认为高质量的领导者—成员交换将带来较低的员工流动率、较好的绩效评估、较高的晋升频率、较高的组织承诺、较快的事业发展、极佳的工作态度等积极的结果。这就意味着对一个有效的领导者而言,需尽最大努力让下属成为圈内人,不过,这并不简单。

2. 魅力型领导理论

魅力型领导是指具有自信并且信任下属,对下属有较高的期望,有理想化的愿望以及使用个性化风格的领导。魅力型领导理论,就是领导者利用自身独特的魅力鼓励追随者实现目标、进行组织变革的一种领导理论。可以说是领导特质理论的进一步发展。许多学者研究了魅力型领导者的特征,大致具备以下七个特征:

(1) 自信。魅力型领导者对自己的能力、判断力、正确性及价值观充满自信。一般来讲,越是自信的领导者,越能够对下属产生激励,激励下属全身心地投入,以实现领导者的愿望。

(2) 愿景。魅力型领导者有远大的理想目标,认为未来会更好。而且这种愿景为追随者解释各种事件和行为提供了共同的概念框架,对追随者具有激励和凝聚作用。

(3) 阐明愿景的能力。魅力型领导者具有较强的沟通能力,善于利用各种语言和非语言的表达技巧,使下属清楚愿景目标,并为实现愿景而努力奋斗。

(4) 对愿景的坚定信念。魅力型领导者被认为具有强烈的奉献精神和坚定的信念,对实现愿景充满激情,他们不需要别人的激励,而是自我激励。

(5) 不循规蹈矩。魅力型领导者往往被认为是创新、反传统和反规范的,他们敢于冒险。当获得成功时,他们的行为令下属们惊讶和崇敬。

(6) 作为变革的代言人出现。魅力型领导者自身的魅力可以促使变革的发生。这也是他的影响力的体现。

(7) 对环境较强的敏感性。魅力型领导者能对环境的约束和变革的机会做出客观的评价。

一般来讲,魅力型领导者是在特定条件下产生的,对于组织而言往往在创业或企业转型过程中涌现出来的,并能产生巨大的作用,时势造英雄,所以大部分咨询公司建议在企业再造过程中引入魅力型领导。

无数激动人心的财富故事造就了不计其数的魅力型领导,苹果电脑总裁斯蒂夫·乔布斯的经历能让我们更深刻的理解魅力型领导的作用。

1976年,他与斯蒂文·沃兹尼雅克创建了苹果公司,两年后成为百万富翁。1980年,公司股票上市,1984年又引进Macintosh个人计算机并加以创新,微笑的人脸加上现代的图形界面,使得产品非常畅销。但1985年,新产品研发决策失误,斯蒂夫·乔布斯被迫离开苹果电脑。1986年,他买下一家专门采用数字技术制作动画片的小公司,他前后投入了6000万美元,以制造和推销计算机(不是微机)为主,但所获甚少。机遇终于来了,拍摄世界上第一部数字制作动画片的迪斯尼乐园与他的公司签订了购买制作软件的合同,公司终于柳暗花明。1996年,斯蒂夫·乔布斯的公司上市了,他成了"十亿富翁"。1997年的时候,斯蒂夫·乔布斯被请回苹果电脑,颇有救世主的姿态,他先是担任顾问,后来又任"临时"总裁。但是他喜怒无常,甚至会因为与雇员谈话时言不投机而把人辞掉,他还会搞点阴谋诡计,对员工也不信任,经常偷看他们的电子邮件。但与此同时,他大刀阔斧地整顿公司,裁减臃肿的管理层,集中精力研制出新产品——iMac计算机。到了1999年底,在他重新入主苹果不到两年的时间,苹果的股票价格从每股10美元火箭般地上升到了60多美元。他以他的领导魅力创造了苹果公司的奇迹。

3. 交易型和变革型领导理论

1985年,巴纳德·巴斯(Bernard Bass)正式提出了交易型领导行为理论和变革型领导行为理论。他认为,领导者有两种类型,即交易型领导与变革型领导,两者是相对的概念。前面所提到的领导行为理论和权变理论都是以交易型领导行为为基础的。

交易型领导是指领导者以下属所需要的报酬换取自己所期望的下属的努力和绩效。交易型领导认为,领导者与成员之间是基于经济、政治以及心理的价值交换关系,领导者的任务是设定员工达成组织目标时所能获得的奖酬,界定员工的角色,提供资源并帮助员工找到达到目标及获得奖酬的途径。而变革型领导是指领导者通过改变下属的动机和价值观来促进绩效的提高和整个组织的变革。

(1) 交易型领导包括两个维度:随机报酬和例外管理

随机报酬是指领导者根据下属的努力状况及绩效水平对其进行奖励,良好的绩效是奖励的前提。

例外管理是指领导者仅在下属工作出现失误的情境下才进行干预。可分为主动和被动例外管理。主动例外管理是指领导者仔细观察和寻找与准则和标准背离的行为,并采取修正行动。被动例外管理是指只在标准没有达到时才进行干涉。

(2) 变革型领导主要涉及四个维度

第一,领袖魅力。领袖魅力是指领导者所具有的能对跟随者产生巨大、超凡影响的个人吸引力,即前面所讲的魅力型领导。

第二,鼓舞动机。领导者对追随者表达很高的期望,利用口号等鼓励下属付出更大的努力去实现组织的远大目标。

第三,个别体贴。领导者公平而有区别地对待每位下属,关注每位下属的特殊需要,像教练和顾问那样帮助、支持跟随者完成任务和实现自我。

第四,智力刺激。在智力刺激方面,变革型领导鼓励下属尝试用崭新的、创造性的方法和途径来解决工作中遇到的问题。

变革型领导和交易型领导如图 7.6 所示。

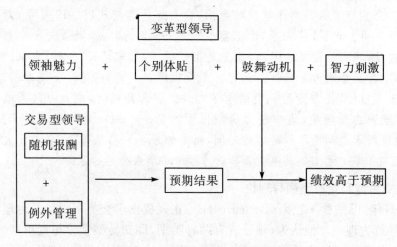

图 7.6 变革型领导和交易型领导

毫无疑问,变革型领导对下属的影响比交易型领导要大得多。但有一点我们需要注意,交易型领导与变革型领导是共存的,互补的,交易型领导不一定过时,变革型领导也不一定就是灵丹妙药,选择什么样的领导方式必须考虑领导者、被领导者以及工作情境,权变的思想在此同样适用。

本章小结

(1) 在本章中,我们首先介绍了领导的概念和领导的权力来源,阐述了领导和管理之间的关系,同时讲述了领导者所具备的素质。

(2) 领导有效性理论包括领导的特质理论、领导有效性的行为理论、领导有效性的权变理论以及新型领导理论。在特质理论中,介绍了传统特质理论观点及现代领导特质理论的发展。在领导行为理论中,介绍了俄亥俄州立大学的领导四分图理论、密歇根大学的领导行为研究以及管理方格理论。但实践证明,在不同的环境和条件下,同样的领导行为会产生不同的效果,所以出现了领导权变理论。在领导权变理论中,主要介绍了费德勒权变理论模型、路径—目标理论、领导生命周期理论以及领导连续统一体理论。此外,本章还介绍了几个处于领导理论前言的新兴领导理论,即 LMX 模型、魅力型领导理论、交易型和变革型领导理论。

复习思考题

1. 什么是领导?领导的权力来源是什么?
2. 简述领导和管理之间的关系。
3. 在费德勒的权变模型中,三种主要的情境因素是什么?有效的领导方式应如何确定?
4. 领导者应如何根据下属的成熟度而改变自己的领导方式?
5. 简述领导四分图理论、管理方格理论的基本观点。
6. 简述路径—目标理论、领导生命周期理论、领导连续统一体理论的基本观点。
7. 你如何理解魅力型领导?
8. 变革型领导应具备什么特点?

行为测量

领导方式

仔细阅读每一项。思考一下你在当领导时通常如何表现。然后利用下面的答案,在最接近描述你的领导方式的分数上画圈,每个问题只在一个选择上画圈。

5＝总是　　4＝经常　　3＝有时　　2＝很少　　1＝从不

1. 我花时间解释一项工作应该如何实施。　5　4　3　2　1

2. 我解释同事应在群体中扮演的角色。 5 4 3 2 1
3. 我把别人遵守的规则和程序详细地说清楚。 5 4 3 2 1
4. 我组织自己的工作活动。 5 4 3 2 1
5. 我让人们知道他们做得多么好。 5 4 3 2 1
6. 我让人们知道他们被期待做什么。 5 4 3 2 1
7. 我鼓励别人遵守详细统一的程序。 5 4 3 2 1
8. 我对别人和蔼可亲。 5 4 3 2 1
9. 我分派别人执行具体的任务。 5 4 3 2 1
10. 我确保别人明白他们在群体中的角色。 5 4 3 2 1
11. 我制定雇员工作时间表。 5 4 3 2 1
12. 我要求别人遵守标准规则和规定。 5 4 3 2 1
13. 我使工作更愉快。 5 4 3 2 1
14. 我尽力做到帮助别人。 5 4 3 2 1
15. 我尊重别人的感情和观点。 5 4 3 2 1
16. 我考虑周到,替别人着想。 5 4 3 2 1
17. 我在群体中维持一种友好的氛围。 5 4 3 2 1
18. 我努力使别人对成为我群体中的一员而感到更快乐。 5 4 3 2 1
19. 我平等待人。 5 4 3 2 1
20. 我事先告知别人变化并解释它将如何影响他们。 5 4 3 2 1
21. 我关心别人的个人福利。 5 4 3 2 1
22. 我容易接近,对别人友好。 5 4 3 2 1

评分:

第一项1~12题总分=

第二项13~22题总分=

说明:第一项中反映任务导向领导方式。得分超过47分表明你是任务导向的领导者。第二项反映关系导向领导方式。总分超过40分表明你是一个关系导向领导者。

案例实训

马云的领导魅力

区别于第一代企业家高投入人脉和关系,马云与史玉柱一样,把更多的精力投入行业和客户。但是他的商业观又与史玉柱有着明显的区别。

巨人公司上市，史玉柱持有了68.43%的股权。为了满足上市股权分散的需要，上市前他把女儿持有的1000万股，作价10美元一股卖给了六大投行。马云却只持有自己上市公司7%的股权。而与此同时，阿里巴巴67%的员工持有股权，阿里巴巴B2B上市以后，一下子冒出来十几个亿万富翁，几百个千万富翁，一千多个百万富翁。

马云善于说朴实的白话："真想赚钱需把钱看轻"，"财富的本意是帮助他人赚钱"，"研究对手就是往后看，只有研究明天、研究自己才是往前看"，"管理一家公司不需要股权，而需要智慧"……

好一个靠智慧不靠股权控制！马云对商业的理解明显区别于史玉柱和大多数中国企业家。和其他的互联网精英不一样，马云从小就没有生活在顶尖的那部分人当中，他活在平常的普通人当中。他感受到普通人生活和创业的艰难，他立志要改变普通人的生活状态，"让天底下没有难做的生意"。

被委屈撑大的胸怀和随时否定自己的务真思维

史玉柱的巨人是一个人的公司，史玉柱一个人举足轻重。他是产品的设计师和策划营销员。而马云的阿里巴巴，却是一个群体的公司。无论是支付宝、阿里巴巴还是阿里软件，都是一个团队的作用，而且每一个都另外有举足轻重的设计师和策划师。马云从来不是单一产品的设计师和技术员，他是阿里巴巴系统的总设计师。马云创造了中国创业者始终不离不弃与各路顶尖人才不断汇涌并行的奇迹。

现在被定格为阿里巴巴创办人的蔡崇信，本来是到阿里巴巴来探讨投资可能性的。几次接触下来，蔡崇信被马云的思维和激情给捕获了。当他对马云说要抛下75万美元年薪，加盟阿里巴巴领取500元薪水时，着实把马云吓了一跳。蔡崇信带来的不只是激情和视野，还带来了国际大投行高盛的人脉。

2000年5月加盟阿里巴巴的吴炯，是雅虎搜索引擎及其许多应用技术的首席设计师，作为唯一发明人，吴炯获得美国授予的搜索引擎核心技术专利。吴炯的决定影响了一大批硅谷华人精英加入到阿里巴巴在美国的研发中心。

2001年，在GE工作了16年的关明生加入阿里巴巴就任COO；2003年，微软（中国）原人事总监和联想网站原财务总监加盟阿里巴巴；阿里巴巴负责市场的副总裁是美国运通卡的市场总裁，美国人；阿里巴巴的战略副总裁Sanjay是印度人……

到底是什么让这些世界上顶级人才纷纷投奔马云呢？

激励人才的是事业。马云宏伟的设想，对任何一个网络技术人员都具有难以抵挡的诱惑力。马云使他们确信，阿里巴巴的电子商务平台将改变几千万商人的商务方式。

领头人如何保持给他的团队持续的新鲜思维刺激，是一个拢住青年才俊很重要的因素。身体轻盈、思维敏捷、谦虚包容,是马云身上很容易被人看出来的人格魅力。

一般人面临学历、资历丰富的人都会紧张,生怕什么地方出丑现眼。马云一点没有这样的顾虑。他体量小,胸怀大。他坦诚:"十个有才华的人有九个是古怪的,总认为自己是最好的,你要去包容他们。男人的胸怀是被冤枉撑大的,越撑越大,人家气死你就不气。"马云一拍脑袋认定的事情,每每引起无数人的争执,让所有人觉得他是个疯子。谁都可以到马云面前拍桌子,跟他争吵。他们共同的梦想,使这些就事论事的争吵,撑大了马云的胸怀,开阔了他的视野。他的胸怀和视野,又吸引了众多顶尖人物。

世界贸易组织的最后一任总干事萨瑟兰先生,在谈到他加入阿里巴巴顾问委员会时表示,阿里巴巴正帮助全世界的企业在互联网时代实现WTO的梦想。阿里巴巴将会从根本上改变中小企业进行国际贸易的方式。

萨瑟兰先生的这一席话说到了点子上。马云正在领导着他的团队、客户、股东、合伙人和众多利益相关者,从事一场人类旷古未有的盛事:改造着中国和世界的商业生态。

改变商业生态的"社会设计师"

《基业长青》的作者詹姆斯·柯林斯说过,"未来的一批长久成功的大企业将不再是由技术或产品的设计师建立的,而是由社会的设计师建立的。"史玉柱可以算是单一产品和技术的设计师,马云则是将企业形式和企业运作当成核心的完整的发明创造,他设计了全新的组织人力资源和发挥创造力的方法。

马云这个社会设计师在支付宝业务的创造性开拓起到了至关重要的作用。网上交易最大的困难是交易双方互不见面,不知底细,欺诈现象很普遍。诚信是电子商务得以发展的根基。没有诚信的环境和诚信的链条,电子商务就是纸上谈兵。

支付宝一开始就打出"你敢用,我就敢赔"的口号,使得众多商家解除了不安全的顾虑。2005年2月2日支付宝又推出"全额赔付制度",使得交易量成井喷式增长。到2008年1月14日,使用支付宝的用户已经超过6300万,支付宝日交易总额超过3.1亿元人民币,日交易笔数超过135万笔。

2001年,国内电子支付市场全年交易额实现了100%的增长并突破1000亿元,其中,支付宝一家就占了50%以上。按这个趋势,用不了4年,电子商务交易额将突破1万亿元。可以想象,一个控制了5000亿元现金流量的支付宝将具有何等威力。

马云意识到涉及金融领域要严格按照国家的相关规定。但是过去的规定跟现实不搭界的地方,就是企业家的创造了。马云像经营金融机构一样经营支付宝,不过比一般的银行经营者更敏锐地触摸和搜索着机会。三个事件可以说明马云的方向：

推进信用时代。2007年8月2日，支付宝互联网信任计划正式启动。同时，支付宝发布了国内首个"互联网信任标识"。该计划的推出将把互联网经济推入到全新的信用时代。

中国人可以用人民币买世界上所有的产品。2007年8月28日，支付宝正式宣布联合建设银行、中国银行全面拓展海外业务。超过4700万的支付宝会员可使用人民币在支付宝境外合作网站上购买外币标价的商品，来自全球的网上商家均可通过与支付宝的合作，同中国内地客户进行网上交易。

联手建行推出卖家信贷业务。2008年1月31日，支付宝联手建设银行开展卖家信贷服务。符合信贷标准的淘宝卖家，以其已成交而没收到货款的交易为担保，以卖家个人名义向中国建设银行申请贷款，用于解决个人的短期资金需求。支付宝卖家信贷服务单笔可贷款额度上限为5万元，累计可贷额度最高可达10万元。

这是个很重要的尝试。对建设银行来说，可以说是一种理财服务或委托贷款，而对支付宝来说就解决了非金融机构无法贷款的限制。这是在正规经济还渗透不到的地方，中国企业家的一个创造。

有创造就会有质疑。支付宝也逃脱不了这样的命运。巨大压力面前，马云和他的团队追问自己，到底为什么要做这件事？他们看到，在全球化的市场上，一个全球化公司70%~80%的业务是由电子商务完成的。在中国还没有建立统一诚信体系的背景下，千千万万的中外客户需要这个第三方支付平台。

商业银行对这块不熟悉，跨国公司在一边虎视眈眈。马云很坦然地说，"如果我不做，将对国家有害，对行业有害。正是使命感驱动着我们，让我们的企业越来越强大。如果有一天国家需要支付宝，我会在1秒钟内把支付宝全部送给国家。"

只有在中小企业集中、现有体系够不到的地方，才会形成更加温润的环境，从而使马云这样勇于承担责任、有悲悯心、有创造意识的"社会设计师"出现。

阿里诚信危机

2011年2月21日，阿里巴巴集团的上市公司发布公告，称公司董事会已经批准公司CEO卫哲、COO李旭晖引咎辞职。公告说，2009年及2010年分别有1219名及1107名阿里巴巴网站的会员涉及诈骗全球买家，近100名员工合谋，公司的诚信为本和客户第一的价值观受到冲击，两人的辞职是主动为此担责。是为"阿里诚信危机"。

马云在内部信件中说："阿里巴巴从成立第一天起就从没以追逐利润为第一目标，我们决不想把公司变成仅仅是赚钱的机器，我们一直坚守'让天下没有难做的生意'的使命！客户第一的价值观意味着我们宁愿没有增长，也决不能做损害客户利益的事,更不用提公然的欺骗。"

（资料来源：慧聪网）

问题
1. 你觉得马云是个有效的领导者吗？为什么？
2. 你觉得马云的领导魅力体现在哪些方面？
3. 通过查阅相关资料讨论史玉柱的领导风格。

第8章 组织结构与组织结构设计

学习目标

知识目标

通过本章学习掌握组织结构设计的内容和原则,熟悉组织结构和组织结构设计的定义,理解影响组织结构选择和组织结构设计的因素,了解组织结构设计方案。

能力目标

能够识别组织的结构类型,能够绘制组织结构图并进行简单的组织结构设计。

8.1 组织结构与组织设计概述

良好的计划,常常因为管理人员没有适当的组织结构予以支持而落空。而在某一时期合适的组织结构,可能过了一两年就不再合适,格里·利兹和莉洛·利兹是经营CMP出版公司的一对夫妇,他们对此有着清楚的认识。

利兹夫妇在1971年建立了CMP出版公司。到1987年,他们公司出版的10种商业报纸和杂志都在各自的市场占据了领先地位。更令人兴奋的是,它们所服务的市场(计算机、通讯技术、商务旅行和健康保健)为公司的成长提供了充足机会。但是,假如利兹夫妇继续使用他们所采用的组织结构,这种成长的潜力就不会得到充分的利用。

他们最初为CMP设立的组织结构,将所有重大的决策都集中在他们自己手中。这样的安排在早些年运作得相当好,但到1987年它已经不再生效。利兹夫妇越来越难照看好公司。比如要约见的相关人员得早上8点就在他的办公室外排队等候。员工们越来越难得到对日常问题的答复。而要求快速反应的重要决策被耽误。对于当初设计的组织结构来说,CMP已经成长得太大了。

利兹夫妇认识到了这个问题,着手重组组织。首先,他们将公司分解为可管理的单位(实质上是在公司内建立半自主的公司),并分别配备一名独立的经理掌管各个单位。这些经理都被授予足够的权力去经营和扩展他们各自的分部。其次,利兹夫妇设立了一个出版委员会负责监督这些分部,利兹夫妇和每个分部的经理都是该委员会的成员。分部经理向出版委员会汇报工作,出版委员会负责确保所有的分部都按CMP的总战略运作。

这些结构上的变革带来了明显的效果。CMP现在总共出版14种刊物,年销售额达到近2亿美元。公司的收益持续地按管理当局设定的30%的年增长率目标不断地增加。

CMP出版公司的例子说明,选择合适的结构在组织演进过程中起着至关重要的作用。

8.1.1 组织结构的概念

1. 组织结构定义

在了解组织结构定义之前,让我们先来看看什么是组织。关于组织的定义学术界可谓众说纷纭,不过比较权威和代表性的观点认为:组织是动态的组织活动过程和相对静态的社会构造实体的统一。简言之,组织是静态结构及其动态行为的统一。组织一般具有四个特征:①目标,即组织成员通过共同努力所要达到的共同目标;②资源,组织想要达到自己的目标,必须拥有相应的资源,包括人力资源、资金、机器、设备、技术、信息、品牌等;③结构,组织中成员通过怎样的分工完成任务,实现目标;④互动,组织是一个开放系统,它需要与外部环境、其他组织进行资源的交换,需要适应环境的变化。

就像人类是由骨骼来支撑一样,组织也是由结构来决定其形状的。组织结构是指组织成员为完成工作任务,实现组织目标,在职责、职权等方面的分工与协作关系,它是组织的框架体系。不同的组织结构会使同一组织具有不同的性质,实现不同的目标。适当的组织结构能够清楚界定每个组织成员的权责角色,再加上适当的协调与控制,组织的工作效率将会提高,而组织的整体表现也会比较出色。通常组织结构通过组织设计图来显示。组织设计图是对一个组织的一整套基本活动和过程的可视化的描述。

2. 组织结构的类型

(1) 直线制组织结构

直线制组织结构有时候也被称之为"军队式结构",如图8.1所示,该结构是一种最简单的组织结构类型。在直线制的组织形式中,职权从组织上层直达组织基层。其特点是：组织中的每一个人只向一个上级负责，而且必须绝对服从这一上级的命令。使用该组织结构的企业一般规模小，生产技术简单，需要管理者具备生产经营所需要的全部知识和经验，即需要"全能型"的领导者。如图8.1所示。

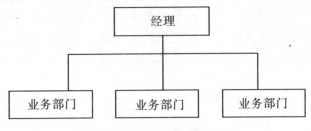

图 8.1 直线制组织结构

它的优点在于：①结构简单易懂，职责容易界定；②指挥系统单纯，决策迅速，命令统一，容易贯彻；③利于资源集中利用，降低管理成本。

它的缺点是：①对管理者个人的能力要求很高，因为所有部门均对其汇报，这就需要他对各个模块都有较深的了解；②部门间的横向沟通缺乏；③当组织规模变大、环境过于复杂时，此组织结构会失去优势。

(2) 职能制组织结构

职能制组织结构，又称多线型组织结构，是一种按职能分工实行专业化部门划分的组织结构模式（见图8.2）。该模式中，在上级主管下设立职能机构和人员，把相应的管理职责和权力交给这些机构和人员，而且各职能机构可以在自己的业务范围向下级下达命令和指示，指挥下属。它的最大特点是：下级既要服从上级主管人员的指挥，也要服从上级各职能部门的指挥。

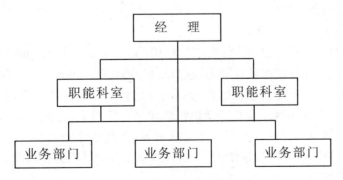

图 8.2 职能制组织结构

它的优点是：职能制适应现代生产技术相对复杂和管理分工较细的特点，提高了管理的专业化程度，减轻了各级主管负责人的工作负担。

它的缺点非常明显,由于每个职能人员都有指挥权,多头领导容易造成管理上的混乱。

(3) 直线职能制组织结构

直线职能制,见图 8.3,结合了直线制和职能制的优点。它的最大特点是,在保证直线统一指挥的前提下,充分发挥专业职能机构的作用。相对于前面两种组织结构,直线职能制是最为理想的组织结构,因此被广泛采用。不过它只能在企业规模不太大、经营单一、外部环境相对稳定的情况下,才会发挥出较好的优势。

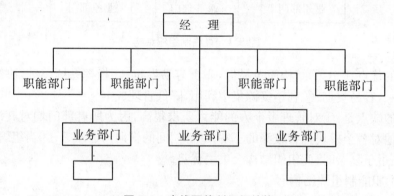

图 8.3　直线职能制组织结构

它的优点在于:它既保持了直线制的集中统一指挥的优点,又吸取了职能制专业管理的长处,从而提高了管理工作的效率。

它的缺点是:权力集中于最高管理层,下级部门主动性和积极性的发挥受到限制;信息传递路线较长,反馈较慢,适应环境变化较难。这实际上是典型的"集权式"管理组织结构。

(4) 事业部制组织结构

事业部制又称联邦制,或 M 型组织结构,见图 8.4;实行集中领导下的分权管理,主要以某个产品,地区或顾客为依据,将相关的研发、采购、生产、销售等部门结合成一个相对独立单位的组织结构形式,它包括三种形式:产品事业部制、地域事业部制和市场事业部制。事业部制组织结构主要特点为,在总公司领导下设立多个事业部,各事业部有各自独立的产品或市场,在经营管理上有很强的自主性、实行独立核算,是一种分权管理结构。简言之,事业部制可以集中政策、分散经营、单独核算、自负盈亏。

事业部制的优点是:①具有高度的稳定性和适应性;②有利于高层领导集中精力处理战略问题;③有利于提高各事业部的积极性、创造性和竞争意识;④每个事业部规模可能不大,但它却是一个完整的组织,涉及组织的所有经营管理活动,所以有利于培养全面管理人才,为企业的未来发展储备人才。

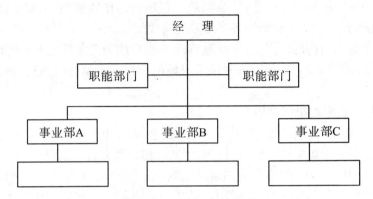

图 8.4　事业部制组织结构

事业部制的缺点是:①公司总部与事业部的职能机构重叠,造成管理人员浪费;②由于各事业部实行独立核算,在一定程度上会使各事业部只考虑自身利益,而忽视彼此间的协调和合作。

(5) 矩阵制组织结构

矩阵制组织结构是职能部门化和产品部门化的融合,是一种多元式的结构(见图 8.5)。通过前面的介绍,我们知道职能部门化的主要优势在于把同类专家组织在一起,使生产同类产品时可以实现特殊资源的共享,它的不足在于如何协调好各类专家之间的关系。而产品部门化则正好相反,它有利于专家之间的沟通、协调,在预算内完成任务,因此,两者之间可以互补,实现优势最大化。

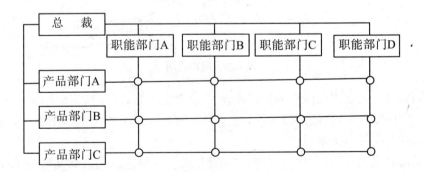

图 8.5　矩阵制组织结构

由此可见,矩阵制组织结构中的员工有两个上司——职能部门经理和产品项目经理,而它最主要的特点是:纵向是传统的职能型组织,横向是多个专项任务组织,用一种纵横的矩阵形式把职能型组织和专项任务组织结合在一起,从而突破控制统一性的框框。

矩阵制组织结构的优点是:①当组织中各项活动比较复杂,又相互依存时,有助于各项活动的协调;②有利于各类专家的高效配置。

矩阵制组织结构的缺点是:①双重管理可能会使员工无所适从,产生压力,领导责任不清,决策延误等;②矩阵制结构形成的小组一般是临时性的,所以稳定性不高。

(6) 几种新型的组织结构

从 20 世纪 80 年代开始,为了更好地适应环境的变化,加强组织的竞争力,出现了不少新型的组织结构,如虚拟组织、团队结构以及无边界组织等。

虚拟组织(见图 8.6)也称为网络型组织,是指两个以上的独立的实体,为迅速向市场提供产品和服务、在一定时间内结成的动态联盟。他们利用技术手段将组织外部的人员、资产和创意动态地联系在一起,从而实现某种组织目标。这种模式的组织从外部寻找各种资源,来完成组织相关职能和任务,把精力集中在自己最擅长、最核心的业务上。比如世界著名运动鞋厂商耐克,耐克所有人力、物力、财力等资源集中投入到产品设计和市场营销这两大部门当中,全力培植企业的核心竞争力,而生产则交给其他地区和国家的运动鞋生产厂商去完成。

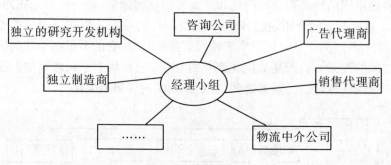

图 8.6 虚拟组织

当管理人员动用团队作为协调组织活动的主要方式时,其组织结构即为团队结构。它的特点是:打破部门界限,并把决策权下放到工作团队员工手中,通过团队员工的共同努力实现目标。

无边界组织是通用电气总裁韦尔奇首创的一个概念。他强调无边界组织应该将各个职能部门之间的障碍全部消除,工程、生产、营销,以及其他部门之间能够自由沟通,工作及工作程序和进程完全透明。无边界组织是相对于有边界组织而言的。所谓无边界组织是指边界不由某种预先设定的结构所限定或定义的组织结构。边界通常有横向、纵向和外部边界三种。横向边界是由工作专门化和部门化形成的,纵向边界是由组织层级所产生的,外部边界是组织与其顾客、供应商等之间形成的隔墙。

随着经济全球化、经济一体化趋势的加剧,新型组织结构会越来越受到青睐,而组织结构也会朝着扁平化、柔性化、灵活性的趋势发展。

8.1.2 组织设计的概念

1. 组织设计的定义

关于组织设计的定义,学术界也有很多观点,但大致可以划分为狭义的组织设计和广义的组织设计两种。狭义的组织设计的着眼点是确立人员在机构中的位置,即机构设置和人员设置;广义的组织设计除了选择以人与事协调为主的组织结构外,还包括组织中的议事规则、办事程序、规章制度、激励体系等内容的设计与协调。

本书认为,组织设计是一个动态过程,是对组织的结构和活动进行创构、变革和再设计的过程。它的功能是协调组织中人员与任务、权力与资源之间的关系,使组织保持灵活性和适应性,从而有效地实现组织的目标。

2. 组织设计的特点

从组织设计的定义,可以发现组织设计具备三个特点:

(1) 组织设计是一个过程。组织设计是根据组织战略和组织目标,考虑与组织相关的各种因素来建立和协调组织的过程。这个过程一般包括:设定组织设计目标、构建模块、整合模块、实现设计方案。

(2) 组织设计是动态的。由于影响组织发展的内外部环境处在不断地变化之中,因此组织设计不可能一劳永逸,必须不断地对组织的结构、流程、职权和激励机制进行调整和整合,以适应不确定的内外部环境。不同的组织以及同一组织在不同的发展阶段中,都应根据各自面临的外部环境和内部特点来设计相应的组织结构。

(3) 组织设计实行模块化。模块是指能完成一定功能的一个相对独立的子系统。模块概念是由IBM公司首先提出的,IBM公司采用模块化的产品开发方式来生产计算机,大大提高了公司的灵活性和反应能力。将模块化的思路引入组织设计,可以带来如下优势:模块化的组织设计可以提高组织的灵活性;组织的设计和再设计并不一定要面面俱到,而是要根据组织环境的变化选择所需的模块进行建构。

3. 组织设计的内容

组织设计的内容包括组织结构设计(静态设计)和组织运行制度设计(动态设计)两个方面。

(1) 组织结构设计

组织结构设计包括职能设计、框架设计和协调方式设计。①职能设计,是指设计企业的经营职能和管理职能,规划、调整岗位和部门的作用。②框架设计,也叫结构设计,是组织设计最主要的内容,主要包括对组织纵向结构和横向结构的划分,纵向结构指的是管理幅度和管理层次的划分,横向结构指的是组织内部部门的划分。③协调方式设计,主要涉及对组织内部各个部门或构成之间的协调,它是用来解决组织内已经分工的各个层次、各个部门之间如何进行合理的协调、联系和配合的问题,从而保证各个层次和部门之间的良性运行,发挥管理系统的整体效应。

(2) 组织运行制度设计

组织运行制度设计,即组织设计中的静态设计,主要包括三个方面:①管理规范设计,即企业的各项规章制度,它是管理实施中的准则。通过这些管理规范保证组织内的各个构成要素,按照统一的要求和标准进行协调、配合和行动。②人员设计,就是在职能设计和结构设计的基础上,配备相应数量和质量的人力资源。人员的配备是完成任务、实现组织目标的保证,同时人员的构成、人格、能力以及工作态度直接决定着组织的成败。③激励制度设计,为了调动员工的工作积极性,组织需要制定和实施相应的激励机制,激励一般包括正激励和负激励:正激励有工资、福利、奖金等;负激励包括各种约束和惩罚手段。

8.2 影响组织结构设计的因素

科凌公司是一家生产显像管、纤维光缆、眼镜片、炊具等几十种产品的大型企业。尽管这些产品在外观和用途上各不相同,但它们均有玻璃制成。在玻璃行业,科凌公司具有独特优势。

为了管理这些多样化的产品,科特公司设计了电视、消费品、照明、电器、科学、医疗和技术产品七个分部。每一分部只负责一种产品的制造、分销、人力资源选拔、销售和营销以及原材料采购。

在国外,科凌公司不是根据产品而是根据地理位置来设计组织。每一个工厂负责该区科凌产品的生产与销售。

最近,由于环境、技术以及战略的变化,科凌公司管理层在考虑对组织进行再设计,如在总部合并某些部门、在国外加强与东道国公司的战略联盟等。

8.2.1 影响组织设计的因素

科凌公司的案例说明,一个组织的发展需要时刻意识到环境等各方面因素对它的影响,在不同的地区不同的发展阶段需要有相对应的组织结构与之匹配,组织结构的设计是一项长期、复杂而重要的任务。因此,我们在进行组织结构设计时,需要考虑多种影响因素。

1. 组织战略

所谓组织战略是指为实现组织的目标,在分析外部环境的机会和威胁,内部条件的优势与劣势的基础上制定的涉及市场范围、成长方向、竞争优势等内容的总体行动计划,是一种长期性的规划。而组织结构是实现组织战略的一种手段。如果战略发生了变化,组织结构需要进行调整,什么样的战略就需要有什么样的组织结构与之匹配。组织结构也会抑制战略,与战略不相适应的组织结构,将会成为限制、阻碍战略巨大作用发挥的障碍。

一般来说,组织战略可分为三种:创新战略、低成本战略和模仿战略。不同战略与结构之间的关系见表8.1。

表 8.1 战略与结构关系

战　　略	结构方案
创新战略	有机结构:结构松散,工作专门化程度低,正规化程度低,分权程度较高
低成本战略	机械结构:控制严密,工作专门化程度高,正规化程度高,高度集权
模仿战略	有机—机械结构:松紧搭配,对于目前的活动控制较严,对创新活动控制较松

2. 组织环境

组织环境是指可能影响组织运行的内外部因素,是制定组织战略,设计组织结构的基础。一般来讲,组织环境包括宏观环境和微观环境两个部分。宏观环境包括政治环境、经济环境、文化环境、社会环境、技术环境等;微观环境包括企业本身以及企业生产运营价值链上的其他部门和企业,如供应商、经销商、顾客、竞争对手等。

组织环境的不确定性影响着组织结构的类型。这种不确定性主要表现为环境的复杂性和稳定性。见图8.7。

	简单		
稳定	机械结构（正式、集权） 部门少、无整合角色； 很少模仿、当前业务指导。	有机结构、团队工作（参与、分权） 部门不多、整合角色不多； 快速模仿、计划导向。	不稳定
	机械结构（正式、集权） 部门多、整合角色多； 少模仿、少量计划。	有机结构、团队工作（参与、分权） 部门多、整合角色多； 大量模仿、大量计划与预测。	
	复杂		

图 8.7　环境与组织结构的关系

3. 组织技术

组织技术是将组织的输入转换成输出的机器、工具、工艺和流程等。每个组织都拥有一种技术，从而把人、财、物等资源转化为产品或服务。

对技术进行区分的一个常用标准是他们的常规性程度，技术可分为常规性技术和非常规性技术。常规性技术是指技术活动是自动化、标准化的操作，非常规性技术是指技术活动内容根据要求而有所不同的活动。常规性技术一般与机械结构相适应，非常规技术一般与有机结构相适应。

4. 组织规模和组织所处发展阶段

组织规模影响着组织结构。一般而言，大型组织正规化程度高，分权水平高，负责性高，高层行政人员比例低，专业与文秘人员比例高。而小型组织正好相反。不过组织规模与结构之间并不是简单的线性关系，而是呈递减趋势的。随着组织的扩大，规模的影响会逐渐减小。

组织的发展呈现明显的生命周期特征。组织的成长如同生物的生长经历一样，也经历着四个阶段，奎因和卡梅隆将组织的生命周期划分为：创业—结合—规范化—精细，每个阶段都有着自己的发展目标及对组织结构的要求（见表 8.2）。

表 8.2　组织生命周期各阶段特点

组织生命阶段	组织结构特点	组织发展要求
创业阶段	组织规模小，非官僚制和非规范化	高层管理者制定调解组织结构框架，以适应成长需要
集合阶段	组织规模扩大，但是沟通控制仍然不规范	高层与基层管理的集权与分权协调
规范化阶段	组织规模扩大，构建清晰的层级制，组织运作规范化	组织官僚习气重，创新受限制；面临内部稳定和扩大市场的问题
精细阶段	组织成熟，规模巨大，官僚化	领导更换，组织面临衰退更新的转折点；尝试通过合作和团队来解决

8.2.2 组织结构的纬度

所谓组织结构的纬度,是指在设计组织结构时,可以从哪些方面描述组织结构的所有特征。归纳起来,包括以下六个方面:

1. 工作专门化

工作专门化是指把任务分解到各自独立的工作应细化到什么程度。工作专门化有时也叫劳动分工,它的实质是:一个人不是完成一项工作的全部,而是先把工作分解成若干步骤,每一步骤由一个人独立去做。

20世纪40年代后期,工业化国家大多数生产领域的工作都是通过工作专门化来完成的,当时管理人员认为,这是一种最有效的利用员工技能的方法。实行工作专门化,有助于提高员工工作的熟练度,提高工作效率,进一步提高组织绩效水平。但随着时间的推移,工作专门化的弊端也逐步显现,20世纪60年代以后,越来越多的证据表明:由于工作专门化,人的非经济性因素的影响(表现为厌烦情绪、压力感、疲劳感、低生产率、低质量、高缺勤率和高流动率)超过了其经济性因素的影响。需要通过工作的扩大化以及丰富化来提高组织效率。当然,这并不意味着工作专门化在现阶段已经过时或完全无效,在某些类型的工作中,工作专门化仍然发挥着巨大的作用。如在麦当劳,管理人员运用工作专门化来提高生产和销售汉堡包、薯条等工作的效率。

在进行组织结构设计时,要根据组织和任务的性质,考虑工作专门化的程度。

2. 工作部门化

通过工作专门化完成任务细分以后,就需要按照类别对它们进行分组以便使共同的工作可以进行协调。简单来说,工作部门化是工作进行分类的基础。一般来讲,工作部门化有以下几种分类标准:

(1) 根据活动的职能对工作活动进行分类。该种分类通过把专业技术、研究方向接近的人分配到同一个部门中,以实现规模经济。当然根据职能进行部门的划分适用于所有的组织。比如,以学校为例,可以将学校分为教务处、财务处、人事处、行政办公室、学生工作处以及教学系部。

(2) 根据组织生产的产品类型进行部门化。将组织所生产的不同产品划分为不同的部门,这样便于协作,提高决策效率,易于保证产品质量,不过会增加管理成本。比如海尔集团如按产品分类,可分为制冷产品部、空调产品部、洗衣机产品部、信息产品部、厨卫电器部和技术装备部等。

(3) 根据地域进行部门划分。按照地理位置进行部门的划分,有利于各地区的管理和发展,但总部的管理协调会较困难。比如华为的市场部可以分为国际市场部和国内市场部。

（4）根据生产过程进行部门划分。这种划分方法主要将产品所经历的生产流程进行部门化，从而确保产品生产的每一个环节或重要环节的质量。比如某金属公司的铝试管厂根据生产过程进行部门划分，可分为铸造部、锻压部、制管部、成品部和检验包装运输部五个部门。

（5）根据顾客类型进行部门划分。现阶段，这种以顾客为基础进行的部门划分越来越受到欢迎，一方面它有利于组织按照顾客的需要进行生产，另一方面当顾客达到一定规模时会产生经济效应。比如，一家销售办公设备的公司可以下设三个部门：零售服务部、批发服务部和政府部门服务部。

3. 命令链

命令链也叫管理层次、组织层次，是一种不间断的权力路线，是指从组织最高层到最基层所具有的等级数目。它明确组织中谁向谁汇报工作，能够回答员工提出的诸如"我对谁负责"、"我有问题找谁"等问题。

时代在变化，组织设计的基本因素也在变化。随着电脑技术和网络技术的发展，命令链在组织设计中的重要性已经开始减弱。当然，也有人认为强化命令链可以使组织效率最高，不过，现在这样的组织越来越少。

4. 控制跨度

控制跨度也叫管理幅度，即一个管理者可以有效管理的员工的数量。它与管理层次之间存在负相关。在很大程度上控制跨度决定了组织要设置的管理层次和需要配备的管理者数量。现阶段，扁平化的组织结构更倾向于加宽控制跨度。较宽的控制跨度有利于组织降低成本、削减管理费用、加速决策过程、增强灵活性、缩短与顾客的距离、授权给下属等。

同时，为了避免因控制跨度过宽而使员工的绩效降低，组织需要加大培训的力度和投入。那么，控制跨度是不是越宽越好，这也未必，控制跨度的大小取决于管理者的能力、下属的成熟程度、工作的标准化程度、工作条件以及工作环境等。

5. 集权与分权

集权与分权的核心在于决策权应该放在哪一级。将组织中的决策权集中到一点，即形成集权。如果决策主要由高层经理作出，则组织的集权水平高，反之，则分权水平高。集权和分权是相对的，在一个组织中没有绝对的分权，也没有绝对的集权，需要研究的是哪些权力宜于集中，哪些权力宜于分散，什么样的情况下集权的成分多一点，什么情况下又需要较多的分权。

集权有利于命令的统一，便于集中管理，可以形成通用的标准，可以节约某些领域的成本（如会计和库存）。而分权可以加快组织采取行动、解决问题的速度，让更多的人为决策提供建议，同时提高组织成员的主人翁意识，而且员工与那些能够影响他们的工作生活的决策者隔膜较少，甚至几乎没有。

近年来,分权的趋势比较突出,这与组织对灵活性和主动性的要求是相关的。随着环境的不确定性加强,组织越来越需要具备灵活性和主动性的特征。在组织设计时,分权需要考虑组织规模和组织活动的特征,在工作分析、岗位设计和部门设计的基础上,根据各管理岗位工作任务的要求,规定必要的职责和权限。

6. 正规化

正规化是指组织中的工作实行标准化的程度。工作的正规化程度越高,则从事该工作的员工对于工作时间、工作内容、工作手段、工作标准等的自主权越低。高度正规化组织的特点是:拥有明确的工作说明书、大量的规章制度和详细的工作流程规定。组织之间和组织内部工作正规化程度的差别很大,这取决于组织的性质、工作的性质、组织文化以及领导者风格等。

8.3 组织设计方案

8.3.1 组织设计原则

关于组织设计的原则,从传统到现代,不同的学者提出了不同的观点。这里主要介绍组织设计的一般性原则。

1. 战略导向原则

组织结构的设计是为了更好地完成组织的任务,实现组织的目标,而组织的任务和目标是以组织战略为前提的,所以在组织设计的过程中需要以战略为导向。

2. 统一指挥原则

统一指挥原则是指在组织中,每个下属应当而且只能被一个上级主管直接负责。一般情况下,不能允许一个下属同时向两个以上的主管汇报工作,否则,对于来自多个主管的冲突要求和优先处理要求,下属将无所适从。

统一指挥原则可以有效避免管理混乱和指挥分散化。因此,在进行组织结构设计时,要明确层级之间的权利关系,建立统一的指挥链条,明确直线、职能各部门的权力和相互关系。

3. 组织效率原则

组织的效率原则体现在两个方面:一是组织结构的设计和完善能够促使组织目标有效、高效实现;二是在组织目标实现的过程中,尽量使失误、代价、成本最小化。对于组织而言,不同的组织结构会带来不同的绩效水平,效率最大化是组织在发展过程中追求的目标之一。因此,在组织结构设计的过程中需要建立最优化的业务流程和信息流程,以及相应的最有效的协调和管理手段,形成一套管理机制,以及与之相匹配的支持系统,如管理程序、领导制度、规章制度、工作标准等。

4. 管理层次和管理幅度适当原则

管理层次和管理幅度的设计受到组织规模的制约,同时也影响着组织的管理成本和管理效率。由于外部环境的变化不断加剧,现在的组织结构也越来越多地趋于扁平化,即管理层次减少,管理幅度加宽。对于任何一个组织来讲,需要根据自身的实际情况确定适当的管理层次和管理幅度。

5. 权责利对等原则

在现代组织中,为了提高工作效率,组织内分工越来越细。分工的细化意味着要明确每一个部门每一个岗位的具体职责范围,同时也需要赋予其完成职责所需要的权力以及完成职责任务所获得的利益,三者必须协调统一,做到责任明确,权力对等,利益适当。

6. 人本原则

现代的组织设计是在以人为本的背景下进行的设计,这种设计要求在组织机构和运营体系中充分尊重和发挥人性,倡导人本管理。因此组织设计必须重视人,要以人为本,充分考虑管理者和员工的个性特征和素质水平,以最大限度地调动员工的工作积极性、主动性和创造性,同时将员工个人利益和组织利益有机地结合起来。

以上原则只是组织设计的一般性原则,在组织的设计过程中,还需要具体问题具体分析,根据组织的特殊情况,明确其他的特定原则。

8.3.2 成功组织设计的特点

成功的组织在设计上一般具有三个特点:

1. 形式简单、人员精干

这意味着组织形式和组织系统相当简单并且没有冗员,不存在官僚制。很多大公司为了简化和具有适应性而分成了小型的事业部。

2. 分权化更明显

分权可以鼓励创新和变革,可以充分发挥员工的主动性和创新意识,增强组织的灵活性和竞争力,从而最大限度地实现组织目标。

3. 绩效测量注重财务和非财务指标

传统的绩效测量关注的是财务指标,这种单一维度的测量会影响组织的其他利益,比如顾客利益、员工本身的利益。财务与非财务指标的结合,有助于管理者和员工在关键的战略目标上的亲密合作。组织可以沿着"财务"这一硬指标来认真跟踪非财务的软指标,更有利于组织的长期发展。

8.3.3 组织设计流程

1. 确定组织的发展战略和目标

组织未来的发展战略和目标是开展组织设计时首先要考虑的问题。一个以制造为主的企业和一个以营销为主的企业的组织结构肯定是不同的。同时,组织的主要资源分配的方向受到组织战略和目标的限制和影响,而组织结构设计的目的就是为了更合理更有效地分配、利用组织资源,达到整体资源使用效率最大化,从而实现组织的发展目标。所以,组织结构的设计必须能支撑组织战略的发展要求。

2. 诊断目前组织结构中存在的问题,找出其优缺点

一般对现有组织结构的分析可以从以下六个方面进行:首先考虑现有的组织结构框架是否适合组织的发展,存在哪些问题;其次,分析现有的组织系统,了解系统中各个环节的运行状况;第三,分析组织文化是否符合组织未来的发展战略和目标;第四,分析组织内部的沟通体系,有何优缺点;第五,分析组织的管理幅度,是否过宽或过窄;第六,分析组织的职能和岗位设置是否合理有效。

3. 根据组织战略和组织结构诊断结果制定和完善业务流程

组织的战略和发展目标可以确定组织要开展的业务内容,同时以组织价值链为出发点,对业务内容进行逐级分解,明确各个级别的大致范围和工作量,确定组织的业务总流程。只有使业务流程优化才能保证业务内容的顺畅完成。

4. 根据组织的业务流程确定组织结构模式,绘制组织结构图

业务流程是一组将输入转化为输出的相互关联或相互作用的活动。组织结构可分为横向结构和纵向结构,它们是承担着各项管理职能和业务的管理层次、部门和岗位。组织结构中的管理层次和管理幅度可以通过业务流程来确定。

组织结构模式可以根据组织战略和组织环境的要求选择直线制、职能制、直线职能制、事业部制、矩阵制以及一些新型的组织结构。当然,现阶段,组织更多的倾向于扁平化、网络化、柔性化以及灵活性的组织结构模式。

根据所选择的组织结构模式和组织的管理层次、管理部门绘制出符合要求的组织结构图,组织结构图要能够直观地反映出整个组织的单位、部门和岗位之间的关系以及相互之间的沟通协调方式。

制作组织结构图时需注意以下几个问题:

(1) 结构图的主题。确定图表的范围,是一个系统、一个部门、一个地区,还是整个公司的组织结构图。

(2) 简洁明了。尽量使图表简洁清楚,强调主要机构。

(3) 名称。可以用职务名称来描述工作水平和职能。如"主管"是不明确的,要尽量说明责任,如"行政主管";含义较明朗的,如"总经理"或"秘书",则不需要进一步解释。同时在一个矩形框里描述各部门的职务。

（4）次序。不要先写组织中的人员名称，首先确定职能，然后再将负有相应责任的人名填上去。

（5）等级。用垂直线描述不同等级的相关工作，用水平线描述相似等级的工作。

（6）职权。用水平直线或垂直直线表示直接权力，用点线表示间接权力。

5. 拟定组织系统分析文件

这一步骤的工作是为组织架构确立规范。组织系统分析文件是具体描述组织内部各个子系统的目标、功能和作用，明确各个部门和岗位的工作标准、工作流程以及责任、权力等。

6. 编写工作说明书，配备人员

根据组织系统分析文件，采取科学的工作分析方法，制定工作说明书，明确每个岗位的工作职责和任职资格要求，并且根据工作说明书选择和培养组织所需的人力资源。

7. 制定和完善组织的激励体系

组织结构是死的，但组织内部的人是活的。完全靠结构，组织无法实现战略目标，需要发挥人的积极性、主观性和能动性，这就需要科学、合理、完善的激励体系。激励体系涉及绩效考核制度、薪酬制度、员工培训制度以及相关的管理办法。

8. 撰写组织设计方案

在进行了以上七个程序以后，组织设计所需材料已基本齐全，下面要做的工作就是依据这些已基本完善的资料撰写组织设计方案。方案中包括组织结构图、各部门工作流程及职权划分、岗位职责和人员配置、管理规范及激励体系等。

9. 反馈和修正

在组织运行的过程中，不断发现和分析问题，定期或不定期的对设计方案进行必要的修正和补充。

以上是组织结构设计的一般过程，当然对于一些企业来讲，由于现阶段的实际组织结构状况和未来设计的组织结构之间存在较大区别，为了使两者之间能够很好地衔接，可能还需要设计一个过渡方案。

本章小结

（1）本章首先介绍了组织结构的含义和类型，组织结构的类型涉及直线制、职能制、直线职能制、事业部制、矩阵制以及几种新型的组织结构。

（2）组织设计是一个动态过程，是对组织的结构和活动进行创构、变革和再设计的过程。它的功能是协调组织中人员与任务、权力与资源之间的关系,使组织保持灵活性和适应性,从而有效地实现组织的目标。

组织结构设计的纬度主要有六个方面：工作专门化、工作部门化、命令链、控制跨度、集权与分权以及正规化。影响组织结构选择的因素主要有以下几点：组织战略、组织环境、组织技术、组织规模和组织所处发展阶段。

(3) 组织结构设计的原则有：战略导向原则、统一指挥原则、组织效率原则、管理层次和管理幅度适当原则、权责利对等原则以及人本原则。对于组织设计的流程,主要包括九个步骤。

复习思考题

1. 什么是组织结构,组织结构的类型有哪些？
2. 什么是组织结构设计,影响组织结构设计的因素有哪些？
3. 如何进行组织结构设计？
4. 分析所在学校的组织结构,指出它属于何种组织结构类型,存在哪些优缺点,并且根据其发展目标调整现行组织结构或为其重新设计组织结构。

案例实训

淮化集团主辅分离物业公司组织架构研究

安徽淮化集团有限公司始建于1958年,是皖北煤电集团控股的安徽省最大的煤化工企业,是国家六部委倡导成立的中国新一代煤化工产业技术创新战略联盟发起人和理事单位。淮化物业公司是淮化集团下属的二级单位,其前身是淮化集团生活处。

一、淮化物业公司组织结构存在的问题

1. 机构臃肿

截止到2009年12月底,淮化物业公司在职职工185人。但机构设置过多,组织机构臃肿,特别是管理人员过多,使得管理人员各自为政,组织内部权力割据,命令链交错、混乱,组织良性运行的统一指挥、协调行动的基础环境无法得到有效保障。因而,公司决策得不到有力执行,生产经营活动也难以有序进行。

2. 缺乏沟通

部门之间缺乏联络、沟通,跨部门的横向协调非常困难,分公司之间常常为争取费用发生冲突,最后不得不由总经理亲自出面协调解决,总经理成了"救火员",

给公司正常运营带来不利影响。

3. 服务意识淡薄

职能部门没有定位于公司决策参谋机构和专业化管理、服务部门,而是定位在领导和权力机构,机关作风严重,与基层单位缺乏沟通和交流,制定的政策和制度脱离实际,难以实行;同时,对基层单位运营中的实际问题也不能有效协调和解决。基层单位普遍认为职能部门未承担起相应的责任,缺乏对业务部门相应的支持。

二、淮化物业公司组织结构设计方案

(一)准事业部下的公司组织架构

总部机构设置本着精简高效原则设立"三部一室",即客户服务部、计划财务部、行政人事部、党群办公室,突出总部的战略规划、投资管理和运营监控功能,并为事业部提供共享服务平台。

(二)事业部组织结构

事业部是企业经营运作的基础平台,是企业的经济责任中心,组织日常生产经营工作,完成总部下达的经济效益目标。事业部的组织机构本着灵活、高效、避免与总部职能机构重叠的原则进行设置。

(三)各部门职责界定与职务设置

1. 总部职能

总部主要发挥战略协同、投资管理、对事业部的运营监控以及提供共享服务等作用。准事业部结构下的总部职能相对于现行直线职能型结构的部门职能有所调整:

(1)计划财务部。原市场管理的计划管理职能并入,并加强经营计划实施效果评估职能;原办公室的水电收费、财务管理职能并入,并强化财务管理及内部交易核算职能。

(2)行政人事部。原市场管理的改革改制、建章建制职能并入;原行政科职能整体并入,并强化人力资源管理职能。

(3)党群办公室。原办公室综合管理职能并入;原保卫科岗检、综合治安职能并入;增加企业文化建设职能。

(4)客户服务部。原福达公司、饮服公司的能源管理及物业服务调度职能并入,其他日常运行管理职能并入下属分公司;原西苑、中苑、东苑南北区和金山小区的制度建设、服务监督与管理职能并入客户服务部;强化客户服务统一调度监督职能,弱化生产管理职能。

2. 事业部职能

在准事业部制组织结构中,事业部是经济责任中心,既对运营成本承担责任又对收益承担责任。

三、淮化物业公司组织结构优化的保障措施

（一）做好方案实施的整体规划

对于淮化物业公司这样一个典型的传统国有企业，其长期发展过程中形成的根深蒂固的"官本位"、因循守旧、不思进取的传统文化，以及那些因为改革而失掉了"位子"和"帽子"或者权力受损的员工都是阻碍变革的重要因素，影响变革的顺利进行。因此，公司领导层在实施组织结构再造方案时要提前做好相应的规划和准备：确定组织结构变革参数；识别方案实施的关键突破点；制订方案实施计划；成立方案实施的推进组织。

（二）建立和完善配套的政策制度

准事业部制结构按照"统一政策、分部经营"和"集权有度、授权适中"的原则，对事业部实行经济效益承包，对资金统一调度，实行集中决策指导下分部经营的管理模式。事业部作为企业单独核算体，模拟自主经营、单独核算、自负盈亏。

1. 财务管理

公司通过下达经济目标责任的形式对事业部实行目标管理，采用内部收益对事业部进行核算。事业部在公司计划财务部设内部账号。公司总部对事业部财务实行"收支两条线"和成本费用预算管理，每半年对事业部现金流进行一次平衡决算，公司按照一定比例从事业部实际回款额中提取收益。

2. 绩效评估

建立事业部经济责任目标考核制度，以及针对新的组织机构的部门职责、岗位职责、业务流程、工作标准等，制订相应的考核激励制度，并严格按绩效考核结果进行奖惩，以此来强化组织结构变革的方向。

3. 授权管理机制

授权是信任、激励、合作形成的文化表现。从直线职能制向准事业部制的转型，需要建立相应的授权管理机制，界定授权的范围、层次和标准，设立相应的监督机构，制订相应的监督制度，如责任追究制度、民主监督制度等，授权前要做好教育培训，授权后要做好工作评估。

4. 员工分享机制

要充分激发事业部的灵活性、主动性，应建立分享企业经营成果的薪酬福利制度，如分红、入股、绩效提成等，增强员工对组织的承诺，驱动员工潜能的发挥。事业部效益工资总额应与其内部收益挂钩，事业部经理实行年薪制，其工资收入与事业部服务收入、内部收益、回款额等经营目标挂钩。

5. 人事选拔、晋升机制

公司管理人员的选拔、晋升制度应透明公开，且以创新性、开创性为衡量的主要标准，有助于培养支持变革的管理者。

6. 沟通机制

公司内部应建立正式的沟通渠道与媒介,培养双向且开放式的沟通方式,持续不断地与员工沟通,使员工及时、全面地获得与整个改革相关的信息,及时地公布方案实施的结果并加以宣传和颂扬,鼓励员工积极参与。

7. 服务质量管理

事业部对所提供的服务质量负责,公司客户服务部对其服务质量实施考核、监控和管理,并建立服务质量信誉索赔制度,对公司质量信誉造成不良影响的事业部进行质量处罚或要求索赔。

8. 统计信息和合同管理

事业部应及时、准确、全面地提供各种报表,确保统计信息渠道畅通、高效。事业部所签订的各类合同在公司备案,事业部经理对一般合同有权批准签订,并对合同的可行性、经济性及执行情况负责。

随着我国经济不断发展,淮化物业公司所处宏观环境、行业环境都处于持续变动之中,企业规模、资源等也会发生变化,要适时调整公司的经营战略,并对企业组织结构进行优化和再造。

(赵培军.淮化集团物业公司[J].人力资源管理,2010.)

问题

1. 实行事业部制后,对组织和物业公司各有何好处?
2. 如何保障组织设计方案的有效实施?
3. 通过本案例的学习,你觉得该如何进行组织结构设计。

第 9 章 组织文化

学习目标

知识目标

掌握组织文化的内涵、构成,组织文化建设的基本内容,理解组织文化的作用、功能、类型及其使用环境,了解组织文化的发展。

能力目标

能够利用所学理论分析实际企业的组织文化类型、作用、形成过程以及传播方式。

9.1 组织文化的内涵与构成

在海尔企业文化中心,有一张已经变黄了的稿纸,上面写着13个条款,据说,这是张瑞敏到海尔后颁布的第一个管理制度文件。在这个制度文件中,赫然写着"不许在车间大小便"。几乎所有参观的人,对这一条无不表露出惊讶、疑惑甚至迷惑的神色:堂堂海尔,为什么制度的起点竟然是这样的? 1984年,在张瑞敏刚到海尔(那时还叫电子设备厂)的时候,看到的是一个濒临倒闭的小厂:员工领不到工资,在厂区打架骂人、随便偷盗公司财产、在车间随地大小便等现象比比皆是,公司一年换了四任厂长。

张瑞敏首先以个人的人格担保,从朋友那里借了几万元钱,为每一个员工发了两个月的工资,此举令所有员工深感意外。接着,他召开了员工代表大会:"借钱总要还,只能靠自己挣!怎么挣钱,生产销售什么,这是我的责任。但是,一旦决策,能否生产出合格的产品并销售出去,就要靠全体员工。"

但他表示担心。"按照目前的情况,打架骂人,这种状况能经得起客户的考察吗?我们能否文明一点,至少在厂区不再打人骂人?"有的职工代表表态说:"一定相互监督,不再打人骂人。"于是出台了第一条制度"不准打人骂人,否则罚款＊＊元。"

张瑞敏接着说:"我们能不能不要随便把厂里的东西拿回家去?"工人们同意,于是形成了第二条"不准哄抢公司财物,否则,罚款××元"。张瑞敏再接再厉:"我们能不能不要在车间大小便?"这时职工代表很激动:"这一条做不到,我们还是人吗!"于是定出了第三条"不准在车间大小便,否则罚款××元"……于是一口气制定了13条管理条例,每一条都紧挨员工的道德底线,让员工感觉"不该"违背。因此,制度本身有极强的可执行性。此外,张瑞敏没有让制度停留在这13条上,而是抓住每一个违反制度的典型行为,发动大家讨论,上升到理念层次,再以这种理念为依据,制定更加严格的制度。

自20世纪七八十年代以来,现代管理理论发展的一个显著特点,是对组织中人的价值有了更加深刻的理解和把握。人们把人力资源对现代组织发展和经营管理的作用,提高到了前所未有的高度。组织文化或企业文化概念的出现就是最明显的标志,它对企业管理理论和实践活动的影响非常深远。

9.1.1 组织文化的发展起源

组织文化研究是现代企业经营管理发展实际的必然要求,企业文化研究热潮的兴起则源于日本经济发展对美国的挑战。第二次世界大战后,日本经济的冲击引起美日之间比较管理学的研究热潮。

日本是个岛国,资源贫乏,是第二次世界大战的战败国。在这种条件下,日本从20世纪50年代开始引进美国的现代企业管理方法,并结合日本企业实际,60年代实现了经济起飞,前后不到20年,表现令人难以置信。

20世纪70年代末到80年代初,一批美国学者,包括管理学者,社会学、心理学等学科的学者赴日本考察。美国学者学习日本的最大收获,即发现文化是推动经济与企业发展的原动力。企业文化管理研究,从此在美国成为热门话题。

美国企业文化研究的热潮,大致经历了以下三个阶段:

1. 动员和准备阶段

研究处于起步阶段,代表作是哈佛大学伏格尔的《日本名列第一》,造成的影响很大。1980年7月,美国国家广播公司播出电视节目,"日本能,为什么我们不能?"在全国引起强烈反响。

2. 比较研究阶段

研究侧重两国管理模式比较,发表论著较多,代表作有《日本企业管理艺术》(1981年2月,斯坦福大学帕斯卡尔和哈佛大学阿索斯西教授)、《Z理论——美国企业如何迎接日本的挑战》(1981年4月,美籍日本人威廉·大内)。

3. 深入研究阶段

研究逐步深入,代表作有《未来的企业》(1981年9月,南加州大学奥图)、《公司文化》(1982年7月,哈佛大学迪儿教授和麦肯锡咨询公司顾问肯尼迪)、《追求卓越》(麦肯锡咨询公司顾问彼得斯和沃特曼)。(主要目标是重建与美国文化相匹配的经营哲学和工作组织,恢复美国的经济活力,与日本人一比高低)

对美国人重塑企业文化的决心和举动,日本人也作出了积极反应,也开展了很多研究,形成很多成果,如1984年中野郁次郎的《企业进步论》出版;1985年,社会和学术界开展了题为"21世纪革新企业研究"的学术研讨会,其中对"文化革新方向:企业文化的创造与渗透"进行了深入研究;同年,名和太郎的《经济和文化》出版。

中国企业文化研究热潮表现为我国台湾地区首先开始了中国管理模式研究。我国内地企业界也于20世纪80年代中期掀起了塑造企业精神的热潮,"企业文化"也开始出现在报纸杂志上,学术界也开始进行了一定的研究(于1986年首次提出"企业文化"概念)。而真正推动组织文化建设在中国兴起的根本原因,还在于改革开放和社会主义市场经济体制的逐步建立,使组织文化成为企业进入市场经济和自身发展的内在要求。

9.1.2 组织文化的内涵

1. 文化与民族文化的概念

(1) 文化

国内外学者对"文化"的定义有很多表述,有100多种,且有广义与狭义之分,如:"文化是指人类在社会生活中所创造的一切,包括物质生产和精神生产的全部内容。与文明一样,文化是人类特有的社会现象。"(《辞海》);"文化,是世间的万物之灵——人,在一定的时空范围内认识并改造自然,认识并改造社会,认识并改造自身的生生不息的伟业。人、时间、空间,是文化创造的三要素。"(《中华文化简史》);"文化是一种生活方式,它产生了人类群体,并被有意识或无意识地传给下一代。"(《文化协调》)(美国学者罗伯特·摩森与菲利普·哈西斯等)。

一般而言,"文化"的概念可大致做如下理解:文化是社会历史的产物;文化是一种群体的生活方式;文化具有历史性和继承性;文化具有很强的渗透性和可交流性;文化需要批判和继承。

人类文化的一般特性有:实践性、人本性、开放性和民族性等。

(2) 民族文化

一个民族在其生存、繁衍和发展过程中,在物质生产、制度建设、教育和价值观四个层面上形成自身特有的文化。这种特有的民族文化,集中体现了一个民族最本质的精华，反映了本民族的特征，其通过历史的过滤、沉淀和内外部各种力量的冲击碰撞，最终凝聚成自身特有的民族精神。

任何组织文化总是依附在一定的民族基础上而存在的。世界任何一个民族都有自己的文化，只不过有深浅浓淡的不同而已。民族文化传统的功能主要有孕育和凝聚民族精神。特定的组织文化与民族传统文化是一种血缘关系，不同的组织在自身发展过程中，总会留下自身民族文化的深深烙印。

2. 组织文化的概念

对于组织文化内涵的理解，国内外学者众说纷纭，理解起来很不统一。代表性的观点有：

美国文化管理学者薛恩在1984年最早给组织文化下的定义为："组织文化是关于特定组织在处理适应外部环境和内部整合过程中出现的各种问题时所发明、发现或发展起来的基本假说的规范。这种规范运行良好，相当有效，因而被用作教导新成员观察、思考和感受有关问题的正确方式。"

迪尔和肯尼迪在其合著的《企业文化》一书中指出："企业文化是由价值观、神话、英雄和象征凝聚而成的，它们对公司员工具有重大的意义。"

日裔美籍学者威廉·大内认为："公司文化意味着一个公司的价值观，诸如进取、保守或灵活，这些价值观构成了公司员工活动、意见和行为规范，并通过管理人员的身体力行，把这些规范灌输给员工并代代相传。"

而我国学者对组织文化的定义也有很多说法。"四层次说"强调组织文化是物质文化、制度文化、行为文化和精神文化的总和，其中精神文化是组织文化的核心，处于深层位置，称为深层文化；制度文化处于中层位置，称为中层文化；行为文化处于浅层位置，称为浅层文化；物质文化处于最表层位置，称为表层文化。"三层次说"强调组织文化是物质文化、制度文化和价值文化的总和，认识与前者基本一致。"两元说"强调组织文化是精神文化和物质文化两因素的总和。"精神文化说"强调组织文化是以价值观为核心的包括信念、作风、行为规范在内的各种精神现象的综合体现。

一般组织文化的核心和实质是：组织文化是在一定的历史条件下，某一组织在其发展过程中形成的共同价值观、精神、行为准则及其在规章制度、行为方式和物质设施中的外在表现。对于其内涵，具体理解包括以下几个方面：组织文化质的规定性在于它是一种管理理念、价值观和企业人的行为准则；组织文化无处不在，无时不在，充满组织运行的一切时间和空间，体现在企业人的一切行为中；组织文化不是突然出现的，它与组织相伴而生，随着时代发展、变化；组织创始人或领导层在组织文化的形成过程中起主导作用。

组织文化一般具有以下特征：民族性、功用性、传继性、人文性、革新性和独特性等。

9.1.3 组织文化的构成

组织文化是一个完整体系,该体系由若干相互联系、又具有独特作用的要素构成。这些要素不仅在组织日常管理和长期发展中起着重要作用,而且对形成强烈的组织文化过程中也发挥重要作用。构成组织文化的要素主要有五个方面:组织环境、价值观、英雄人物、典礼仪式和文化网络。

1. 组织环境

组织环境是指组织运作和发展所面临的内外部条件,也是组织文化形成的前提条件,是对组织文化的形成和发展具有关键影响作用的因素。组织环境一般由外部环境和内部环境组成,前者包括政府、消费者、媒体、社区、自然界等影响因素,后者则指组织自身的各种影响因素。组织既要优化内部环境,又要处理好同外部的各种关系,创造一个有利于自身发展的和谐外部环境,从而赢得政府、消费者、媒体等社会各界的信任,取得健康、可持续的发展。

2. 价值观

价值观是组织文化的核心,是组织的基本思想和信念,具有强烈文化意识的组织都存在着为员工所共同拥有的价值观。这些核心价值观表明:什么样的目标最重要,哪些人最重要。价值观的确立是组织在决定自身的性质、目标和角色时作出的选择,也是自身发展的历史积淀,构成了组织内部成员的行为规范,是组织一切行为和活动所追求的理想境界。组织的典范人物、礼仪规范和文化网络等要素都是从价值观中派生和引申而来,其主要作用在于维护、传播和强化组织价值观。

3. 英雄人物

一个组织的英雄人物是把企业价值观人格化且本身为员工提供具体的行为楷模,是组织为了宣传和贯彻自身价值观而为组织成员树立的可直接效仿和学习的榜样。英雄人物是组织形象的象征,其工作方式和风格为大家设定了一定的标准和规范。组织通过对英雄人物的奖赏,对内部员工就是一种生动形象、具体可行的激励方式,同时也向外界宣告组织所重视的理念、特色和追求。

4. 典礼仪式

典礼仪式是指表达并强化组织核心价值观的一系列重复性的各种仪式和活动的总称,以确保员工以及与组织打交道的人以某种正确的方式进行活动。典礼仪式在组织中指导着人们的日常工作和生活,具体体现为组织日常生活中的惯例和常规,它向员工们表明对其所期望的行为模式,能使组织的价值观、信念及英雄人物在员工心目中保持美好而崇高的印象。

5. 文化网络

文化网络是指一个组织用来传播组织文化信息的正式和非正式信息沟通系统,它在组织文化中具有传播和解释功能。通常任何组织的信息沟通渠道都是通过正式系统和非正式系统两个渠道完成的。前者包括广播、电视、报纸、网络、各种会议等,后者指存在于组织内部未经设计、自发形成、内隐的沟通系统,主要应用于非正式组织沟通。组织文化网络对信息的传播具体通过组织中讲故事的人、传教士型人士、耳语者及非正式组织中的领袖等关键人物进行,他们是组织内部正式或非正式的联系纽带,对组织内部形成共同的价值观,发挥组织文化的管理功能起到促进作用。

9.2 组织文化的类型与作用

案例 1:华为公司的核心价值观

以人为本,尊重个性,集体奋斗,视人才为公司的最大财富而又不迁就人才;在独立自主的基础上开放合作和创造性地发展世界领先的核心技术体系,崇尚创新精神和敬业精神;爱祖国、爱人民、爱事业和爱生活,决不让雷锋吃亏;在顾客、员工与合作者之间结成利益共同体。——摘自《华为基本法》

案例 2:格力公司的企业文化(13 条)

1. 产品质量是企业的灵魂,售后服务是企业的生命;
2. 领导干部要带头讲贡献;
3. 只有企业发展,员工才有希望;
4. 空调只是半成品;
5. 工商联手,互利双赢;
6. 没有守业,只有创业;
7. 追求回报,不可能得到回报;
8. 追求奉献,最终得到回报;
9. 不循规蹈矩,不断向自己挑战,不断地迎接挑战;
10. 人生的价值在于自己对社会的贡献和社会对你的承认;
11. 强化服务意识,市场竞争最终是服务竞争;

12. 自强不息,永远创新;
13. 拒绝虚假宣传,苦练企业内功。

每一个企业都会有自己独特的组织文化,而不同的组织文化决定着组织不同的风格和发展道路,从而实现各自的组织目标。

9.2.1 组织文化的类型

在一个特定的组织中,决定组织文化的各种因素所发挥作用的程度不同。各种因素作用的结果将形成不同的组织文化类型,一般表现为权力文化、角色文化、任务文化和自由文化。没有哪一种组织文化应该被认为是最好的,每一种文化都有其适合的不同环境。组织文化可能是以一种混合的形式出现的,以一种独立的形式存在的。例如,一个组织的研究与开发部门可能需要宽松和富有创造性的文化氛围,而从事日常会计工作的部门则可能需要完全不同的程序化和按部就班的文化。下面将分别就四种类型的组织文化给予介绍。

1. 权力文化

这种类型的组织文化是由一个决定着组织发展方向和制定所有重要决策,具有"全部权力"的领导来塑造的。这个领导控制着组织内部某种重要资源,这可能既包括更高的工资与更好的工作条件,也包括获得更多资源的权力。同时,领导可以运用掌握的权力对员工进行惩罚,可能包括对工资、工作条件和资源使用的限制,直到最终解雇。许多由个人创办与控制的组织都具有权力型的组织文化。随着组织的发展,这个领导通常选择具有相似工作方式的员工承担关键的职责,其在继续开展工作时,将能够得到领导的信任。

权力文化具有"政治"性质,并且很少需要规则与程序。决策是在权威领导影响的基础上作出的,组织的成功取决于领导者或其他关键人物的能力。如果关键人物缺乏适当的技巧与能力,将使组织容易遭遇挫折。当领导不在或离开组织时,组织进行决策将显得非常困难。权力文化是一种非常个人主义的文化,关键人物制定决策并不需要寻求大多数人或委员会的支持。再加上没有规则与程序的约束,使得这种文化对于变化的环境能够作出迅速的反应。尽管权力文化总是与小型组织联系在一起,但如果在最高管理层具有非常强硬和有影响力的个人时,权力文化也可以存在于大型组织中。此时,行政权力方面非常明显的争斗与竞争可能会降低组织运行的效率。

权力文化适合于具有权力倾向和富有雄心壮志的员工,而不适合那些偏好安全和稳健类型的员工。权力文化适合下面这样一些环境:在新建的和需要迅速发展的组织中,在那些民族文化支持"崇尚权力"的国家。权力文化对于那些崇尚大多数人意见的国家,可能并不适合。在需要危机管理的地方,如在企业的重要顾客都感到不满时，企业需要有效和迅速地采取对策。

2. 角色文化

这种类型的组织文化依赖于组织制定的关于决策和组织运转的一整套规章制度。在这种情况下，组织的工作被划分为许多不同的任务，每项任务都具有详细的工作描述。承担不同任务的人们，根据上述规则和程序执行着自身工作，同时这种规则与制度也决定着人们与组织中承担其他任务的人们之间的相互关系。在这种组织中，任务趋向于分工和专门化，这也可以通过组织结构得以体现出来，如机械工程部门、顾客投诉部门。

随着新组织的成长，权力文化通常演变为角色文化。在组织变得越来越复杂时，专业分工开始出现，工作的规范化要求开始被采用，以保证必要的控制。因为规章制度可以有效地控制很多人的活动，大型组织——特别是在公共部门的组织，通常拥有角色文化。然而，人们可能会发现这些已经建立起来的规章制度也可能会使组织内部那些具有创造力的人受到压抑。

在一个具有角色文化的组织中，支配权力的表现就是个人在组织权力结构中的职位。这些将适合重视可靠性与稳妥性的个人。一个具有雄心壮志、寻求快速成长的员工，有可能在这种文化中遭遇较大的挫折。拥有角色文化的组织往往具有很大惯性，这使它反应缓慢。这些也可能表现为拒绝接受变化。组织的规章制度将深深地植根于它的历史与文化之中，要改变它们需要花费很长的时间。

由于上述原因，角色文化并不适合那些环境迅速变化的组织。在该组织中，新政策的制定与实施，一般都有很多人参与，并进行详细评价。此时，常常缺少权力文化中那种使决策得以通过的力量，如果一个或几个人不同意某个建议，这个建议就可能彻底失败或者需要妥协。角色文化可能适合于相对稳定的环境，而不适合快速变化的环境，比如适合那些从事常规工作与具有可预见性工作的组织。每个组织都有一些部门具有这样的属性，如会计部门或从事服务性工作的办公室。

3. 任务文化

这种类型的组织文化追求的是将适当的人选与其他必要的资源有效地组织在一起以完成某些特定的项目或任务。任务文化具有很强的适应性与灵活性。这其中也包括那些具有所需技术与专业知识的项目小组根据需要成立或解散，项目小组拥有为了不受阻碍地执行任务所需的全部决策权力。此时，组织的效率在很大程度上取决于小组成员之间的合作与相互支持的能力，而非个人独立工作的能力或对他人发号施令的能力。

在任务文化中专家力量处于首要位置，他们具有很强的讨价还价的能力。对于这些对特定项目需要其作出贡献的专家或顾问，项目经理需要具有非常高超的沟通技巧。任务文化通常适合于从事非常规性工作和环境迅速变化的组织，其中包括：创新活动非常关键的地方，如一些研究与开发项目；一些需要处理很多不同类型与规模的项目组织，如管理咨询机构；特定组织的一些变化较大和需要快速反应的职能部门，如大型组织的主要负责投标与咨询的营销部门。

4. 自由文化

这种类型的组织文化追求一种相对自由的组织氛围，由于没有高于一切的组织目标，个人拥有较大的自主权去做他们愿意做的事情。此时组织很可能并不存在太多严格的制度与系统，若存在也只能是一种共同的协议，而且其有效期也只能由协商决定。在这种类型的文化中，个人通常都具有很高的"权威"，这使得他们都具有很强的讨价还价的能力且难于管理。这种自由文化可以在小型管理咨询公司、律师事务所和建筑师事务所等机构中发现。在这种组织中，每个人都有自己追求的目标，与组织的关系只是一种松散的联合。

表 9.1 对组织文化的各种类型进行了一定总结。

表 9.1

比较项目	不同组织文化类型的主要特征			
文化类型	权力文化	角色文化	任务文化	自由文化
权力主要来源	影响带来的权力	组织中地位带来的权力	专业技术与组织能力带来的权力	专家权力
决策与控制类型	领导的指挥与命令	角色与规则	项目经理与项目小组	个人
组织所处环境	快速变化的环境；小型组织	常规化工作与稳定的环境；质量是非常关键的组织	项目环境	专业人士的合伙组织
存在缺点	如果关键人物缺少能力或离开，组织将易遭受打击；内部权力争斗的风险	创造力受到抑制；对于变化的惰性	成员合作不利将遭受失败	可能难于控制
集体或个人主义导向	个人主义	集体主义	集体主义	个人主义
员工类型	雄心勃勃/权力倾向型	重视安全与稳妥型	合作型	自我激励型

9.2.2 组织文化的作用

1. 一般作用

一个组织在自身成长和发展过程中,会逐步形成强有力的独特文化,组织运行和发展的方方面面都会受到其深刻影响。许多成功的企业管理案例表明,组织文化建设至关重要,它可以发挥资金、技术等资源无法比拟的作用。具体表现为:组织文化是组织管理的灵魂和最高目标;组织文化是政治思想工作、精神文明建设和科学管理的结合点;组织文化是激励人力资源的重要载体;良好的组织文化是组织生存和发展的基础和动力;卓越的组织文化是组织长盛不衰的重要原因。

2. 具体功能

以价值观为核心的组织文化,是现代组织发展和管理中不可缺少的重要组成部分。实践表明,组织文化的功能是不可忽视的,具体表现在以下六个方面。

(1) 导向功能

组织文化的导向功能是指组织以自己的价值观和崇高目标指引员工向组织运作和管理的既定目标努力奋进,它体现了自身生存和发展的规律和经验,不断发挥超前引导和跟踪引导作用。

(2) 凝聚功能

组织文化的凝聚功能是指组织的各个群体和各位员工,在组织文化的强烈影响下,把个人的理想信念融入组织的整体理想信念中,形成价值观共识,为组织发展提供强大的精神动力,表现为组织对员工的吸引力和员工对组织的向心力。

(3) 激励功能

组织文化的激励功能是指组织通过价值观所确定的共同目标和共同信仰,激发起员工的内在积极性,促使员工追求更加卓越的目标。组织文化的管理模式有别于传统的管理模式,它由重视激励个体转变为重视群体,为提高大家的积极性、主动性与创造性提供了新型的手段与方法,为组织员工的激励开辟了新途径。组织在运用文化手段进行激励时,更加能够体现物质和精神、个人和团队、短期和长期等多方面的结合。

(4) 规范协调功能

组织文化的规范协调功能是指在组织文化的引导和约束下,个人能够自觉意识到什么该做、什么不该做,从而对自身提出更高的要求,对客户高度负责,为组织创造更高的知名度和更好的美誉度。经验表明,这种在组织价值观基础上形成的企业文化是一种"软性"约束,对组织及其员工行为的规范和引导持久有效。

(5) 效益功能

组织文化的效益功能是指组织通过先进的文化营造氛围,让员工在工作中充满自豪感和主人翁精神,秩序井然,高效准确,表现出良好的创造性,且内部人际关系和谐,减少内耗与效率损失,还能够取得政府、社区和客户的广泛支持,从而使组织取得最好的效益。

(6) 辐射功能

组织文化的辐射功能是指优秀的组织文化不仅对组织员工具有强大的凝聚力,而且对外部产生一定的吸引力和感召力,可以使组织在与其他相关组织和个体交往时树立良好的形象。

上述六大功能之间相互影响,综合发挥作用,成为组织发展的动力源。其中导向功能是根本,它始终如一地激励着员工为实现组织的共同利益和目标而努力,其他功能则体现着组织价值观的目标导向作用。

9.3 组织文化的创建与维护

九阳电器企业组织文化建设

济南九阳电器有限公司董事长王旭宁认为企业不论大小,都应重视企业文化的建设。企业文化不是一次运动,用两三年时间就能够达到。最好是从企业小的时候就开始着手企业文化的建设,因为大了以后,再去建设企业文化就比较困难了。

对于九阳企业来说,企业文化概括为八个字,即"人本、团队、责任、健康"。"人本"就是既要尊重员工,又要发挥其潜能;"团队"是鼓励员工自觉地融入团队中,在九阳,自私的、本位的、不协作的员工是不受欢迎的,也是没有前途的;"责任"是做有责任感的企业,对员工、消费者、合作者与社会负责任,并在企业经营中努力让他们感到满意,同时倡导每一位员工都要做有责任感的人;"健康"是让员工拥有健康的身心和健康的生活方式,企业拥有健康的机制,以保证长期生存和发展。

具体来说,首先,公司针对方方面面不利的因素,从一开始就注意制度文化建设,并设定了严格管理、降低成本、提高质量、创世界一流企业的方针和目标。通过严格管理,规范员工行为,使公司员工把公司制度变成自觉的规范,进而统一到共有的价值取向上来。其次,在价值取向的建设当中,公司在成立时就设定了公司的经济发展和国家的社会经济发展相适应,和社会环境相协调,以及企业要和顾客利益共存,企业要和劳动者共存这样一些价值观念。通过培训在教育和规范大家行为基础上,把公司共有的价值观念,融入到日常管理和工作中去,使员工的价值观达到一致。最后,把个人的价值和个人的发展,有效地融入到公司的发展当中去。如九阳公司把立足岗位,自我改善这项活动和 ZD 小组无缺陷活动作为企业文化的一个重要组成部分加以实施和推广;把公司员工立足自我改善作为企业发展的一个重要动力,使得员工在生产过程中,成为质量管理的主体。他们是生产者,又是产品质量保证者和确认者。在整个生产过程中,员工通过企业文化建设得到了较好的培训,提高了员工的素质,这就实现了企业实施以人为本的企业文化的人本管理有效循环。通过企业的文化建设,进而带动起企业生产的高效率、产品的高质量、服务的高水平、企业的高效益,进而回归到员工的高收入上。九阳电器这些年的成功,也正好验证了企业文化建设的重要性。

九阳的案例告诉我们,做好组织文化的建设工作是一个组织可持续发展的重要保证。

9.3.1 组织文化的影响因素

今天的组织面临着日益动荡、复杂多变的内外部因素。组织在进行自身文化建设时,需要考虑以下影响因素。

1. 组织外部环境的影响

(1) 知识经济时代的影响

从"硬"管理到"软"管理的转变,前者注重物质和制度控制与外在激励,后者注重精神和成就感与内在激励。

(2) 经济文化一体化发展趋势的影响

经济与文化的相互作用日益加重。

(3) 世界经济一体化的影响

跨国文化管理日益凸显,价值观冲突加剧。

(4) 市场经济体制建设的影响

经济、行政、法律、思想、道德等相互作用且呈现多样性。

(5) 中国传统文化的影响

中国传统文化源远流长,既有积极作用也有消极作用。

2. 组织内部环境的影响

(1) 组织内部环境变化的积极影响

组织内部用人机制的重大变化如人才流动日趋频繁,员工与组织关系的重大变化,员工之间关系充满合作与竞争的矛盾等。

(2) 组织内部环境变化的消极影响

价值标准失落如过分关注物质报酬;科学管理水平不高;企业文化建设缺乏个

性,讲究形式主义;没有形成系统的企业文化建设体系等。

9.2.2 组织文化的创建原则

1. 确立组织价值观

确立组织价值观,创立组织文化体系并指导组织运行,可以规范组织行为。组织价值观是组织文化的核心,是创立组织文化的主轴,它决定了组织的基本特征。

2. 促进组织文化和战略的统一

组织文化应该和战略相统一,要为组织目标服务。组织文化和组织战略目标是一致的。运营管理是组织的目的,文化则是组织管理的手段。

3. 重视人力资源管理

人的价值是无法估量的,是组织最宝贵的资源,是生产要素中唯一具有能动性的资源。组织应该在管理工作中灵活地运用多种有效的方法,最大限度地开发和培训人力资源,使之成为现代组织发展的不竭动力,并在实践中不断摸索经验,创新发展。组织应该结合自身实际,树立"以人为本"的理念,并注重在日常活动中加以落实,真正关心员工的成长和发展,促进组织和员工的目标共同达成。

4. 继承组织优秀的文化传统

组织的传统是历史的积淀,存在一定的合理性。在新时代的基础上,组织应该赋予传统以新的文化内涵,对原有文化进行改造,这是一项长期艰苦的工作,要去除糟粕,吸取精华。

5. 保持同外部环境的良好适应性

组织文化是组织适应外部环境的综合表现。外部的政治、经济、技术、文化等因素是影响组织员工思想和行为的重要因素。对外部环境的适应性是组织文化是否优秀的重要标志之一。

6. 树立典型和英雄榜样

英雄榜样是组织价值观人格化的主要体现,是组织行为规范得以落实的"领头羊"。在组织日常管理中,要不断发挥典型和英雄榜样的带头示范作用。

7. 重视员工激励

组织的物质激励资源是有限的,因此要加强对员工的精神激励。重视对员工的物质和精神激励的统一是组织文化建设的重要立足点,也是现代组织激励理论发展的一种趋势。

9.3.3 组织文化的创建程序

组织文化创立是一项系统工程,要经历探索、建设、积累和创新的过程。优秀的组织文化构建更需要组织有意识地长期倡导、培育、强化、总结和提高,并经过筛选、沉淀、经历和升华。组织在创建自身的文化体系时,应该遵循组织文化发展的科学规律,依据科学的程序进行。根据国内外许多组织成功进行文化建设的实践经验,现代组织进行文化建设一般可参照以下步骤进行。

1. 调查分析阶段

组织通过调查,能够准确理解现有文化基础,为创立组织文化提供科学的决策依据。此阶段内容包括:组织发展史调查;组织文化发展内在机制调查,一般有组织的硬件和软件部分,前者指组织设备配置、生产方式、产品性质等,后者指员工素质、员工满意度、组织作风等;组织人员素质分析;组织文化发展环境分析;组织价值观调查分析。

2. 总体规划阶段

组织通过规划,可以增强创立组织文化工作的计划性,有助于明确创立组织文化的目的性,有助于体现创立组织文化的有效性。此阶段主要内容包括:明确创立组织文化的目标、宗旨及意义;提炼形成适合组织的价值观;提出精神文化和物质文化的建设目标;设计有效的行为文化方案;对原有文化给予客观评价并继承其优秀部分。

3. 论证试验阶段

组织通过实验,可以验证前期工作的可行性;可以了解方案受员工支持的程度;可以明确现阶段工作的改进之处。此阶段主要内容包括:选择合适的宣传工具逐步落实方案;收集反馈信息;开展实地调查;分析汇总结果;修正规划方案;进一步论证实验。

4. 传播执行阶段

组织通过传播执行,可以增强组织与环境的进一步结合;可以增强具体执行工作的创造性和可操作性。此阶段主要内容包括:利用多种媒介密集宣传文化推广方案;及时收集反馈信息;增进双向沟通;成立协调机构;积极引导舆论。

5. 评估调整阶段

组织通过评估,可以对整个组织文化建设进行衡量、检查和评价,可以判断优劣,调整偏差。此阶段主要内容包括:建立评估目标;收集评估信息;寻找存在的差异;明确调整对象;制定相关考评制度。

9.3.4 组织文化的创建途径

组织文化建设不是盲目、随意、零乱的活动,而是有目的、有计划、有组织地促进某种文化模式逐步形成、不断发展和成熟的过程。因此,它必须遵循一定的要求,采取相应的手段,才能实现预期的目标,确保组织文化建设的成效。从组织文化建设的自身规律和很多优秀企业的成功实践出发,一般可采取如下实施途径。

1. 培养积极的人际关系

人际关系是指一定环境中人与人之间的相互联系状况。人际关系对人的影响是通过人与人的交往、群体舆论和监督来实现的,良好的人际关系无疑能使员工心情舒畅,使组织的管理效能得到充分发挥。积极的人际关系是优秀组织的"黏合剂",是组织文化的"催化剂"。组织通过培养积极的人际关系,思想相容性高,行为易于和谐统一,人际关系距离近。组织在内部员工之间,应该倡导形成以下愉快的工作氛围:平等相待,团结互勉;坚持原则,理性竞争;严以律己,宽以待人;真诚合作,坦诚相待;与人友善,求同存异。一般而言,为培养积极的人际关系,组织可以采取以下措施:

(1) 把握公司员工思想脉搏

组织通过了解员工的思想现状,可以了解开展人际关系活动的有效性。随着组织的发展,员工的思想观念和价值取向在这个过程中发生了深刻的变化,比如员工队伍由封闭型变为开放型;由服从型变为自主型;由政治型变为经济型;由贡献型变为回报型;思维方式由单向性变为多向性等。为了从员工价值取向的变化中找到员工思想变化的规律和特点,组织应该通过召开不同层次、不同岗位和不同专业的员工座谈会,通过个别访谈以及发放调查问卷等方法进行了解,以增进对组织内部各种人际关系现状的基本了解。

(2) 改善企业员工成长和发展环境

组织为了培养良好的人际关系氛围,就需要积极关注员工满意度这个重要指标,这直接影响到组织内部的文化氛围,与组织经营业绩一起呈现出"双同步"的态势。为调动员工积极性,应该把实施员工满意工程的着重点放在改善员工成长的环境上,为员工解决他们所期盼的"满意"就显得十分重要。主要体现在以下几个重要方面:树立领导班子形象;关心员工职业发展;创新企业用人机制;营造以人为本管理氛围;建立多元激励机制。从而真正在组织内部营造一种积极向上、和谐相处、身心愉悦的工作和生活环境,促进人际关系的良好发展。

(3) 开展丰富多彩的活动

组织人力资源管理部门应该利用多种途径开展活动,比如重视新员工入职仪式、联谊会、春游等,以加强沟通,增进了解,改进组织内部人际关系,让和谐的人际关系成为组织提高管理效益的动力源泉。

2. 加强团队建设

团队是指由少量具有互补技能的人员组成的,其成员致力于一个共同的目标、制定绩效目标、共同承担责任。团队是组织的基础,是组织的细胞,是员工最直接、最贴切的归属。加强团队建设,对于促进团队成熟,深化组织文化建设有着十分重要的现实意义。组织构建团队,可以发挥聚合力量、规范行为、增进沟通、满足社交需要等功能。加强团队建设的具体措施有：

(1) 授予团队一定权力

组织权力归根结底是决策选择的权力，下放权力意味着对权力进行纵向切割，高层负责战略决策，中层负责战略执行，基层拥有操作决策权。适度给基层团队放权，有利于激发员工的积极性、主动性和创造性。

(2) 吸收基层团队参与上级组织决策

赋予广大员工广泛的参与权，实行全员参与，一方面有利于上级组织集思广益，完善决策，减少失误；另一方面可以做到上情下达，使员工可以进一步理解组织意图，促进自身行为调整。组织通过采取参与决策的措施，会强化员工的主人翁责任感，激发其工作热情。

(3) 实行团队管理的民主化

各个团队成员都享有管理团队的权力，同时也承担着团队管理的责任。基层团队的考勤、统计、质量检验、设备维护、宣传沟通等工作都由各位成员分担。真正做到人人有责担，事事有人管。

(4) 尊重团队成员的独立自主性

在保证团队成员意见一致、统一纪律的前提下，给每位成员自由发展个性的机会，尤其要创造条件，充分发挥各个成员的聪明才智，以促进开发各成员的创造潜力，增强组织竞争力。

(5) 促进团队成员工作丰富化

随着现代科技的高速发展，社会分工日益细化，基层团队的工作也日趋专业化，在带来一定效率提升的同时，也给人们的身心发展带来了很多障碍，比如因为单调重复操作导致的枯燥、乏味、厌倦等，对人的价值提出了严峻的挑战。组织的解决出路在于进行工作再设计，实行工作丰富化。在这种日常管理中，组织应该逐步推广有效的管理手段，如工作轮换制度，扩大员工工作内容，使其有从事其他工作的机会，平衡员工各方面的发展要求，调节和丰富员工生活，从而进一步增强团队内部的合作与互助。

3. 重视组织文化礼仪

组织文化礼仪是指在组织文化活动中所采取的那些固定式样的礼节及形式，是组织文化实践的主要构成，是组织集中的、典型的、形象的文化实践符号。运用组织文化礼仪的不同形式，可以起到规范约束员工行为、丰富传播信息、加强角色体验等重要作用。通过重视文化礼仪活动的开展，组织可以将自身价值观具体展现，从而成为指导人们在日常工作中的行为准则，有利于组织文化精神的实践，将组织文化理念真正内化于心、外化于行。建立组织文化礼仪的具体载体一般有：

(1) 标志礼仪

这类礼仪有穿着统一的服装、佩戴统一的徽标、升旗仪式和唱歌等。这种仪式,一方面作为组织庄重、严肃的文化活动礼仪的一部分,如举行庆功会、召开员工代表大会、欢迎新员工等活动多采取这些礼仪;另一方面显示了组织的标志和形象,如通过升旗、唱歌,显示了组织特有的目标和风格,最能够生动、活泼、形象地作用于每一个员工,使他们受到强烈的情感陶冶,以激发和强化员工的文化意识,从而激起员工的强烈归属感和自我约束力。

(2) 纪念礼仪

这类礼仪一般用于对组织具有重大意义的纪念活动中,组织会发布纪念性文告,召开纪念大会,举办发展史展览,赠送纪念品和举办各种文体活动等。通过开展此类活动,一方面可以突出宣传纪念历史事件的价值和意义,另一方面则具有节日般的欢乐气氛。这类活动的内容和形式都在渲染这种气氛,使员工深刻体会到文化教育的主要意义,能够使广大员工从重温与熟悉组织的发展历史过程中,深刻领悟组织的价值观,体验组织的光荣传统,以不断努力进一步发扬光大。

(3) 工作礼仪

这类礼仪与组织的生产、经营和管理活动密切相关,如生产技术攻关誓师大会、庆功大会、员工代表大会和学徒拜师仪式等。这类礼仪,一方面理念性强,直接显示了活动的意义和价值;另一方面与组织工作密切相关,成为员工工作习惯的一部分。因此,它可以直接规范人们的工作行为,强化人们的工作动机。

(4) 生活礼仪

这类礼仪有的与员工个人的生活事件密切相关,如祝寿、婚庆等活动,有的与组织活动事件直接相关,如艺术节、运动会、欢送会等。这类礼仪由于与个人和组织生活都直接相关,所以常常具有人际关系礼仪的特点,它能够很好地调节组织紧张的工作节奏,增强员工之间的情感交流,增进彼此之间的亲密关系,使组织氛围具有生活情趣和人情味。

4. 创建学习型组织

学习型组织是一个能够熟练创造、获取和传递知识的组织,同时也能够修正自身行为以适应新的环境和挑战,该组织注重系统思考、自我超越、改善心智模式、建立共同愿景和团队学习。学习型组织理论自20世纪90年代由美国著名学者彼得·圣吉在其著作《第五项修炼》中提出以来,迅速被众多优秀企业和其他组织加以领悟和运用,取得了大量丰富的实践成果。学习型组织一般具有以下基本特点:注重系统解决问题;采用新方法进行试验;从过去经验中学习;从他人经验和优秀实践中学习;注重在组织中迅速而有效传递知识。

组织文化管理与学习型组织建设有着不可分割的关系,是现代组织在知识经济时代下提升自身竞争能力的必然要求。两者都十分重视人的价值观力量,重视人的精神因素培养,重视人的共同理想塑造。组织文化倡导的"以人为本"、"重视群体"、"团队建设"等理念都是学习型组织倡导的重要理念,特别是塑造组织核心价值观,注重组织和员工的协调发展,促进人的全面发展等观点,更是学习型组织的核心理念。用学习型组织促进组织文化理念的普及和深化,使其成为组织文化建设的切入点,可以丰富组织文化的内涵,提升文化管理的水平。组织在进行学习型组织建设时,可以遵循以下步骤:

(1) 成立并培育先导团

组织创建学习型组织需要的先导团,目的在于取得创建经验,培养相关骨干,以便在此基础上逐步在组织内推广。先导团的成员将培养成学习型组织创建的培训师,他们将在今后的文化创建活动中进行具体地指导,以宣传贯彻组织的基本理念和价值观,将其落实在相关行动中。

(2) 建立保障体系

学习型组织的保障体系主要包括四个部分,即组织保障、制度保障、资金保障和人才保障。保障体系的建立不可能是一蹴而就的,往往会随着学习型组织活动的深入开展逐步完善。组织在相关委员会或领导小组及有关专家的指导下,逐步建立保障体系,并科学有效地制定学习型组织建设和文化体系建设的远景规划。在规划中,要明确每一年的创建内容、措施及效果。规划一旦确立,要提交职工代表大会认真讨论,或征求股东大会意见。规划获得通过后,就成为组织制度的重要组成部分,并指导和规范着组织的创建工作。在具体实施过程中,组织要保证四个保障体系之间互相促进,平衡发展。

(3) 建立愿景体系

所谓的愿景体系是指组织内所有员工和团队愿景与组织愿景的相互统一,层层分解或层层叠加,最终形成的有机的、能够自我更新、并密切指导日常工作、学习和创新活动的愿景集合体。学习型组织主要包括学习、创新和愿景在内的三大体系,而愿景体系是其中首要的体系。愿景体系建设方式一般有两种:一种是先产生组织愿景,然后层层分解;一种是先产生员工和团队的愿景,然后层层叠加,从而形成共同愿景。由于前一种产生的组织愿景要经过组织领导和基层骨干的讨论,既具有相当的理性,又比较符合组织实际,所以很多组织常常选择这种方式产生。愿景产生后,要充分利用多种形式宣传、分享和体验,如组织的各种管理看板,组织员工讨论,员工个人和团队内部都要进行体验活动。组织创建自身的愿景体系,一定要遵循实际,与具体工作和行业实际结合。

(4) 建立学习体系

学习型组织的学习体系是指在组织愿景体系指导下,以团队学习为主要方式,同时配合大量的集团培训、岗位练兵以及个人自学,以学习专业知识、提高技能水平和形成良好的职业态度和认识为主要目的,增强创新能力,构建组织和个人可持续发展的学习系统。如果说愿景体系是学习型组织立足的平台,那么学习体系是学习型组织发展的平台,创新体系是学习型组织腾飞的平台。学习的最终目的在于提高组织的核心竞争力,全面促进员工的发展,加速实现组织愿景和战略目标。学习体系有理念层、制度层、行为层和物质层。从学习型组织大量的成功实践看,学习体系主要的运作方式有两种:一种是与生产经营工作相结合,常常采取会议的形式,进行深度会谈和系统思考;一种是与组织内部的大学或培训机构开展的活动相结合,开展各式各样的培训和学习活动,并鼓励员工自学。组织在开展具体学习活动时,要注意计划、实施、评估和反馈结合,注重把学习效果最大化。

(5) 建立创新体系

学习型组织的创新体系是指在组织愿景体系的指导下,在学习体系的支撑下,以市场需求为导向,以产品和服务创新为龙头,所构建的分别在观念、制度、管理与技术等方面不断超越自己,不断超越行业先进水平,能够促进组织可持续发展的创新系统。组织只有不断创新,才能真正超越自己、超越同行,不断实现质变,不断跨域。创新体系和学习体系一样,也有自身的理念层、制度层、行为层和物质层。它们同样是组织文化的重要组成部分,对学习型组织构建起着至关重要的作用。组织的创新体系要鼓励全员创新、全方位创新、全过程创新。同时,注重结合创新实际,选择不同的方向和领域。在创新过程中,观念创新是龙头,制度创新是保障,行为创新是支撑,管理创新是提升,技术和产品创新是核心。组织在创建自己的创新体系时,应该进行充分的调研,有针对性地建设和完善。

9.3.5 中国传统文化与现代组织文化建设

一个民族、一个国家,如果没有成熟的、富有生机和活力的文化传统,其生命就会枯竭,纵使曾显赫一时,也不过是昙花一现。中国传统文化,作为一种成熟的观念形态,在人类文明的早期,就已经形成。中国传统文化经过几千年的演变,已逐步成为一种独立的、颇具特色的文化形态,成为经济社会发展繁荣的精神源泉。春秋战国时代,是中国传统文化的繁荣期。此时各种思想都得到了充分发展,特别是儒家、道家、法家,它们成为中国传统文化不可或缺的组成部分,而经过汉武帝"罢黜百家,独尊儒术"的思想统治,在形式上占据统治地位的却是以孔子为代表的儒家文化,其核心是"仁"、"礼"、"中庸"等。传统文化是现代组织文化产生的条件和土壤,现代中国组织文化建设和中国传统文化之间具有十分密切的关系。

1. 中国传统文化的历史特点

世界上任何一个健全的民族文化,都必然有其独特的历史传统,有自己的某些优势和特长,同时也不可避免地有自己的某些缺陷和不足。中国传统文化也概莫能外。

(1) 中国传统文化历史优点

概括来说，中国传统文化历史优点一般包含：首先具有积极的入世精神，具体表现为积极关心社会现实的人生态度，如经世致用、治国安邦、教民化俗等思想，这些思想意识可以外化为一种对民族文化兴灭继绝的感情，以及以国家社稷为重，以民生为怀的远大抱负，和积极面对现实和人生的入世态度。其次具有强烈的道德色彩，有学者在进行中西文化比较研究时曾认为古代罗马学者有一种"智者风度"，他们十分关注人和自然的关系，富有科学精神；而中国学者则有一种"圣贤气象"，他们十分关注人与人之间的关系，富有道德精神，注重个人道德品质修养，培养健全的人格和远大抱负。再次具有顽强的再生能力，即中国传统文化最富有魅力并受到世人赞叹之处，不仅在于中国文化的古老悠久，更加在于它在面临内忧外患之时，一次又一次表现出的顽强再生能力，并不断适应现实生存和发展的需要不断壮大。最后表现为注重"中和"思想，也即"中庸之道"思想，它具备中国传统文化的基本精神，"中"要求把握事物度量的准确性，"和"则依据不同要素、不同方面讲究合理组合与对立统一，这含有辩证思维的思想，且对古代中国社会保持民族团结、社会稳定起到了一定的积极作用，也深刻影响着今天的组织和员工。

(2) 中国传统文化历史缺点

概括来说，中国传统文化历史缺点一般包含：首先在价值取向方面，重视道德的扶持，而忽视力量的培养、知识的研讨与功利的追求，造成德力分离、德智分离和义利分离的不良倾向；其次在致思取向方面，重视"形而上"的研究，忽视"形而下"的探求，造成"重道轻艺"的不良倾向，大大妨碍了对科技理论知识的追求和获取，到了近代，中国人不得不吞下科学技术落后的苦果；最后在思维方式方面，强调"尊贤"、"征圣"、"法古"，忽视个性培植、创造性发挥与多样性追求，造成死板僵化的文化格局，也必然妨碍了自由争鸣风气的形成，泯灭了人们的个性和创造精神，阻碍了学术文化和科技创新的发展。

综上所述，作为绵延数千年的中国传统文化，是一个复杂的两面体。从积极方面看，它具有一些有价值的内涵，是中国人民更新文化、继续前进的基础和动力。从消极方面看，它又是中国人民前进的某种障碍，是沉重的历史负担。我们应该学会辩证地理解这两种表现，不能一味赞赏、颂扬它或一味否定、抹杀它，两者都有失偏颇。

2. 中国传统文化中的管理思想

近年来，越来越多的国内外学者致力于研究中国传统文化中折射出的管理智慧，有些学者甚至将其归纳为一国经济增长和企业运营的重要因素。更有学者指出，在经济景气的时候主要依据美国的管理模式，而在经济不景气的时候则是中国传统文化所揭示的管理思想起着主导作用。因此中国各类组织在进行自身文化建设和管理时,既要有开放的心态,向世界其他先进的组织学习借鉴优秀的文化成果,更要立足国情,学会从中国传统文化中汲取营养。经过整理,中国传统文化中的管理智慧大致体现在以下方面:

(1) 以人为本

即把"人"作为考虑一切问题的根本,用中国传统文化的方式来说就是肯定在天地人之间,以人为中心;在人和神之间,以人为中心。随着时间的推移,由此观念逐步引申出"以民为本"的基本思想。如"天地之间人为贵","人乃万物之灵","乐民之乐者,民亦乐其乐;忧民之忧者,民亦忧其忧"(孟子)等。

(2) 尚贤任能

即尊重贤德之人、运用贤德之才。这种思想由"以人为本"管理思想直接引申而来,体现为重视人才、尚贤任能的观念。这也是很多中国古代思想家对于人才在国家兴衰存亡所起重要作用的关键认识。中国历史上曾经出现的多个百业兴盛、国泰民安的盛世,就与统治者的开明治国政策密切相关,而"以人为本"、"礼贤下士"是其中的主要内容。关于中国传统文化中的"尚贤"、"尊贤"、"举贤"、"用贤"等思想非常丰富,如"礼贤下士","尚贤者,为政之根本","无求备于一人"(孔子)等。

(3) 刚健进取

在古老的《易经》中,就对刚健有为、积极进取、自强不息的精神作出了经典表述,即所谓"天行健,当自强不息",它也成为中国传统文化的重要内涵,成为中国民族精神的重要象征。它体现出,人的活动应该效法天的运行,应该刚健有为,自强不息。从历史角度看,中国传统文化培植的中华民族自强不息的精神有两个显著特点:其一是,越是在挫折厄运面前,越能够激起抗争的勇气和力量;其二是,它不会经常表现出轰轰烈烈的大场面,更多是一种深沉的战斗、坚韧的探索和持久的耐力。如"刚健而文明,应乎天而顺乎人","刚健中正,纯粹精也"(《周易》)等。

(4) 崇德重义

中国传统文化高度推崇道德、仁义在人类生活中的地位和作用。无论何时何地何事,都以道德为一切的依归。这也是中国传统文化从崇高的理念出发引申出完备的道德规范。无论是儒家的诚意、正心、格物、致知、修身、齐家、治国、平天下、明德、新民、止于至善,还是道家的修道积德,佛家的去恶扬善,无不以道德实践为第一要义。这些优良的文化传统也增强了中华民族践履道德的自觉性和主动性,造就了高尚的道德品质和崇高人格。如"太上有立德,其次立功,其次立言"(《左传》),"为政以德"(孔子),"自天子以至庶人,一是皆以修身为本"(《孝经》)等。

(5) 注重和合

注重和谐和合作是中华文化的又一基本精神。首先它讲究人和自然的和谐,这体现了朴素的保护自然界、与自然界和谐共生的基本思想。其次是关于人和人的和谐合作,体现了国家与国家、民族与民族、组织与组织、人与人和谐相处的思想主张。如"人法地,地法天,天法道,道法自然"(老子),"兼相爱,交相利"(墨子),"上不信下,下不信上;上下离心,以致于败"(《资治通鉴》)等。

(6) 求是务实

求实是中国传统文化最能够体现唯物主义精神的基本思想。中国传统文化以现实人生为经世致用的出发点和最后归宿,讲究实事求是,并把它作为为人处世的重要指导思想。在环境发生变化之际,顺应时代要求,变换应对之策,也是求实精神的重要体现,这也往往成为不同历史时期寻求社会变革的重要理论依据。如"每事问"(孔子),"无恒产则无恒心"(孟子),"圣人不期修古,不法常可,论世之事,因为之备"(韩非子)等。

(7) 战略思维

中国传统文化在思维方式上,具有关注整体动态平衡的特色,对中国民族精神的发展产生了深远影响。如《周易》就以天、地、人"三才"作为宇宙的大系统,认为太极生两仪,两仪生四象,四象生八卦,变化无穷。《孙子兵法》的战略思维表现突出,十分注重宏观谋划、驾驭全局;讲究因地制宜、不断调整。如"知己知彼,百战不殆","夫兵形象水,水之形避高而趋下,兵之形避实而击虚;水因地而制流,兵因敌而制胜。故兵无常势,水无常形,能因敌变化而取胜者之谓神","攻其不备,出其不意,此兵家之胜,不可先传也"(《孙子兵法》)等。

(8) 管理技术

中国传统文化中还蕴含着丰富的管理技术手段,值得我们借鉴。如《周易》中所反映的市场管理原则、《管子》的奢靡消费观、《史记》的分层管理思想等。如"凡治市之货贿、六畜、珍异,亡者使有,利者使阜,害者使亡,靡者使微"(《周易》),"兴时化若何,莫善于奢靡"(《管子》),"宰相者,上佐天子理阴阳,顺四时,下育万物之宜,外镇抚四夷诸侯,内亲附百姓,使卿大夫各得任其职焉"《史记》等。

3. 中国传统文化在现代组织文化建设中的传承与发展

中国传统文化中的管理智慧在古文献中非常丰富,对我们进行现代组织文化建设有着非常现实的指导意义。人们需要努力挖掘,古为今用。

(1) 积极实现传统文化向现代企业文化建设的"创造性转换"

任何一个现代组织的发展都需要两种重要纽带,一种是物质、利益和产权的纽带,另一种是文化、精神、理念的纽带,两者缺一不可。而众多企业多年来的组织文化建设实践表明,组织文化是组织发展极其重要的内在动力。在现代组织文化建设过程中,中国传统文化无疑会发挥重要的精神纽带作用,组织文化建设不能脱离中国优良的文化传统。但是,我们不能够原封不动地搬进传统文化的所有东西,而应该经过辩证取舍,实现"创造性转换"。这是一个崭新的转换过程,新的东西经过对传统文化中健康的、具有生机的元素加以改造、融会,从而提炼形成有价值的文化体系,服务于现代组织的文化建设目标。

(2) 充分发挥中国传统文化对现代企业文化建设的独特功能和主要作用

组织在进行自身文化建设中,充分汲取中国传统文化的精华,有利于全面提高员工素质,有利于增强组织的凝聚力,有利于为组织发展提供精神动力和道德保障,有利于保障组织形成正确的精神理念,塑造良好的组织形象,有利于提高组织的知名度和美誉度。这绝不是空洞的杜撰,而是许多组织实践经验的总结。实践表明,中国传统文化中的精华经过"创造性转换"而形成的重要思想成果非常丰富,具体而言包括:"以人为本"的人力资源思想(即把"人"作为开展一切工作的出发点和落脚点)、"义利统一"的企业伦理(即组织对员工、顾客、股东、社会、国家等所必须承担的合理道德责任)、和谐与竞争结合的"多赢模式"(即注重建立内外部和谐的利益共同体关系)、开拓创新的企业追求(即继承中华民族开拓创新和锐意进取的宝贵精神财富并推动组织不断创新,引导组织走向成功)。

本章小结

(1) 文化是社会历史发展的产物,体现一种群体的生活方式;文化具有历史性、继承性和民族性。一个民族在其生存、繁衍和发展过程中,在物质生产、制度建设、教育和价值观四个层面上形成自身特有的文化。任何组织文化总是依附在一定的民族基础上而存在的。

(2) 组织文化是在一定的历史条件下,某一组织在其发展过程中形成的共同价值观、精神、行为准则及其在规章制度、行为方式和物质设施中的外在表现。组织文化包括精神层次、制度层次、行为层次和物质层次,其核心是组织价值观。

(3) 组织文化是一个完整体系,其体系由若干相互联系、且具有独特作用的要素构成。这些要素不仅在组织日常管理和发展中起着重要作用,而且对形成强烈的组织文化也发挥重要作用。构成组织文化的要素有:组织环境、价值观、英雄人物、典礼仪式和文化网络。

(4) 在特定的组织中,决定组织文化的各种因素所发挥作用的程度不同。一般而言,各种因素作用的结果将形成不同的组织文化类型,即权力文化、角色文化、任务文化和自由文化。不同的组织文化类型具有不同特点和适应条件。

(5) 以价值观为核心的组织文化,在现代组织发展和管理中发挥着不可替代的重要作用,是组织生存和发展的基础和动力,它有利于提升组织的核心竞争力。组织文化的功能一般包括:导向功能、凝聚功能、激励功能、规范协调功能、效益功能和辐射功能。

（6）现代组织受动荡和复杂多变的多种因素影响，具体表现为组织外部环境和自身内部环境因素，它们直接或间接影响着组织文化建设历程。

（7）创建组织文化要遵循一定的科学原则，一般有：确立组织价值观、促进组织文化和战略的统一、重视人力资源管理、继承组织优秀的文化传统、保持同外部环境的良好适应性、树立典型和英雄榜样、重视员工激励。创建组织文化要经历特定的阶段，一般有：调查分析阶段、总体规划阶段、论证试验阶段、传播执行阶段和评估调整阶段。不同的创建阶段，有着相应的创建内容和具体要求。创建组织文化可以采取不同的途径：培养积极的人际关系；加强团队建设；重视组织文化礼仪；创建学习型组织。

（8）在中国传统文化中存在着很多值得今天各类组织学习和继承的管理智慧，各类组织在进行自身文化建设时，既要向世界其他先进组织学习借鉴优秀的文化管理成果，更要立足国情，学会从中国传统文化中汲取营养。

复习思考题

1. 请简述组织文化内涵，并以某一组织为案例予以说明。
2. 组织文化的构成要素有哪些？
3. 请比较组织文化的不同类型。
4. 如何理解组织文化在组织管理和发展中的重要性？
5. 在知识经济时代背景下，当代组织会面临哪些影响组织文化管理的因素？
6. 创建组织文化应该遵循哪些原则？
7. 在创建组织文化的不同阶段有哪些主要内容？请进行一定比较。
8. 创建组织文化的途径有哪些？
9. 组织可以运用的典礼仪式有哪些？它们分别使用在何种场合？
10. 何谓学习型组织？组织应该如何构建学习型组织？
11. 如果一名新员工抵触所在组织的核心价值观，他还能够在组织中待下去吗？为什么？
12. 请到当地对知名的两家组织进行调查研究，并写出有关其组织文化管理现状的调查报告。

案例实训

1937年，麦当劳兄弟在洛杉矶东部的巴沙地那开始经营简陋的汽车餐厅，并

第9章 组织文化

很快取得成功。但仿效者很多，致使生意萧条。1938年，兄弟俩关闭了汽车餐厅，转营快餐，很快又生机勃勃。1953年，一个名叫福斯的人仅向麦当劳兄弟支付了1000美元便取得了麦当劳的特许经营权，接着先后批准了十余家特许加盟店。由于这些快餐店无义务遵循麦当劳的经营程序，所以严重损害了麦当劳的形象和声誉（这也说明连锁经营中统一管理的重要性）。1954年，克罗克作为麦当劳特许经营的代理商，替麦当劳兄弟处理特许经营权的转让事宜。克罗克规定特许转让费为950美元，很快他便将麦当劳演绎为一家优秀的公司，因而人们常常把克罗克视为麦当劳的创始人之一。1961年，麦当劳兄弟以270万美元的价格把麦当劳全部转让给了克罗克。在后来的30多年里，由于克罗克经营有方，麦当劳快餐店成为发展最快的世界性企业。

目前，麦当劳是世界500强企业之一，有超过100万的员工，已经在全球121个国家设有超过31000家快餐店，它在世界上扩张的速度非常快，巅峰时期每隔三个小时就有一家连锁店诞生，就像是复印机一样，一按就出来一家连锁店。麦当劳快餐店以其温馨的店堂气氛和特许加盟（经营）制度，被世界公认为名牌快餐店之一。

麦当劳在企业发展过程中提炼并始终倡导自身的核心价值观（"QSCV"），即质量（Quality）、服务（Service）、清洁（Cleanliness）和价值（Value）。具体内涵为：①质量：为了保证高标准的食品质量，与优秀的供应商建立密切的联系，选用上乘的原料，配合严格的质量控制和检验。所有麦当劳食品在送到客户手中之前，都必须经过一系列周密的品质保证系统。②服务：快捷、友善、可靠的服务是麦当劳的标志，每一位员工都以达到"百分之百顾客满意"为最基本的原则。③清洁：从厨房到餐厅门口前的人行道，处处体现了麦当劳对清洁卫生的注重，顾客在麦当劳能够享受到干净、舒适、愉悦的用餐环境。④价值：物有所值是麦当劳对顾客的承诺，在麦当劳既可享受到营养食品，亦可享有合理价格的保证，使得顾客感受到，麦当劳是一个好去处。麦当劳举世闻名的"QSCV"，也是一个有效价值运转的系统，该系统向全世界传送一个高标准。麦当劳在实际运营过程中，也能够一如既往的遵循其价值理念，因此取得了很强的竞争地位。

问题

1. 麦当劳为什么能够取得今天的地位？
2. 如何理解麦当劳的"QSCV"的核心价值观？该企业如何行动才能够体现其真正内涵？
3. 请联系目前中国企业管理实际，给出进行企业文化建设的具体对策。

第10章 组织变革与创新

学习目标

知识目标

熟悉组织变革的概念和流程,理解组织变革的动力和阻力,了解组织创新及其影响因素。

能力目标

能够分析、处理组织变革中的阻力并推进组织变革顺利进行。

10.1 组织变革的类型与实施

在鸟类中,老鹰的寿命是最长的,可以活到七十岁之久。这是它两次生命的叠加,它到40岁的时候必须做出生与死的抉择。

原来,老鹰在活到四十岁的时候,它生命中最重要的三样武器老化了:它的翅膀老化了,羽毛长得又浓又厚,所以变得十分笨重,使得飞行非常吃力,不能再以速度称王;它的爪子老化了,不再锐利,抓不住猎物;它的喙老化了,又长又弯,几乎碰到胸膛,无法撕咬食物。摆在老鹰面前的只有两种选择:等死或者再生。选择再生的过程是痛苦的。它必须选择一处悬崖峭壁,在那里筑巢,并且停在那里,不能飞翔,进行长达150天的痛苦重生过程,来更换它最宝贵的三件武器。首先用它的喙使劲地击打坚硬的岩石,直到完全破裂和脱落,然后耐心地等待新的喙长出来。当新的喙长到和过去一样坚硬的时候,它要用喙把它的指甲一根根地拔出来。最后,当新的指甲长出来时候,它还要用喙和新的指甲把它的羽毛全部拔掉。当新的羽毛长出来,老鹰又能像年轻时一样翱翔长空,获得新生,再活30年。

达尔文在描述生物进化规律时曾说:得以幸存的既不是那些最强壮的物种,也不是最聪明的物种,而是最适应变化的物种。

21世纪,越来越多的组织面对的是一个动态的、变化不定的环境,要想适应这样的环境,保持活力,不被社会和竞争所淘汰,组织需要像老鹰一样敢于改变不适应自身发展的因素,做出相应的变革。

10.1.1 组织变革的概念

组织变革(Organization Change)是指组织根据内外部环境的变化及时对组织中的相关要素进行变换或调整,以适应和改善组织效能为根本目的的一项活动。组织变革是组织实现动态平衡的发展阶段,组织原有的稳定和平衡不能适应环境变化的要求了,就要通过变革来打破它们,但打破原有的稳定和平衡本身不是目的,目的是建立适应新环境下新的稳定和平衡,在变革的过程中还应当把组织的变动性和发展性有机结合。

10.1.2 组织变革的类型

组织变革有两种:一种是所有组织不可避免的变革,即环境已发生变化,组织要想生存和发展就必须随之变革;另一种是有意图有目标取向的变革,即组织成员有计划地进行变革。本章我们着重研究后者,有计划、有目的的进行变革。有计划的组织变革主要指组织为了改善员工、团队、部门、分公司或整个组织的功能,以某种方式进行的有目的地尝试,具体又可以分为以下几类:

1. 以组织结构为中心的变革

不同的组织具有不同的结构,同一组织在不同的发展阶段、应对不同的环境也需要不同的结构与之相适应。同时,组织结构也会影响员工的态度和行为。组织为了适应内外部环境的变化及自身战略的要求就需要对组织结构进行调整和变革。

以组织结构为中心的变革包括职位的重新设计、部门的重新划分、权责关系的重新分配、管理幅度的变化、命令链的重新调整以及组织正规化程度的改变。国外学者一般把组织结构变革的因素归纳为21类:

① 规章制度;② 程序;③ 正式的奖酬制度;④ 汇报的要求;⑤ 计划;⑥ 部门划分的基础;⑦ 控制幅度;⑧ 矩阵组织结构;⑨ 进度安排计划;⑩ 信息沟通方式;⑪ 工作团队;⑫ 组织层次的数量(命令链);⑬ 委员会;⑭ 直线—职能型组织;⑮ 工作绩效的标准;⑯ 正式政策的权力;⑰ 选择的标准;⑱ 项目群体;⑲ 预算;⑳ 正式培训;㉑ 指挥系统。以组织结构为中心的变革是完成组织变革最直接和最基础的方式,也是见效比较快的一种方式,在某种程度上它还可以使组织发生根本变化。

2. 以工作任务为中心的组织变革

以工作任务为中心的组织变革主要是指对组织部门、工作内容、工作形式进行重新整合,改变原有的工作流程。现阶段这种变革方式主要包括工作扩大化、工作丰富化以及工作自主化等。

3. 以技术为中心的变革

以技术为中心的变革主要指改变从投入到产出整个过程所使用的技术,包括新设备的引进、新方法的使用、组织生产的自动化以及组织工作流程的计算机化。通过新技术的引进和使用改变组织原有的工作流程,改善组织解决问题的机制和方法,并且优化组织资源。

4. 以人为中心的变革

以人为中心的变革是所有变革的基础,无论是以结构为中心的变革还是以技术为中心的变革都离不开人的重要作用。以人为中心的变革主要包括个体的知识、技能、态度、价值观的变革以及群体行为的变革。

10.1.3 组织变革的实施过程

组织变革虽具有必然性,但组织变革的成功并不具备必然性。组织变革的实践是一个复杂、动态的过程,需要有科学的、系统的理论加以指导。管理心理学对组织变革的实施过程提出了很多行之有效的理论模型,其中影响较大的有卢因的变革模型、科特的组织变革模型、变革过程模型、吉普森模式等。

1. 卢因的变革模型

著名的社会心理学家库尔特·卢因(Kurt Lewin)是有计划变革理论的创始人。卢因认为变化的行为有三个过程:"首先是解冻现在水平,然后转化到新的水平,最后将团体生活固定在新的水平上。因为任何水平都是被一个势力范围确定的。长久不变意味着新的势力范围受到相当的保护。"他特别重视组织变革中人的心理机制,该模式就是他针对组织成员的心理状态和行为模式而提出的。如图 10.1 所示。

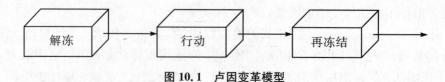

图 10.1 卢因变革模型

第一阶段:解冻——创造变革的动力。

组织要进行变革,就必须打破那些已经不适应组织发展或阻碍组织发展的组织结构和管理模式,鼓励员工改变旧的行为模式和工作态度。变革之前的状态可以看作是一种平衡,要想打破这种平衡即解冻可以通过三种力量实现:① 推动力——引导行为脱离现状的力量,即增加吸引力,如给员工进行培训,传递未来的组织愿景或用薪资待遇、职位变动加以引导等;② 约束力——阻碍偏离变革状态活动的力量,如可以采取一些惩罚性的或强制性的活动限制阻碍变革的活动或力量;③ 综合使用以上两种方法。

第二阶段:行动——指明改革的方向,实施变革,使成员形成新的态度和行为。

在该阶段,组织开始具体实施变革。组织、部门、团队和个人的行为将上升到一个新的水平。组织可以通过推进变革,以推进组织重组、流程再造,发展新的行为、态度和价值观。

第三阶段:再冻结——稳定变革。

该阶段,组织达到一种新的平衡,并且努力维持这种平衡,巩固组织变革。组织文化、组织规范、组织结构、组织政策等维持组织状态的力量将有助于巩固这种新的平衡。

2. 科特的组织变革模型

关于组织变革的实施过程,领导和变革领域的专家科特(John P. Kotter)认为成功的组织变革通常是一个耗时而且极端复杂的流程,在其《领导变革》一书中,将组织的变革流程分为八个步骤。他指出变革者如果想投机取巧跳过一些步骤,或者不遵守应有的顺序,成功的机会是非常微小的。这八个步骤分别是:

第一步,增强紧迫感,建立危机意识。当企业的全体成员都感到现在的状况很好的话,那么变革是无从谈起的。因此,要想变革,首先就要增加员工的紧迫感。要想增加紧迫感,就必须消除造成自满情绪的根源,或尽可能缩小其影响。企业的领导人要制造出一些危机,让员工都有危机意识。例如,允许出现财政亏损;通过同竞争对手进行对比,让经理们了解公司存在的问题和与对手的差距;在决策过程中定出更高的标准;鼓励每位员工多从外部收集有关业绩的信息;高层管理人员停止发表乐观言论等。这些措施都能有效地增加企业的紧迫感。

第二步,建立指挥团队。很多人都这样认为,只有一位富有传奇色彩的人,才会具备那种对改革来说至关重要的领导才能。科特则认为:"这种看法是非常危险的。"特别是对于21世纪来说,要进行企业的重大变革,仅靠一位孤立总经理单打独斗是不行的。这需要组建一个联合指挥团队,通过这个团队,要集体作决策,共同对决策负责。当然,这个团队也要有一个好的领导,没有好的领导是不会获得成功的。

第三步,确立变革愿景。愿景包含着某种崇高或神秘的东西,好的愿景能够引导员工向着目标努力工作。它是一个特别重要的因素,没有愿景,决策过程有可能演变成一场无休无止的争吵,而在做预算时可能会不加考虑,随手将去年的数字改动5％就算大功告成。当然企业的愿景应该是可想象的、具有吸引力的、可实现的、灵活性的并且有好的传播性。从长远看,如果没有正确的设想,产品的重新策划、企业的调整和其他改革计划就决不会发挥作用。

第四步,有效沟通愿景。愿景不是设想出来就行了,只有少数几个关键人物理解这一设想不是好现象,只有在参与这项事业或活动的大多数人就所要实现的目标和行动方向达成共识时,设想所蕴含的力量才能得到释放。为此,有效的沟通就显得非常重要。为了能够达到这一效果,在建立愿景时应该简洁、清晰明了、多用比喻和类比,而且还要领导人进行反复的强调,要进行双向的交流,提出自己的想法并听取他人的意见,这比单向交流更富有成效。

第五步,授权员工参与行动。要使传播设想真正有效,只靠口头、书面的沟通形式还不够,还得进行相应的改革,要更多的授权,以使更多成员能够采取行动。这样才可能真正有效。授权员工参与行动可以从以下几个方面展开:向职员们宣传一项合理的改革设想,如果职员们有了一个共同的目标,那么为了实现这些目标行动起来就容易多了;使体制适应改革设想;为职员们提供必要的培训;使信息制度和人事制度适应改革设想。以上措施的核心是授权,改变领导与管理体制。

第六步,创造短期成果。重大变革都要花去大量的时间。但多数人都希望能够快速地看到成果,来说明自己的努力没有白费。而持怀疑态度的人可能会提出更高的标准。对此,科特提出了"创造短期收益"的问题,并且认为,企业短期的业绩能够促进改革总目标的实现。这种短期成效对改革计划起到了肯定的作用,明显的收益也有助于获得老板必要的支持;持观望态度的人会变成支持者;而且也有利于管理团队来检验他们的设想。

第七步,巩固已有成果,进一步推动变革。当变革进入这个阶段时,成果已开始明朗,同时也是变革举步维艰的时期。由于功成名就,组织开始滋生自满的情绪,往往导致成果得而复失。特别是由于改革成果已经出现,许多人便会出现坐地分成的念头,一旦得不到改革成果,或认为分享不公平,便会产生使别人也得不到的想法。对于此类现象,科特认为应从组织内部找原因,以往改革失败的原因有两点:其一,以往的管理方式往往过于集中,根本无法应付20个以上的复杂改革计划;其二,改革计划的负责人没有协调他们之间的行动,彼此造成牵制,产生阻力,妨害改革成功。因此这时候千万不能放松,一定要坚持下去,把变革进行到底。

第八步,使变革制度化。科特认为,将工作方法以及企业文化制度化往往是最后实现的变革,将变革作为一种新的行为规范与企业文化固定下来。这一步骤在变革中是必不可少的。文化对长期经营绩效有巨大的正相关性。科特认为,新模式的文化应是"以变化为支点的企业文化",这种文化会帮助企业适应一个迅速变化的环境,并大大胜过财力更强的竞争者。

当一个公司建立起这样的文化时,公司的管理人员会珍视与公司有关的所有人员,他们非常尊重支持自己生意的成员,从客户、供应商、雇员到股东。他们要更多地往外看,而不是朝内看,这一特征对于形成灵活的、适应性强的、以变化为支点的文化是很重要的;而且组织内的各个阶层都非常重视进取心和领导权,这不仅是在组织的上层,在中层和下层也应是如此。公司内部大力宣传改革设想,管理层也给予高度的重视并且改革了企业内部的业绩评估制度以及其他一些因素。所有这一切都坚定地支持着新的工作方法。由于企业里没有人真正重视过这个问题,所以,人们并没有努力地去帮助这种新的工作方法在公司文化中生根发芽。要想让这种新的工作方法取代旧的价值观念,就必须使它深深地植根于企业文化中并使它在企业文化中发展壮大。

在变革过程中有两点特别重要:第一,要有意识的向员工说明新方法、新行为和新态度对于提高组织业绩起到何种作用;第二,组织要确保继任的管理团队确实能代表新的行为方式。接班人选择不当,可能会让组织的变革努力付之东流。

3. 变革过程模型

美国华盛顿大学的教授福利蒙特·卡斯特,在其与詹姆斯·E·罗森茨韦克合著的《组织与管理——系统方法与权变方法》一书中,提出了组织变革的六个步骤:

(1) 审视状态:对组织本身、组织取得的成就和缺陷进行回顾、反省、评价和研究,为组织变革做准备;

(2) 觉察问题:识别组织中存在的问题,确定组织变革的必要性;

(3) 辨明差距:找出现状与所希望状态之间的差距,分析所存在问题,明确变革的方向;

(4) 设计方案:提出和评定多种备选方案,经过讨论和绩效测量做出选择;

(5) 实行变革:按照选定的方案进行变革的具体行动;

(6) 反馈效果:检查变革的成果,找出今后改进的途径,进而使变革过程又回到第一步,不断循环,以便使组织不断得到发展。

4. 吉普森模式

组织变革过程模式不一而足,余凯成在其《组织行为学》一书中提出可以用管理学家吉普森提出的组织计划性发展和变革模式作为组织变革过程的综合模型,见图10.2。

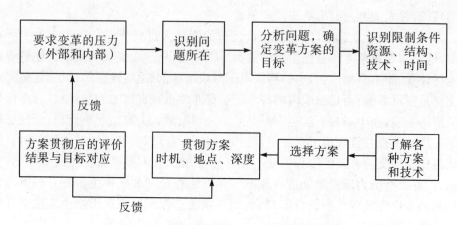

图 10.2　吉普森组织计划性发展和变革模式

10.2　组织变革的动力与阻力

"与狼共舞"的海尔变革

我国加入 WTO 后,国外家电巨头纷纷进入我国,家电市场的竞争越来越激烈和残酷。面临严峻的市场挑战,海尔始终充满着忧患意识,"永远战战兢兢,永远如履薄冰"。张瑞敏认为"中国目前的家电市场恰似与狼共舞,海尔要么是羊,要么是狼,我们要想不被狼吃掉,只有再革一次自己的命,把海尔变成狼。"

张瑞敏非常推崇松下幸之助和通用电气的韦尔奇:"松下和韦尔奇教给我们,一要有基本的价值观、基本的经营理念,二要变革,特别是企业内部的变革,需要不断地去推动。"松下的经营之道,非常重视文化,把员工紧紧的凝聚在一起,为一个共同的目标而努力奋斗。韦尔奇奉行一种"在必须变革之前做出变革"的哲学。

张瑞敏始终充满着危机意识和变革精神,他说,海尔集团"用一句话来说,我们是天天都在想'以变应变,以变制变';而中国绝大多数企业都还是'以不变应万变'。"正是这种积极的变革精神使海尔从中国数以万计的企业中脱颖而出。海尔认为,变革是创造性的破坏,只有变革才能保持、激发企业的活力。张瑞敏认为"企业必须既要有永远的忧患意识,又要保持永远的活力。企业做强做大很难,坚持长盛不衰更难。重要的不是个别人,一部分人,而是全体员工即每个细胞都充满活力才行。因为每个人都具有不可估量的能力。"所以海尔通过变革,更多地向下授权,使"人人是经理,人人是老板",使每一个实体乃至每一个人都成为一个责、权、利的中心,营造一种每个人都尽力释放自己潜能的氛围和机制。张瑞敏认为:"如果每个人每天都能革除旧的弊端,再造新的自我,给企业新的定义,那么我们的事业肯定会无往而不胜。"

10.2.1 组织变革的动力

随着全球经济一体化趋势的进一步加深,市场竞争的逐步加剧,组织变革已经成为企业永葆活力的关键要素。组织需要不断地推进变革,而推进组织变革的动力主要来自于内部动力和外部动力两个方面:

1. 内部动力

(1) 组织战略的变化

任何战略都不会一成不变,随着环境的变化、组织规模的扩大、经营重心的转移,战略也要相应地发生变化。战略的变化要求组织做出相应的调整,主要体现在两个方面:一是不同的战略需要开展不同的业务和管理活动,这就影响到管理职务和部门设计;二是战略重点的改变会引起组织业务活动重心的转移和核心职能的改变,从而要求组织变革。战略变化了,而组织没有做出相应的调整,那么组织不仅不会有助于战略的顺利实施,反而会成为战略实施的障碍。组织战略不仅仅是组织变革的动力,同时也为组织变革指明了方向。

(2) 管理者的改变

不同的管理者会有不同的管理风格和决策过程,随着管理风格和决策过程的变化,组织也会随之发生变化;同时,对于同一管理者来讲,不同的管理理念的引入、管理者价值观的变化,也会导致管理行为和决策过程发生变化,这些变化同样会推动组织的变革。

(3) 员工自发性的要求

组织中,员工通过学习,通过日常工作的体验和积累,发现了不适应自身或组织发展的要素,并对此提出改变。同时,只有组织的所有成员意识到了创新和变革的重要性,有了创新和变革的理念,变革才能顺利实施。

2. 外部动力

(1) 政治制度的变化

国内的经济政策、企业改革、发展战略和创新思路等社会政治因素也是组织变革比较重要的因素,同样,有时国外的政治形势也会对组织的变革形成较大的推动力。

(2) 经济的波动与全球化

经济活动周期性变化的显著加强以及经济变化对全球经济的日益重要的影响都会要求组织能够做出适当的变革,以适应形势和环境的变化发展。2008年美国次贷危机引发了全球性的经济危机,在这次危机中,无论是国家还是企业组织都或多或少地受到了影响。为了适应经济的这种周期性变化以及经济全球化的影响,组织需要不断进行变革。

(3) 新技术发展

一方面,专业技术的进步和发展对组织的影响毋庸置疑;另一方面,信息技术对企业组织的影响已经日趋明显。信息技术有助于非程序化决策向程序化决策的转化,有助于重大决策问题的集中以及次要决策问题的分散,进而更好地解决组织管理实践中长期困扰人们的集权与分权的结合问题。另外,企业内部信息网络化将促进内部信息沟通,真正做到资源共享,以便于控制。信息技术的发展将使组织产生一种既高度集中又机动灵活的柔性特征。信息技术的发展、运用以及带来的新的特征也要求组织随之发生变革,变得更扁平、更精干、更灵活。

(4) 市场的发展和变化

随着全球化的进一步发展,市场的竞争更加激烈,消费者的需求更加多样化,满足消费者需求的渠道也不断发生变化。他们可以在世界范围内选择商品,他们可以在供应链的任何一个环节选择他们需要的东西,这一切要求组织的运作方式发生变化。

(5) 竞争观念的变化

竞争环境在不断发生变化,竞争的内涵和形式也在不断扩充和丰富,从对抗竞争,到合作竞争,甚至到"超越竞争",反映了组织在不同阶段的竞争要求。同时全球化经济也形成了新的伙伴关系、战略联盟和竞争格局,这一系列的变化迫使企业改变原有的经营与竞争方式。

(6) 人力资源的性质

一方面随着经济全球化的深入,人才的全球化也得到了进一步发展,组织若想在多元化人才的竞争中取胜,需要做出相应的调整和变革;另一方面,随着时代的进步,不同时期、不同年代的人力资源呈现不同的特点,若想有效地吸引、激励他们也需要有效的组织变革。

综上所述,推动组织变革的动力是多方面的,经常出现几种因素同时发挥各自影响的状况。如图10.3所示。

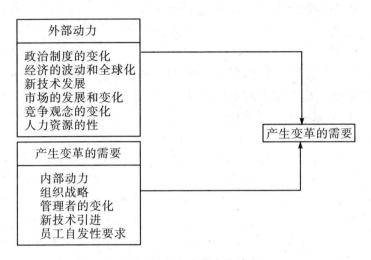

图 10.3 组织变革中的动力

10.2.2 组织变革的阻力

在组织变革中,组织和组织成员会抵制变革,从某种意义上来说,这是积极的,它可以确保组织行为具有一定的稳定性和可预见性,如果没有任何阻力的话,组织行为可能会变得混乱和随意。变革的阻力还可以成为功能正常的冲突源。但过多的、不正常的阻力的存在也有着显而易见的弊端,它可能导致变革很难开展和推行,甚至导致变革最终失败。下面我们主要从个体、群体和组织三个层面分析组织变革的阻力。

1. 个体阻力

(1) 心理上的因素

变革是为了改变组织现状,以实现预期的未来状态的过程,这就意味着组织变革本身充满着不确定性。这种不确定性会让组织成员产生恐惧和不安全感。同时,对现有状态的认知会让他们在潜意识里刻意回避变革可能带来的好处,即守旧的思想和心理在作怪。

(2) 经济上的因素

变革可能会使组织成员收入水平降低、职位调整甚至失去工作。这也是他们心理上不安全感的来源。

(3) 行为的惯性

人类是一种有习惯的动物。当人们习惯了某一种生活状态、某一种工作环境后,处理任何问题时都会依赖于习惯化或模式化的反应。但发生变革,旧的习惯就需要改变,比如熟悉的工作环境可能发生改变、熟悉的工作内容可能发生改变,熟悉的工作方法发生改变等。个体害怕这种改变,希望维持已有的行为习惯。

2. 群体阻力

(1) 群体惯性

由于群体惯性的存在,即使个体想改变自身的行为,积极加入变革,群体规范也会成为约束力。例如,单个的工会成员可能乐于接受企业提出的对其工作的变革,但如果工会条例要求抵制企业作出的任何单方面变革,他就可能会抵制。

(2) 变革对已有权力关系的威胁

变革对已有权力关系的威胁主要涉及组织中的中层管理者,中层管理者在某些情况下也被称为组织变革的死亡之区。中层管理者是组织中的既得利益群体,他们非常担心变革会影响、削弱甚至剥夺他们现有的权力。基于此方面的考虑,他们可能会阻止变革。但是如果组织的高层管理者和中层管理者联合起来发动变革,变革成功的可能性会更大。

IBM公司前CEO郭士达在组建拥有全球性团队的全球公司时,曾遭到了那些地域分割、各自为政的国家区域经理们的强烈反对,这种阻力就是由于变革损害了他们的既得利益而引起的。

3. 组织阻力

(1) 组织结构

现有组织结构的惯性、现有规章制度的影响会对组织变革产生阻力。

(2) 组织资源

组织资源可以从两方面来理解。一方面,由于组织变革可能会对组织内的各种资源进行重新分配,那些原本在组织中拥有较多资源的个体或群体会将变革视为一种威胁,而那些有望在变革后获取更多利益的个体或群体也会为未来的不确定性而担忧;另一方面,组织现有的资源,包括人力、物力、财力等也会限制变革的幅度。

(3) 组织文化

组织文化强化了员工对现有的价值观、标准以及行动准则的遵守。组织变革应建立在组织文化的基础上,但如果现有文化跟变革存在不协调或差距很大时,现有的某些组织文化可能会给变革带来负面影响。一般来讲,原有组织文化越强的企业组织变革会越艰难。

10.2.3 组织变革的动力和阻力的博弈

了解了组织变革的动力和阻力因素,两者在变革中力量对比如何,两者如何进行博弈,可以借助"力场分析法"来解决。

"力场分析"理论由德国心理学家卢因创立。卢因用数学和物理学的概念、原理来解释心理现象。通过"力场分析法"可以识别组织变革的阻力和动力的博弈,它能够帮助组织变革的管理者识别哪些力量是能改变的,哪些力量是不可以改变的,从而找出变革的突破口,使领导者集中精力去对付那些能够消除的阻力。

卢因的基本观点是:改革不是一种静止的状态,而是相反方向作用的各种力量的一种能动的均衡状态。对于变革,企业中存在着动力和阻力两种力量,当两种力量对等时就会达到平衡。因此,在进行组织变革时,需要充分考虑这两种因素。

在列举变革的阻力和动力时,可以采用头脑风暴法来进行,并且要让尽可能多的利益相关者参与制作力场分析图,使之更全面、更具代表性。某企业组织变革力场分析图如图10.4所示。

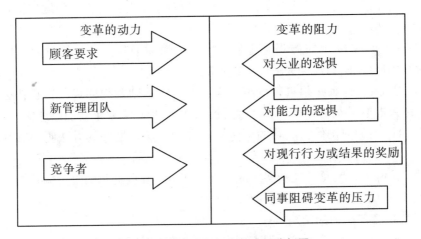

图10.4 某企业组织变革力场分析图

力场分析法的具体步骤一般可分为四步:第一步,先排列出变革的动力和阻力;第二步,可以在图上以箭头的长短表示各种力量的强弱程度;第三步,对各种力量进行综合分析;第四步,确定变革措施,使变革顺利进行。在实践中,一般采用减少阻力的策略,因为增加动力会增加紧张,而当动力消失时,相应的变革也会结束。

10.2.4 克服组织变革的阻力

要使组织变革取得成功,就需要最大限度的削弱反对变革的力量,尽可能地让那些阻碍变革的因素不发挥作用,使变革的阻力尽量降低或化变革阻力为动力。而要想克服变革的阻力,首先就必须科学、认真的审视和分析阻力本身,然后寻找有效的策略来克服变革的阻力。克服变革阻力的策略主要有以下七种:

1. 审视和分析变革阻力

可以运用"5W2H"的方法对变革中的阻力进行调查、分析和判断,有的放矢地解决变革阻力。

(1) Who:谁提出变革?谁适合开展变革这项工作?领导者是否有变革的能

力和魄力？变革过程可能涉及的利益群体有哪些？是什么因素激励着他们？他们的诱因是什么？他们对问题的认识和可能的解决方案是什么？如果让情况继续发展，谁将受到损害，谁又将受益？对于牵涉问题中的各种人来说，解决该问题各自的重要性如何？这些人对于做出决策的管理者而言有多重要？他们的权力有多大？他们对未来的决策者将能施加什么影响等一系列问题。

（2）Where：该项变革在何处做，包括哪些单位、人员和业务？

（3）What：变革产生阻力的主要问题是什么？该问题是否值得解决？如果问题没有得到解决将会带来什么样的损失？如果成功的解决，其收益又是什么？解决该问题对于解决其他问题而言有多重要？他对于管理者所管辖领域正常业务的影响有多大等。

（4）When：必须现在做吗？变革的最佳时间到了吗？变革的时间进度是什么？存在的问题、阻力需要去何时予以解决？

（5）Why：为什么必须进行变革？为什么没有达到预想的成果？是什么因素阻碍了结果的取得？是否有某环境因素被忽略了，现在需要重新加以考虑？

（6）How：如何操作？成功的可能性有多大？这是最好的方法吗？有其他方法吗？

（7）How much：预计花费多少成本进行变革？克服变革的阻力额外投入多少时间、金钱？变革后的成本、效益会怎样？

2. 克服变革阻力的策略

（1）选用年富力强、具有开拓精神的人员担任中高层管理人员

组织中有些年老的管理人员以前为企业做出过重要贡献，现在也在一些重要的岗位上，但由于外部环境的变化，他们的知识、经验已经老化，而且随着年龄的增加有可能在心理上趋于保守，他们可能会影响变革的顺利实施。解决这个问题，可以选拔一些年轻的、具有开拓精神的人员担当管理者角色，成立变革小组，同时采取多种措施让年老的管理人员参与组织变革工作，化阻力为动力。

（2）充分沟通

有效的沟通可以协调各方矛盾，促进问题的解决。组织变革过程中需要充分利用组织内所有可能的沟通渠道，例如内部刊物、宣传栏、内部网络、会议、演讲、培训和谈话等，来传递变革的蓝图和相关信息。与组织内相关成员进行密切沟通，确保信息的公开性，防止信息失真而引起的阻力，同时通过与员工沟通，让他们了解变革的原因、变革的步骤，理解并能认同变革，也让组织了解员工对变革的想法和顾虑，进而逐步引导他们参与变革。

（3）提供培训

现代培训已经不仅仅是对员工知识、技能的培训，它还涉及态度、价值观、观念

和心理等的培训。在组织实施变革时,培训首先帮助员工认识到变革的必要性,认识到这个时代唯一不变的就是"变",帮助他们改变和调整旧的观念、价值观和态度;其次培训帮助他们重新发现自身的潜能,克服心理恐惧,重新建立信心;再次培训还可以帮助他们培养新的技能,适应未来的发展。

(4) 提高员工的参与程度

参与可以增强组织成员对变革的认同,而认同感正是他们支持变革的基础。组织可以让成员以多种形式参与到变革中来,可以让他们参加组织变革的诊断调研和计划的制定等。参与到变革的相关活动会让个体觉得受到尊重和重视,更容易接受变革,同时个体一般很难抵制他们参与的活动。

(5) 提供一系列支持性措施

由于变革所带来的不确定性,使员工对未来产生不安全感,并有可能影响到他们的实际利益。组织需要采取一系列支持性措施为变革中受到影响的员工排忧解难。这些支持性的措施包括:提供心理咨询,缓解他们的恐惧感;进行培训,转变态度、价值观,培养新技能;做出某种承诺,变革可能会使员工失去现有的岗位,组织保证通过培训提供新的岗位或给予足够的经济补偿或其他好处等。

(6) 采用强制性手段

组织变革中的上上策是把反对者变成支持者抑或中立者,但有时由于某些因素,某些反对者会过于坚决,这时就需要采取一些强制性的措施。比如,可以通过变革者手中的权力和其他资源果断地做出决定,清理这些人在组织中的作用和影响。

(7) 正确运用群体动力

所谓群体动力是指群体活动的动态、群体力量的合成等。群体动力内含的要素包括群体的规范、群体压力、群体沟通、群体冲突以及群体中人际关系等。在组织变革中正确运用群体动力理论包括:创造强烈的群体归属感,设置群体共同目标,加强群体凝聚力,培养群体规范,建立关键成员威信,改变成员态度、价值观和行为等。

10.3 组织创新及其影响因素

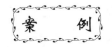

杰克·韦尔奇——重构 GE,获得新生

1981 年 4 月,年仅 45 岁的杰克·韦尔奇成为通用电气公司历史上最年轻的

CEO。在此之前,通用电气的业绩不佳,股票市值在近十年里几乎下降了一半。

韦尔奇极具反叛性格和革新精神,他从不相信教条,反对一成不变。他上任之后的第一件事情就是毁掉 GE 引以为荣的典范——包括公司的业务组合、行政系统、不胜枚举的管理传统以及特有的公司文化。韦尔奇从大幅度裁员、压缩行政管理层入手,通过一系列新流程和新措施,把 GE 公司的管理层次尽量减少,从而提高企业运作速度,让大公司具有小公司那样的灵活性和创造性。他先后将通用员工人数由 41.2 万人精简为 22.9 万人,撤消了整整几个经理层。在韦尔奇初掌通用时,通用的每个事业部皆设有 9 至 11 个管理阶层,但时至今日,已将为 4 至 6 个。一时间韦尔奇大胆的做法遭到了很多的攻击,员工甚至称他为"中子杰克"。

但后来的事实证明,韦尔奇毁掉了原来的 GE,但它同时塑造了一个全新的 GE,一个更强大、更有竞争力、更有投资价值、更受人瞩目的 GE。韦尔奇初掌通用时,通用旗下仅有照明、发动机和电力三个事业部在市场上保持领先地位。而如今已有 12 个事业部在其各自的市场上数一数二,如果单独排名,通用电气有 9 个事业部能入选《财富》500 强。韦尔奇本人也被公认为最杰出的世纪经理人。韦尔奇初掌通用时,通用电气的销售额为 250 亿美元,盈利 15 亿美元,市场价值在全美上市公司中仅排名第十。在 2005 年,全球 100 大上市公司的总市值排名中,通用电气以 5629 亿美元重登冠军宝座。

10.3.1 组织创新概念

当今社会,组织变革的最主要问题有两点:激发组织的创新和创建学习型组织。而组织创新既是创建学习型组织的基础,也是组织变革追求的目标。"创新"(Innovation)一词最早是由美籍奥地利经济学家熊彼特于 1912 年出版的《经济发展理论》一书中提出。他认为"创新就是建立一种新的生产函数",就是把各种生产要素和生产条件的新组合引入生产体系。它包括五种形式:产品创新、生产方式创新、市场创新、要素创新和组织方式创新。

斯蒂芬·P·罗宾斯在其《组织行为学》一书中指出组织创新是指用以发明或改进一项产品、工艺或服务的新观点。所有的组织创新都包含着组织变革,但并不是所有的组织变革都涉及新的观点。可以这么说变革是使事情发生变化,而创新则是一种更具体的变革形式。

10.3.2 组织创新的影响因素

影响组织创新的因素主要来源于两个方面——内部因素和外部因素。

1. 内部因素

(1) 组织结构

组织结构的类型会影响组织的创新。松散、灵活、具有高度适应性的有机式组织结构对创新有积极影响,能够降低组织对员工的限制,加强组织内部的沟通,使创新更容易出现并被接纳。

(2) 组织文化

创新更多的依赖于一种思维模式的改变。只有当人们感觉到自己的行为不会受到任何惩罚时,才会提出新观点,采用新方法。因此组织需要营造一种宽松的氛围,一种支持创新、鼓励创新并能包容错误的组织文化,为员工创造愿意全身心投入的工作环境,激发员工发掘最大潜能。

(3) 人力资源

组织创新必须通过人的因素的作用才能生效,而且创新的氛围也需要组织的人力资源去营造,因此人力资源在组织创新中扮演着核心角色。调查发现,创新型的组织需要更多的知识型员工,组织会积极为员工提供培训与开发,为他们提供实现创新的知识积累,让他们跟上时代和技术的发展。同时,组织还会为员工提供很高的工作保障,使员工不用担心因为创新犯错误而遭到严惩或解雇。他们支持员工的新想法,鼓励员工成为变革的倡导者,并为他们提供帮助。

2. 外部因素

(1) 市场需求

组织经济利益的实现取决于它对市场需求的满足程度。市场需求的不断变化也会影响并拉动组织创新。市场对新产品的需求拉动产品创新;市场对现有产品质量的更高要求拉动产品生产的过程创新;市场对规模扩大化的需求拉动提高生产效率的过程创新;市场对服务的进一步要求拉动管理过程创新。

(2) 技术推动

新技术既是企业创新的前提,又是推动企业创新的重要力量。科学技术总在不断地进步和发展,并且不断地被要求运用于生产,成为生产技术基础变革的强大动力。科学技术上的重大突破,经常会引起技术创新活动,并形成高潮。

(3) 政府行为

政府行为可以为企业创造一个有利于创新的外部环境,对企业创新起到配置和激励作用。政府的宏观调控能够促进市场体系的发育和完善,能够加强对企业创新政策方向上的导向和支持。政府对企业创新的推动主要体现在政策上,包括财政刺激政策、风险投资政策、公共采购政策以及相关的专利政策等,同时在某些特殊领域和特殊行业方面,可能也会涉及政府的直接参与,如航空、军工等。

10.3.3 组织创新的趋势

产品创新、生产方式创新、市场创新以及要素的创新,我们的每一个组织一直

都在进行,也普遍存在,这里就不作赘述。而与组织结构和组织形式有关的创新主要体现在以下几个方面:

1. 组织结构向"扁平化"和"柔性化"转变

组织面临着剧烈的环境变化,为了更好地适应环境,谋求生存与发展,企业组织结构开始从过去的垂直型向扁平型转变,从刚性向柔性转变。

2. 从正金字塔形结构向倒金字塔形结构转变

传统的组织结构一般为典型的正金字塔形结构,金字塔的顶端是组织的总裁,其次是中间管理层,底层则是从事生产、制造、销售服务的广大员工。将金字塔形组织变为倒金字塔组织,可以提高员工独立处理问题的能力,可以增强组织的灵活性和应变能力。

在互联网时代,为了快速响应用户需求,海尔探索人单合一的双赢文化。为此,张瑞敏将海尔组织结构由传统的"正三角"颠覆为"倒三角",组建自主经营体,以此为支点,创新"虚实网结合的零库存下的即需即供"的商业模式,为用户不断创新。

3. 企业组织结构网络化

现在,许多企业采用网络组织结构来弥补传统组织的缺陷,这一点尤其在多元业务模式的高新技术企业中比较常见。网络化组织没有一种单一化的结构模式,其结构要点是不把独立的行为看作固定的狭小单位,而是将其当成一个大的网络中的一个结点,这样有助于组织成员之间相互支持、沟通以及共享资源。现代的网络化组织离不开信息技术的强大支持。

4. 企业组织形式虚拟化

近些年来,企业组织虚拟化成为中国理论界谈论较多的话题,而在实践中已经有不少中国企业正在应用该模式。其实在国外已经有许多运用虚拟组织取得成功的案例。戴尔计算机公司创建后,仅仅经过十几年的发展,便成为一个销售超过百亿美元的大公司,其成功在很大程度上取决于虚拟化的运作方式。

本 章 小 结

(1) 组织变革是指组织根据内外环境的变化及时对组织中的相关要素进行变换或调整,以适应和改善组织效能为根本目的的一项活动。

(2) 组织变革的类型包括以组织结构为中心的变革、以工作任务为中心的变革、以技术为中心的变革和以人为中心的变革。

(3) 组织变革的动力来源于两个方面:内部动力和外部动力。内部动力包括组织战略、管理者的变化、新技术引进、员工自发性要求;外部动力包括政治制度的变化、经济的波动和全球化、新技术发展、市场的发展和变化、竞争观念的变化以及人力资源的性质。

(4) 影响组织变革的阻力有很多,主要体现在三个方面:个人阻力、群体阻力和组织阻力。个人阻力包括:心理上的因素、经济上的因素、行为的惯性;群体阻力包括:群体惯性、变革对已有权力关系的威胁;组织阻力包括:组织结构、组织资源、组织文化。组织也可以采取多种策略克服变革阻力所带来的负面影响。

(5) 通过力场分析法找出变革的突破口,使领导者集中精力去对付那些能够消除的阻力。在克服变革阻力的过程中,首先需要审视和分析变革阻力,可以运用"5W2H"的方法对变革中的阻力进行调查、分析和判断,有的放矢的解决变革阻力。然后采用克服变革的策略,主要有:选用年富力强、具有开拓精神的人员担任中高层管理人员;充分沟通;提供培训;提高员工的参与程度;提供一系列支持性措施;采用强制性手段以及正确运用群体动力理论。

(6) 组织创新是指组织用以发明或改进一项产品、工艺或服务的新观点。影响组织创新的因素主要包括两个方面:内部因素和外部因素。内部因素有组织结构、组织文化和人力资源;外部因素有市场需求、技术推动和政府行为。而在现阶段,组织创新的趋势主要体现在三个方面:组织结构向"扁平化"和"柔性化"转变;从正金字塔形组织向倒金字塔形结构转变;企业组织结构网络化以及企业组织形式虚拟化。

复习思考题

1. 什么是组织变革,组织变革的动力有哪些?
2. 组织变革的阻力是什么,如何克服变革阻力?
3. 组织变革过程模型有哪些?
4. 你如何理解组织创新?影响组织创新的因素有哪些?
5. 微软董事长比尔·盖茨曾说过一句名言:"一个优秀的公司离破产永远只有18个月。"你如何理解这句话?

实训游戏

习以为常

形式:3~5人一组。
时间:5~10分钟。

场地:教室。

时机:

(1) 当人们按照错误的、旧的习惯做事的时候;

(2) 运用简单并且容易让人接受的方式来改变这种习惯。

游戏目的:

(1) 说明人们是多么易于养成并且不断利用无意识地习惯;

(2) 说明人们在改变旧的习惯时的心理和行为状态;

(3) 说明陈规陋习可能会影响人们采取新的行为方式,因此首先需要做到的是对原有东西的"无知"。

游戏过程:

(1) 请一位或更多学员(如所有穿西装的学员,所有穿运动夹克的学员,所有穿风衣的学员、所有穿毛衣的学员)站起来,并脱掉他们的外套;

(2) 在他们穿外套时,要求他们注意先穿哪只袖子;

(3) 然后,请他们再次脱、穿外套,这一次要先穿另一只袖子。

游戏讨论:

(1) 在穿外套时,改变了习惯的穿衣方式会有何感想?在旁观者看来又是怎样的?

(2) 是什么阻碍了我们采取新的做事方式?我们进行改变时,应怎样做才能不让旧的习惯影响到新的行为方式?

(3) 在组织变革中,我们旧的习惯如何影响着我们对变革的看法,我们如何适应新的环境、新的工作方式或其他更好地完成任务的方式。

案 例 实 训

韩国三星公司的大力再造

曾是世界著名电子制造厂的三星集团(Samsung),过去几年来因为过度多角化、不当的存货管理以及金融风暴,导致财务状况恶化。虽然出现了严重的财务危机,三星并没有就此倒下,反而以更加积极的态度来进行重整,挽救公司的信誉。例如,两年前才创立的三星汽车公司几乎宣告破产,三星董事长甚至宣布要拿出二十亿美元个人资产来挽救公司。近几年来,三星积极进行多角化,包括与奇异及惠普进行合资,与日产汽车合作生产三星汽车,处处都展现了三星的雄心壮志。但在市场竞争及沉重的财务负担下,三星逐渐出现亏损,利润大幅减少,债务增加,加上金融风暴的影响,DRAM(Dynamic Random-Access Memovy,动态随机存储器最为常见的系统内存)价格的下跌,使得三星集团面临了前所未有的危机。

改变

于是,三星的领导者卖掉不适宜的多角化及低利润事业,专注于公司的核心事业,加强存货及供应链管理,进行组织重整。在种种有力的措施下,三星逐渐解决危机。

在制造方面,三星以前为了满足顾客需求,采取大量制造方式,累积了许多存货,但电子商品的生命周期甚短,往往在卖出时产品已经跌价许多,反而给公司造成重大损失。有鉴于此,三星决定采用接单后生产的模式,以减少存货造成的损失。

另外,三星发现自己制造过多种类的电子产品,而很多都已经商品化且利润微薄,于是三星决定将资源集中在较有发展性的产品,努力研发,以求达到世界级的水准,与美、日等大厂相抗衡。

在组织方面,三星进行裁员,摒弃过去终身雇用制,裁撤了约三分之一的员工,减少了约四分之一的人事成本;薪资制度也做了改变,放弃传统的年资制度,以个人对公司价值的贡献来决定报酬。此外,领导方式也采取授权的方式,让经理人更有危机意识。

成效

"除了妻儿,一切都要改变"——三星集团会长李健熙

三星将目前的核心事业划分为金融服务及电子事业。其寿险业占韩国百分之四十的市场,也是韩国最大的投资机构;电子事业主要产品包括记忆晶片及电视机。除了核心事业外,三星正积极寻找有发展性的新产品,例如行动电话及数码化消费产品,希望能与新力及诺基亚等厂商竞争。迅速上升的获利,显示三星的改革策略似乎奏效了。

(资料来源:中国管理资源网(http://www.qg68.cn))

问题

1. 三星变革的动力有哪些?
2. 三星如何进行组织变革?
3. 请从网络或其他传媒上收集更多关于三星变革的资料。

参 考 文 献

[1] 余凯成.组织行为学[M].大连:大连理工大学出版社,2001.
[2] 张仁德,霍洪喜.企业文化概论[M].天津:南开大学出版社,2001.
[3] 王超逸,高洪深.当代企业文化与知识管理[M].北京:企业管理出版社,2007.
[4] 朱春玲.组织行为学:哈佛商学院案例.第2辑[M].北京:中国人民大学出版社,2007.
[5] 张德,陈国权.组织行为学[M].2版.北京:清华大学出版社,2011.
[6] 肖余春.组织行为学[M].北京:机械工业出版社,2009.
[7] 曾仕强.中国式的管理行为[M].北京:中国社会科学出版社,2005.
[8] 斯蒂芬·P·罗宾斯.组织行为学[M].孙健敏,李原,译.北京:中国人民大学出版社,2005.
[9] 海因茨·韦里克,哈罗德·孔茨.管理学:全球化视角[M].马春光,译.北京:经济科学出版社,2004.
[10] 彼得·P·圣吉.第五项修炼:学习型组织的艺术与实务[M].郭进隆,译.上海:上海三联出版社,2003.
[11] 李剑锋.组织行为管理[M].北京:中国人民大学出版社,2010.
[12] 焦伟伟.组织行为学[M].成都:西南财经大学出版社,2008.
[13] 任浩.现代企业组织设计[M].北京:清华大学出版社,2005.
[14] 马作宽,王黎.组织变革[M].北京:中国经济出版社,2009.